U0504880

传记读库

心通墨子

陆建华 史向前○编著

全国百佳图书出版单位

时代出版传媒股份有限公司

安徽人民出版社

图书在版编目（CIP）数据

心通墨子/陆建华　史向前编著.—合肥:安徽人民出版社,2016.12
（传记读库）

ISBN 978－7－212－09474－4

I.①心…　Ⅱ.①陆…　Ⅲ①墨翟（前468-前376）—传记　Ⅳ.①B224.5

中国版本图书馆 CIP 数据核字（2016）第 304249 号

心通墨子

XINTONG MOZI

陆建华　史向前　编著

出 版 人:朱寒冬　　　　　　出版策划:朱寒冬　　　　　责任编辑:黄　刚
出版统筹:徐佩和　黄　刚　　责任印制:董　亮　　　　　装帧设计:孙丽莉
　　　　　李　莉　张　旻

出版发行:时代出版传媒股份有限公司 http://www.press-mart.com
　　　　　安徽人民出版社 http://www.ahpeople.com
地　　　址:合肥市政务文化新区翡翠路 1118 号出版传媒广场八楼　邮编:230071
电　　　话:0551－63533258　0551－63533259(传真)
制　　　版:合肥市中旭制版有限公司
印　　　刷:合肥中德印刷培训中心印刷厂

开本:787mm×1092mm　　1/16　　　印张:17　　　　字数:300 千
版次:2016 年 12 月第 1 版　　　2017 年 1 月第 2 次印刷

ISBN 978－7－212－09474－4　　　　定价:30.00 元

序

民间有句谚语:"跟着好人学好人,跟着筮婆子下假神"。现实生活中,跟着神婆装神弄鬼的人可能不多,但是"跟着秀才会拽文"的人肯定不少。

的确,人是他所在的环境和文化的产物。即:近朱者赤,近墨者黑。当然,近着圣贤,我们未必就能够成为圣贤,而由于近着圣贤、从而濡染了圣贤的某些本色,则是无疑的。

"心通圣贤"这五本书包括《心通老子》《心通庄子》《心通孔子》《心通孟子》《心通墨子》,是"传记读库系列丛书"的一部分。它是我国优秀传统文化尤其是先秦诸子、百家思想解读的典范,是传统经典现代化、通俗化、大众化的一个努力。

在我国思想史上,先秦时期、"民国"时期、20世纪80年代以来的改革开放时期,是三个思想发展的高峰。

随着我国经济社会的发展、综合国力的提升、国际影响的扩大,中国文化的战略地位和作用日渐凸显。

习近平总书记在关于我国传统文化的一系列讲话、论述中指出:中国传统文化博大精深,学习和掌握其中的各种思想精华,对树立正确的世界观、人生观、价值观很有益处。学史可以看成败、鉴得失、知兴替；学诗可以情飞扬、志高昂、人灵秀；学伦理可以知廉耻、懂荣辱、辨是非。中华优秀传统文化积淀着中华民族最深沉的精神追求，是中华民族生生不息、发展壮大的丰厚滋养，是中国特色社会主义所植根的文化沃土，是我们最深厚的文化软实力，更是一种独特的战略资源。

我社从中华民族文化发展战略的高度，从弘扬中华优秀传统文化着眼，组织有关传统文化研究的专家、学者，集中策划、编撰、出版大型图书文库"传记读库系列丛书"，计划五年之内，出版五十种、近百本图书。

为了使这套图书不断臻于完善，希望读者朋友多提宝贵意见。

目 录

心通墨子

五　墨子研究状况

墨子外传

一　姓墨名翟

　　墨子是中国历史上一个伟大而又神秘的人物。他创立的墨家学派和孔子所创立的儒家学派是春秋战国时期诸子百家中最著名的两家,他和孔子两人被并称为"显学"的大师,成为天下人学习的榜样,当时的男女老少没有不欢欣企望的。如此伟大的人物在历史上应享有盛名,然而,与孔子在人们心目中的辉煌传诵成反照,各种史籍对墨子的生平却未有一明确、肯定的记载,以至后人关于墨子本人的情况知道得很少,甚至连他的姓名也不能确定,比如有的说他姓墨名翟,有的说姓翟名乌,等等,各执一词,如同疑案,至今未决。

　　名不正则言不顺,故此先为墨子本人正名。

　　墨子姓墨名翟,自战国至唐宋间,并无异说。《墨子》书中,墨子弟子称墨子为"子墨子",墨子自称也皆曰"翟",如果不是姓墨名翟,书中何以如此称谓?且稍后的孟子、庄子等战国诸子也皆以"墨子"或"墨翟"相称。汉时司马迁班固等史家均明言"墨子"或为"墨翟"。至唐代林宝所撰《元和姓纂》仍这样写道:"墨氏,孤竹君之后,本墨台氏,后改为墨氏,……战国时宋人墨翟,著书号《墨子》。"不仅指出了墨子姓墨名翟,还说明了墨姓的来源。从这些经典正史的记载来看,墨子的姓名本来不该有什么问题的。

可能是所有典籍对有关墨子的记载太简略,也可能是墨子及其思想长期中断传诵的原因,宋代以后颇有人怀疑墨子姓墨名翟。影响最大的当数元人伊世珍提出的墨子"姓翟名乌"说。伊世珍的《琅嬛记》卷下引《贾子说林》云,墨子本来不姓墨,而是姓翟。他的母亲因梦见神鸟赤乌飞入室中,光辉耀目,受惊而醒,遂身感有孕,生下了墨子,于是替他取名为乌,意谓赤乌之子。明末清初的文学家周亮工也附会此说,在他的《因屋树书影》卷十中称"墨子姓翟名乌"。伊氏的《琅嬛记》是一本笔记小说,所记多是神仙怪诞之类的故事,实不足信。至于所引的《贾子说林》,依清人孙诒让考证,古代亦无此书,可能出于伊氏自己的杜撰。如此看来,这种姓翟名乌说纯属无稽之谈,不必多辩。

但细考此说所出,也并非没有一点来历。它与以下两则并不真实、充分的历史记载有关,进而衍生出了"姓翟名乌"说。

一则是《诗经·商颂》"玄鸟"篇记载的"天命玄鸟,降而生殷"的传说,《史记·殷本纪》又对此作了补充。说殷民族的先祖契,是他母亲简狄因吞食了玄鸟蛋而受孕生下的儿子。所以殷人一直把这种玄鸟视为神秘的东西,并承认自己与其有一种特殊的血族关系而加以崇拜。玄鸟便是我们习见的黑色的燕子,也便是伊世珍所谓的赤乌。司马迁说过墨子为"宋之大夫",宋国又是殷商民族的遗民。把墨子这样一个令他的同胞感到骄傲的伟大人物与受人崇拜的神鸟燕子联系起来,说成是燕子的神秘感应而生下的,就不足为奇了。但这只是一种神话传说,不管古人是否真的相信,今人是不该信以为真的。

二则是南齐文人孔稚圭的《北山移文》中曾称墨子为翟子。这是一篇精美的抒情散文,被清人吴楚才编入《古文观止》。文中有"泪翟子之悲,恸朱公之哭"两句,作者自注:"翟子即墨翟,朱公指扬朱。"称墨翟为翟子,合乎古人在姓氏后加"子"的尊称习惯,似乎翟为墨子之姓。其实这只是文人乘一时之快,下笔而成的新奇之语,不足为据。以两句话的对照来看,杨朱既称朱公,墨翟也可称翟公或翟子;朱为名而不为姓,翟也当为名而不为姓,这是显而易见的对称文体。何以偶称墨翟为翟子,墨姓就变成了翟姓呢?

同样的对称文体还见于同时的北齐颜之推《颜氏家训·省事篇》,曰:"墨翟之徒,世谓热腹;杨朱之侣,世谓冷肠。"墨对杨,翟对朱;杨朱姓杨名朱,墨翟也自当姓墨名翟。

"姓翟名乌"说已难以成立,但"墨子非姓墨"之说并没就此而止。清末学者江瑔著《读子卮言》,有专论"墨子非姓墨"一章,并列出了八条理由来证明,广征博引,洋洋洒洒,大有推翻传统"墨子姓墨"之说的气势。为了解其真相,我们不妨把江氏所列的主要理由加以述评。

江氏"墨子非姓墨"说的主要根据可以归纳为以下五点。

一、"墨"乃墨家学派名称,表示墨家思想学术之宗旨,而非墨子本人之姓。若以墨为墨子之姓,则与其他诸子学派皆以学术宗旨而不以姓氏为名的称谓惯例相违背。

二、墨子之学,出于周朝的史佚、史角,中间历数百年而后至墨子。说明未有墨子之前,已有墨家之学,若以墨为姓,则不合学派产生、相传之理。

三、《墨子》书中多称"子墨子"。秦汉以前对人的尊称是在姓后加"子",称曰某子,断无以"子"字加于姓之上者;而且墨家学派诸人也均无称姓者,都是以别号相称,故墨子之"墨"断非姓氏。

四、"墨"之为姓,除墨子一人外,前后绝无墨姓之人。因此不仅墨子不姓墨,可以说更无墨之一姓。而翟姓之人却常见于春秋以后的各种文献。

五、古籍所载之人,有单称名而不称其姓者,而无单称姓而不称其名之理,而《孟子》、《韩非子》等书中却有单称墨子为"墨"的,可见"墨"字为学术之称,而绝非姓氏。

江氏所提出的以上几点根据遭到了近现代多数学者的反对,如刘汝霖(《周秦诸子考》)、伍非百(《墨子大义述》)、吴毓江(《墨子校注》)、方授楚(《墨学源流》)、王冬珍(《墨学新探》)以及杨俊光(《墨子新论》)等,对江氏之说先后都进行过不同的反驳。总的来看,江氏的"墨子非姓墨"说是

4."墨"指木匠艺人用来打线的绳墨。近人李石岑主此说,认为墨子是以大匠的资格,因其绳墨精巧过人,遂得"墨者"的称呼。更有人提出墨子的家族所从事的都是木工手艺,墨子之所以姓墨也正是因此绳墨的技艺而来。墨子出身于手工业者,是一个出色的木匠,这是事实。《韩非子·外储说右上》记载了一个关于墨子很有名的故事:墨子制作了一个会飞的木鹰,在天上飞行了一天才掉下来。他的弟子们对此表示了由衷的赞叹,但墨子本人却不认为了不起,说他还有比这更精巧的技术。木匠当然离不开绳墨,需要用它来定长短曲直;只有精通了绳墨之道,才可以成为一个出色的木匠。另外,主张此说的还举出《墨子》书提到的"轮匠执其规矩,以度天下之方员"(《天志上》),《庄子》书中说墨家"以绳墨自矫,而备世之急"(《天下》篇),皆道出了墨子及墨家与"绳墨"的密切关系。如果说前面几种墨说多少带有贬义的话,这里的绳墨之"墨"则属于褒义。故以墨为姓或以墨名家也就毫不奇怪了。

总之,"墨"之一名,原本翟之姓氏。作为姓氏,古已有之,与墨翟本人的相貌、出身或学术没有什么必然关系。因为墨翟姓墨,故人们称其为"墨子"或"子墨子",其著作叫《墨子》,墨翟之学说被称为"墨学",墨翟创立的学派被称为"墨家",凡学墨子之学的人便被称为"墨者",这是很自然的事情,用不着怀疑。

二 春秋鲁人

墨子生活在什么年代,享年多少? 这是写作墨子生平传记所不能忽略的,然而,先秦典籍对此并无具体记载。西汉时最早为墨子记年的司马迁在《史记》中对于墨子的生活年代问题,只好模棱两可地来了个"或曰",他说:"或曰并孔子时或曰在其后。"害得后人为此而左右为难。由于文献的不足,纵有热心的考据学者,披经穷典,也难以知道墨子生卒的确切年代。但人物的活动,学说的形成,和时代背景总是有着密切联系的,我们通过《墨子》书中的记载和后人考证的各种结果进行比较、辨证,从中也可以得出一个大致准确、可信的说法。

首先,墨子的生活年代究竟是并孔子时,还是在其后?

继司马迁之后,东汉史学家班固在《汉书·艺文志》中说墨翟"在孔子后"。南朝史学家范晔《后汉书·张衡传》中也说"公输般与墨翟当子思时,出孔子后。"《汉书》和《后汉书》的这个说法是可信的,因为可以从《墨子》这本书中找到一些佐证。第一,《墨子》书中有墨子提及孔子的话,孔子书中却没有提及墨子的话。作为一代显学大师,如果和孔子并存,孔子不会不提到的。由此可以断定墨子在孔子之后。第二,《墨子·耕柱篇》载有孔子的再传弟子,即"子夏之徒"和墨子的对话。可见墨子在孔子之后,和孔子之孙辈子思及再传弟子们大概同时。第三,根据《墨子》书中的记载和先秦各家的传说,墨子和公输般(即鲁班)同时,但年纪比公输般小一些。公输般生于公元前489年(孔子去世前十年),与孔子不算并世,则墨子与孔子也不并世,在孔子之其次,生活在孔子之后的墨子具体生卒年代,后世研究者所持的观点主要有以下几种:

清汪中在其《墨子序》云:"墨子实与楚惠王同时。"楚惠王在位年限是公元前488年至前432年。汪氏又根据《墨子》书中记载的当时各诸侯国为齐、晋、楚、越四分天下的形势,进而分析"明在勾践称伯之后,秦献公未得志之前,全晋之时、三家未分,齐未为陈氏也。"勾践称伯是在公元前473年灭吴之后;秦献公继位在公元前384年;韩、越、魏三分晋国是在公元前369年;陈氏夺取姜氏的齐国是在公元前379年。

汪中的分析比较客观,但显得疏阔。从楚惠王即位之前到陈氏取得齐国政权,中间相隔一百余年。近人胡适根据这一分析,进一步将墨子的生年限定在公元前500年至490年之间,卒年限定在公元前425年至416年间(参见《中国哲学史大纲》第147页);今人任继愈又进一步推断墨子约生于公元前480年,约死于公元前420年,活了约60岁(参见《墨子》第8页)。

清毕沅在其《墨子注·叙》云:"(墨子)六国时人,至周末犹存。"所据为《非攻中》篇"中山诸国,其所以亡"一语。中山诸国亡于公元前295年。由此看来,墨子当与战国中期的孟子(约公元前372年至289年)同时,与汪中说相隔近200年。

清孙诒让在其《墨子年表》中,对汪中说和毕沅说分别给予了反驳,说汪中"失之太前",毕沅"失之太后"。孙氏根据《墨子》书中叙及到的人物活动,认为"墨子当生于周〔贞〕定王(公元前468年至前441年在位)之初年,而卒于周安王(公元前401年至前376年在位)之季,盖八九十岁。"

梁启超认为孙氏说"大段不谬"。梁氏在其《墨子学案》中,根据《墨子》书中所记载的墨子亲见的人、亲历的事为标准,再拿他书所记实事做旁证、反证,对孙氏之说又作了进一步推敲,考定出墨子生于公元前468年至前459年间,约当孔子卒后十余年;卒于公元前390年至前382年间,约当孟子生前十余年。

以上三说中,梁氏的说法最为可信。后来一些学者的考证结果与此都没有多大差别,不过是生年或略早,卒年或略前而已。再考虑到墨子一生形劳天下,以自苦为极,枯槁不舍,估计不会享年太多。说墨子生年约在公元前468年,卒年约在公元前390年,活了近80岁,大致是不错的。

关于墨子的籍贯也是传说不一,或说是宋人,或说是楚人,或说是鲁人,更有人说是外国人。

司马迁在《史记》中说:"盖墨翟,宋之大夫。……"有不少人据此认为墨子是宋人,即今河南商丘一带的人。晋人葛洪,唐代的林宝、杨惊皆依此说。翻阅司马迁的《史记·列传》,讲到其人籍贯,一般都明确说是"某地人",或说其先祖,其父、兄为"某某地方人",唯有墨翟,只是以"宋之大夫"一语含糊带过。"宋之大夫"也可以理解为曾在宋国担任过"大夫"的官职,并没有明确说是宋人,而且这也带有怀疑的口气。在士人可以朝秦暮楚的春秋战国时代,即使确实仕宋或与宋国有某种关系,也不能证明必为宋人。因此,近人梁启超、方授楚等对此宋人说皆给予了否定。

东汉末年的高诱最早提出墨子为鲁国人说。高诱注《吕氏春秋·慎大》曰:"墨子名翟,鲁人也。"清代学者孙诒让在《墨子间诂·墨子后语上》中更明确指出墨子"生于鲁而仕宋",其后梁启超、方授楚等均从此说。据《墨子》书中所载的墨子的活动及其交往,总以鲁国或鲁人居多,而且其外出也多是"自鲁往"、"自鲁即齐"等。又据《吕氏春秋·当染》载:"鲁惠公使宰让请郊庙之礼于天子,桓王使史角往,惠公止之。其后在于鲁,墨子学焉。""其后"指史角的后人。史角的子孙,虽不是著名人物,而墨子从小的求学时代在鲁国,大概是不成问题的。所以墨子生于鲁的可能性为最大。

墨子为楚国人说的始作者为清代的毕沅和武亿。毕沅在其《墨子注·叙》中将高诱说的"墨子名翟,鲁人也"之"鲁"解释为"楚之鲁阳"。武亿《跋墨子》也同样说"鲁即鲁阳,春秋时属楚。"此说的主要根据为墨子与鲁阳文君很友善,《墨子》书中多有墨子与鲁阳文君的对话。但是,考清代以前的文献,从来没有人说墨子为楚人者,且与《墨子》书中许多地方讲到墨子与楚国的关系时甚为矛盾。如《贵义篇》有"子墨子南游于楚"。考墨子为楚人,则不得曰"游"。如果说墨子本以"视人之国若视其国"的"兼爱"主张,但并非不分国家。墨子曾自称:"臣北方之鄙人"(《吕氏春秋·爱类篇》);时人鲁阳文君也称:"墨子,北方之圣人。"(唐余知古《渚宫旧事》)这些清楚地说明墨子不是楚人。

到了近代,又出现了"墨子非中国人"之说。代表者为民国学者胡怀琛、卫聚贤、金祖同等人。胡怀琛在《墨子为印度人辨》一文中,认为墨子原为印度佛教徒,后流寓于鲁国境内。其理由为:1.墨翟者,"墨狄"也。因面黑或衣黑而称"墨",因是外国人而称之"狄";2.其学说"兼爱"、"非攻"、"节用"、"天志"之义,与佛教学说相符合;3.其名学即印度之因明学;4.孟子指责其"无父"、"摩顶放踵",实指墨子为秃头赤足之出家僧人。卫聚贤的《墨子小传》则认为墨子为印度早期婆罗门教徒。太虚也同意此说。金祖同在《墨子为回教徒考》一文中则认为墨子为阿拉伯回教徒,或即为印度回教徒。卫、金二人又从《墨子》的语言、文风上提出了一些佐证,但大多理由与胡氏类同。

此说一出,在墨学界引起一场轩然大波,许多墨子研究者多次撰文予以反驳,在20世纪二三十年代双方展开了一场热烈的争论。其中方授楚在《墨学源流》中因其集中、全面的反驳,并提出墨子确为中国人的论证而堪为代表。这里不再罗列。稍许一提的是,台湾学者王冬珍在引述了方氏的驳论后,无比感慨地说:"信哉!斯言。凡我大中华儿女,应勤奋探研我悠久之历史文化,与渊博之学术思想,并时刻审思明辨其渊源、其流传、其成就,绝不可因我先哲先贤之思想偶有与外人思想相类似,即穿凿附会,谓其为外人,或谓外人传入者也。墨子之学说思想和印度之因明、释迦牟尼以及回教相似者,正其伟大之处,亦我黄帝子孙之光荣者也,吾人能不勤勉研讨,并发扬光大乎?"(《墨学新探》,第18页)

现在,赞同"墨子非中国人"这种说法的人越来越少了。墨子本人的生活以及他所创立的学说与中国的政治、经济、伦理文化以及民情风俗密切相关,墨子不可能是外国人。

总之,墨子生活在春秋末年至战国之初,约在孔子死后、孟子生前这段时间,具体的生卒年代约为公元前 468 年至 390 年,鲁国人氏。

近年来,关于墨子籍贯的研究又有了进一步成果,认为在今山东滕州。山东大学教授张知寒《再谈墨子里籍应在今之滕州》(载《文史哲》,1991年第 2 期)一文,对此提出了较全面的论证,可为这一成果的代表。其理由如下:

第一,从"墨"姓的起源来看,墨子出生在滕州,即古之"目夷"。滕州古名目夷,乃春秋时期宋国公子目夷子的封地,当时属于宋国的附庸小邾娄国,后来并为鲁国,成了鲁国的下邑。公子目夷即为第一代目夷子。"目夷"也作"墨夷",后简称为"墨"。目夷子的后人均生息于目夷,而墨子可能就是出生于小邾娄国的末代目夷子。

第二,从墨子的学术渊源来看,墨子只能是邾娄文化的产物。邾娄文化是邹鲁文化的母胎,它培养出了讲道德、说仁义、重伦理关系的孔、墨一类的思想家。史称孔、墨同源而异流,又殊途而同归。如果孔、墨不是成长在重仁义、讲伦理的邹鲁文化地区,就很难培养出讲"仁爱"或"兼爱"为主旨,以利他为特色的孔墨思想。因为当时其他文化地区,如崇尚自然、富有浪漫主义色彩的荆楚文化区,慷慨悲歌、重死轻生的燕晋文化区,轻薄仁义、重视霸权的戎秦文化区,都不具备培养此类学术思想的社会条件。

第三,从科技发展的渊源来看,如果墨子不生长在这一地区,是不可能取得那么高的科学成就的。邾娄地区是春秋战国时期科技最先进的地区,这里自古就有"邾娄百工"之乡的称号。我国古代的衣、食、住、行等方面的器物,很多都是这一地区首先发明使用的,比如最早用的筷子"箸",最早穿的鞋子"履",工业用的冶炉,农业用的"锄"、"耧",交通用的舟、车等。我国早期著名的工匠,如奚仲、吉光、公输般等都是邾娄族的后裔,都是这一文化区培养出来的。

第四,从当时人们的生活习俗上来看,墨子的"以跂蹻(古时一种有跟的草鞋)为服"、以"翟"为名,都是与这一地区相联系的。"翟"乃凤凰的别名,是从玄鸟衍化而来的。邾娄地区的居民把"玄鸟"视如祖先,以此为名,表示墨子不忘其出生地。

另外,滕州境内尚有不少与墨子有关的遗迹,有目夷子墓、目夷亭、目台山、染山等。如今,滕州市已成立了"中国墨子学会",并于1992年10月召开了首届墨学国际研讨会,对墨子其人、其及思想的研究与弘扬起了有力地推动作用。可以说,如果墨子确为宋国公子目夷子的后代,那么滕州作为墨子故里应该是不成问题的。

三　家世渊源

树有根,水有源。墨子是鲁国人,已经得到确认。那么墨子的先祖是谁? 祖籍在哪里? 这是撰写墨子生平、了解墨子其人必须要交代的一个问题。然而,墨子的神秘莫过于其家世渊源了,几乎没有任何历史文献对此作过记载。元人伊世珍的《琅嬛记》说,墨子是他的母亲因受到神鸟"赤乌"的感应而怀孕生下的,把墨子的先祖说成是飞禽"赤乌"即燕子,自然不足以信。被人们公认为最可信的《史记》,偏偏又没有单独为墨子立传,只是在《孟荀列传》的后面附有:"盖墨翟,宋之大夫,善守御,为节用,或曰并孔子时,或曰在其后。"短短 24 个字,草草交代;尤其遗憾的是,关于墨子的家世,只字未提。

这不免又使我们联想到与墨子齐名并称的孔子,在《史记》中位列"世家",得到洋洋数万言的详尽记载。《孔子世家》言其家世云:"孔子生于鲁昌平乡陬邑,其先宋人也,曰孔防叔。"从防叔到孔子,直到西汉武帝时孔安国之后,上下其十七代,都记载得历历在目。同是一代伟人,相比之下,天道厚薄,幸与不幸,真所谓霄壤之别矣!

我们不能说《史记》有意尊孔贬墨,也难认同《史记》原文已经亡佚的说法。其实在司马迁时代,墨学的辉煌早已是昔日的黄花,墨子其人也渐渐被人遗忘了，以至于见识广博、学富五车的太史公也不得其详。后人更是无法搜查清楚了。

虽然古代没有为我们留下任何记载墨子家世的文献资料，但有一条途径也许能够知道一些消息，那就是"墨"姓的起源。历史上的墨姓之人很少，春秋以前更少，相信不会同时有几个墨姓的始祖。如果能够查考出墨姓的始祖，也就能基本上确认墨子其人的由来了。

据史籍记载，墨氏始于墨台氏，本殷商诸侯孤竹国君之姓。南宋郑樵《通志·氏族略》引《元和姓纂》说，墨氏"孤竹君之后，本墨台氏，后改为墨氏。……战国时宋人墨翟著书号《墨子》。"明言墨翟正是孤竹君的后裔。《通志》和《姓纂》都是被公认为资料比较翔实、可靠的姓氏经典，它为我们提供了探索墨子先祖的一个重要线索。

有关孤竹君的事迹已不可考，但是他的两个儿子伯夷和叔齐，二人互相让国、不食周粟的故事却广为流传。《史记·伯夷列传》记载说，孤竹君去世前，预立小儿子叔齐继承君位。叔齐不愿当政，要把君位让给兄长伯夷。伯夷说："父君之命，不得违抗。"二人因都不肯继位，遂离家出走，投奔到善于招贤纳士的周族首领西昌文王那里。这时，文王已死，其子武王继位，正要载着文王的灵牌去讨伐商纣王。夷、齐兄弟二人出于君臣之义，跪于武王的军车前面，冒死直谏："父王刚死，还未下葬，就动起干戈，能说是孝吗？身为商朝的臣属，兴兵攻打商王，能说是仁吗？"要求武王下令撤兵，停止讨伐。武王一听大怒，要除死二人。幸亏姜太公出来替兄弟俩说了一句话："此义人也。"将二人释放了。牧野一战，武王消灭了商纣王，统一了天下，建立了周朝。伯夷、叔齐兄弟作为殷商的遗臣，倍感耻辱。二人遂隐居于首阳山，以野菜充饥，不食周粟，持守节义，直到饿死山上。

孔子称赞说："不降其志，不辱其身，伯夷、叔齐与！"（《论语·微子》）后学孟子更标榜伯夷为古之圣人，与孔子并列。

《元和姓纂》载孤竹国君"本墨台氏，后因避乱改为墨氏"。何时改为墨氏的？史籍记载正是从伯夷开始的。宋人邢昺《论语正义》引《春秋少阳篇》曰:"伯夷姓墨。"很可能是伯夷因避纣王之乱而改姓,简称"墨"氏。这是正史记载的最早的以"墨"为姓的人。(按:汉人王符《潜夫论》中有"禹师墨如",认为大禹之师曰墨如。这是传说中提到的最早的墨姓之人。因不得其考,姑记于此。)由此可见,墨翟正是孤竹国君长子伯夷之后。也有人怀疑所谓伯夷其人其事多属传说,不够真实。因为把伯夷和孤竹国君联系起来始于战国庄周,《庄子·盗跖篇》云:"伯夷、叔齐辞孤竹之君,而饿死于首阳山。"比庄子更早的孔子在《论语》中虽然表彰了伯夷,视之为古之圣贤,但并没有称其为孤竹君之子。司马迁正是取庄子之说而演义成《伯夷列传》的。后世学者遂从孤竹君的姓氏"墨台",认为伯夷也当姓"墨"。《庄子》之文多神话寓言,又多后人传说。因此墨子为伯夷后裔之说似成为墨学史上的一大疑案。

我们认为墨子为伯夷后裔之说当属成立。有"实录"之称的《史记》一向是宁可存疑,不肯虚构,没有一定的根据是不会断言伯夷为孤竹君之子的。我们今天虽然难以清楚庄子、司马迁、邢昺等人立言的根据,但也不能置此不顾;而且,从伯夷和墨翟二人的思想关系上看,也是有继承关系的。

从思想上看,墨子倡导的"贵义"思想是伯夷之"义人"精神的继承。伯夷之"义"的表现是"不其志,不辱其身"。为了志于义,他宁愿抛弃君位,甚至冒死直谏,不惜饿死于首阳山。墨子及其弟子们正是这样做的,他们把"义"看作是天下最贵重的东西。为了行义,他们往来于诸侯之间,栖栖惶惶,枯槁不舍,甚至赴汤蹈火,也在所不辞。如果标举中国历史上最有名的"义士",当首推伯夷,其次墨翟。不仅如此,在他们二人的身人还有很多一致的地方,诸如信守传统、反对攻战、选贤与能、苦、利人等等。从伯夷到墨翟,思想实是一脉相承的。

近人顾颉刚另辟新说,认为历史上传说的伯夷实际上就是春秋时宋国公子目夷子。目夷氏也作墨夷氏、墨怡氏或墨台氏,目、墨者通,夷、怡、台也是相通的。因此来源于墨台氏的"墨"氏实际上是从目夷氏而来,墨子实为公子目夷子之后。(见《禅让传说起于墨家考》,《古史辨》第7册)上章提到的张知寒言墨子故里为滕州的考证就是采取了顾氏之说。

顾氏之说的缘于是《左传·僖公八年》记载的关于宋太子兹父与公子目夷互相以仁让国的故事。身为太子的兹父认为庶兄目夷年长且有仁义，向先君（宋恒公）请求让位于目夷。目夷说："能够以国相让，还有什么比这更仁义的呢？"认为自己不如兹父，不愿做太子。结果还是兹父继承了君位，他就是历史上知名的宋襄公。因为这个故事的情形与伯夷、叔齐兄弟二人相互让国的传说很相似，发生的年代、人物姓名也相近，顾氏遂认为这也许是同一个人传说的分化：目夷年长，所以称作伯夷，叔齐即太子兹父。说墨子是伯夷之后，其实就是公子目夷之后。

顾颉刚还从禅让传说起于墨家的考论中，说明了伯夷即目夷的让国是和墨子思想联系在一起的。

所谓禅让，就是把君位让给贤能的人。传说中上古时期的尧、舜、禹都是因为贤能过人才被推举为帝王的。先秦的儒家大师虽然也承认这件事，并屡次提到，但实在并不赞成或并不彻底赞成禅让说。因为这个传说与他们的根本主义，即亲亲、贵贵的思想不十分相仿。在"家天下"的社会中，最亲贵的人就是自己的嫡长子。而不分亲疏、嫡庶、尊卑地一视同仁，选贤与能，不是儒家的根本思想，恰恰是墨家的主张。墨家的第一个政治主张就是"尚贤"，只要是贤者，不管他是贵族，还是庶人，都可以推举出来做君主，做大官。这是墨子用以对抗儒家的一鸣惊人之处。"伯夷"即目夷的让国行为就是这一"尚贤"的典型表现；墨家内部的首领，即"巨子"的人选也都是采用这一方法产生的。

在我们看来，宋国公子目夷子是墨子的先祖，这一新论是可能成立的；但是顾氏把伯夷和目夷子视为同一个人，认为历史上并没有伯夷其人，所谓的伯夷其人只是公子目夷子传说的误传或衍化，则难以成立。

关于伯夷其人，先秦许多典籍都有记载，司马迁的《史记》更是言之凿凿，并自认为是"考信于六艺"的结果，也就是说具有可靠资料作为依据。这些难道都是误传？而且伯夷和目夷子两人让国之事发生的年代也并不相近，伯夷是殷末周初人，目夷子是春秋时期人，中间相隔数百年，同属一个人的误传可能性不大。

不过,顾氏的考论也说明了一件事实,即伯夷和目夷子是有着亲近关系的。很可能二人都是墨子的先祖,从伯夷到目夷子,再到墨子,正是墨姓一家世系的三个重要人物。

伯夷和目夷子二人在姓氏上是同源的。《史记·殷本纪》说,殷商时就有了"目夷氏",说明了宋国公子目夷并不是第一代目夷子,第一代目夷子应是孤竹国君。既然"目夷氏"也作"墨怡氏"、"墨夷氏"、"墨台氏",那么殷商时的孤竹国君以"墨台"为姓也可以说是"目夷"为姓,至少可以说是"目夷氏"的前身。其后人姓"目夷"或"墨"实际上都是同一个姓氏的演变而已。因此,我们说墨子的家世可以追溯到殷商时的孤竹国君,从孤竹君算起,经伯夷,下至宋公子目夷,直到墨子。只是到了墨子时,早已不是先前的贵族身份。

从墨子的家世来看,他和孔子有着相同的渊源。二人都是殷商的后裔,其先祖为宋国人,因为本人出生于鲁国,故为鲁国人。

四 早年受学

　　春秋时期,随着新兴地主阶级势力的壮大,旧有的奴隶制逐渐解体,一向被奴隶主贵族垄断的"官学"也随之衰落,开始走向民间,"天子失官,学在四夷",社会上出现了学术下移的局面。

　　《论语·微子》中记述的周朝的贤人乐官,如挚、缭、襄、方叔等人纷纷隐退,四散而去,就是当时官学衰落现象的反映。这些乐官本来是享有俸禄的贵族官员,转而散落为平民,同时也就把他们的音乐知识带入了民间,下层的伶人、贱工便得以受到这种正宗的音乐教育了。音乐是这样,官学的其他知识学问也都是如此。

　　这些没落的旧贵族成员和一部分新上来的地主阶级及平民知识分子就构成了当时颇为风云的"士"阶层,他们"上无君上之事,下无耕农之难",到处鼓吹演说,兴办私学;加之新兴统治阶级对人才的渴求,在社会上掀起了一股追求知识学问的热潮。春秋末年的私学讲学规模已经有了相当的发展。相传孔子创办的私学就有弟子三千,身通"六艺"者七十二人,这在当时恐怕是最大的,并由此形成了在思想文化界势力颇大的儒家学派。

　　家道早衰、自称贱人的墨子也因此有了受教育的机会。墨子早年接受的就是孔子儒家的思想知识教育。

《淮南子·要略训》说"墨子学儒者之业,受孔子之术"。墨子和孔子并不同时,他不可能直接从孔子那里受到教育,很可能是从学于孔子的一位再传弟子或其他某位儒师。

墨子的儒学老师究竟是谁尚不清楚,据说是受学于史角的后人。《吕氏春秋·当染篇》曰:"鲁惠公使宰让请郊庙之礼于天子,桓王使史角往,惠公止之。其后在于鲁,墨子学焉。"史角是春秋时周天子的郊庙之官,专司祭祀礼仪的。一贯注重周礼传统的鲁国将举行郊庙祭祀活动,史角就是鲁惠公特地向周天子那里恭请来的礼官,主持这一活动的。此后史角的后代就在鲁国定居了,墨子就是跟随其中一位后人学习儒学的。

墨子的这位老师可能并不是一个杰出的人,否则《当染》篇的作者不会不说出来。我们可以推想他对儒学一定很精通,墨子最终虽然没有成为一个儒家学者,但他对儒家思想的认识甚至比一般的儒者还要深刻,并由此影响了他的一生。另外,墨子的这位老师对儒学的态度可能很保守,墨子正是从他这里走向了对儒学的背叛,继而创立了墨家新说。作为礼官史角的后代,定居在"守礼之邦"的鲁国,多半也是从事于礼教,因此对传统礼制倾向于谨守有余而革新不足。这自然不能满足墨子的求知欲,并引起了墨子对儒家礼教的"烦扰不悦"。

早期儒家的学校教育都是以"六艺",即礼、乐、射、御、书、数作为教学的基本课程,同时以《诗》、《书》、《礼》、《易》、《乐》、《春秋》六部经典,即"六经"作为基本教材。"六艺"主要是侧重于对此六种技术能力的掌握,而"六经"则主要侧重于对此六种理论知识的掌握。

"六艺"的第一艺是"礼",目的是训练学生在不同的场合下怎样规范自己的行为举止。总共有"五礼":一为"吉礼",用于祭祀的;二为"凶礼",用于丧葬的;三为"军礼",用于军战的;四为"宾礼",用于朝见的;五为"嘉礼",是用于人生日常的。学生们在"礼艺"的教育中,除了学会践行礼的规范,成为一个有礼有仪的君子,同时也是把自己纳入到社会的等级体系中,把自己塑造成统治阶级所需要的理想人格。

心通墨子

第二艺是"乐艺",主要是关于音乐知识的。古代社会很重视音乐,朝廷专门有乐师,为统治者们作曲制乐;中央则设有"乐府"的官署,专门负责收集、整理民间的诗歌和乐曲。《诗经》中的"风"就是乐官从民间收集起来的,而"雅"与"颂"则大多是朝廷的专职乐师制作而成的。按照时代和性质的不同,"乐艺"也分有好几种。学生们在"乐艺"的教育中,一方面掌握音乐、歌舞的基本知识和技能,另一方面则借助音乐以调整身心、陶冶情操,使人的内在性情归于和谐中正。

第三艺是"射艺",该课程主要是讲射箭的技术和要求。学生们除了掌握弓箭这种武器的一般原理,每个人还都必须成为神箭手,以供作战、打猎、健身、游戏之用。同时它不仅仅是种技艺,也是德教的作用,《仪礼》中有"乡射礼",《论语》中也多次说到"习射",认为含有张弛、文武之道也。韩国至今称射箭为"弓道",还有全国性的弓道协会,足见其中包含的深刻道理。

第四艺是"御(驭)艺",该课程主要讲驾驭车马的技术要领。比如在车马上如何协调,如何在原地旋转,如何通过障碍险道,如何在追逐中射击等等。它是古代战争、交通、运输,以及日常生活中广泛使用的一项基本技能。

第五、六艺是"书"、"数"艺,"书艺"主要是关于文字的结构和音义,以及书写的材料和方法。"数艺"主要是讲计算的知识、方法以及在日常生活中的应用。书、数两艺是"六艺"中最基本的,也是较简单的,称为"小艺";学生们开始学习"小艺",之后再学前四种"大艺"

不难看出,早期儒家的"六艺"之学主要是为统治者培养统治人才和军事首领服务的。身通"六艺"的人就是最有才能的人,自然会得到统治者的赏和任用。

墨子早年学习的内容就是以上这些技术知识,他的学习非常勤奋用功,老师要求的他都能掌握。《淮南子·主术训》说他和孔子一样"皆修先圣之术,通六艺之论",说明他也是位身通"六艺"的贤人。不过,墨子最感兴趣的是射、御、书、数这类科学技术知识课程,尤其是有关各种机械制造的原理、技术方面的知识。墨子后来成为一名木制手工专家,正是从此开始的。

墨子巧制木鹰,用于高空侦察,能连续飞行三天;巧制车辖(车辆中的一个枢纽部件),用于长途运输,能载重三十石。这些是史籍上都有记载的,在两千多年前的古代,应该算是一个了不起的技术成果。墨子在木器制造方面的技术,比当时著名的工匠鲁班,还要略胜一筹。两人有过多次较量,墨子屡次挫败鲁班。

墨子也谙熟木工以外的其他各种工匠技艺。诸如丝染、皮革、制陶、建筑、冶金等等。他在平时的谈话、游说、教授弟子时,也常用各种工匠的技艺来打比方、论证问题。

除了精通、熟悉生产、生活中的各种器具制作,墨子还总结了数学、物理、力学等各种理论,写下了《墨经》这部百科全书式的著作,成为一名科学理论家。

既精于各种手工技术,又通于科学理论,这正是墨子的一大强项。也是后来墨学的一个基本特色。

正是由于墨子在科学技术、理论上巨大成就,东晋时道教学者葛洪在他的《神仙传》中把墨子塑造成一位精通炼丹术的道教始祖之一。还引述了所谓的《墨子丹法》:"用汞及五石液,于铜器中火熬之,以铁上挠之,十日还为丹,服之一刀圭(量取药末用具),万病去身,长服不死。"把它说成是包医百病、长生不死的灵丹妙药。这当然是道教炼丹师的幻想,是企图借墨子的"科学家"名声,来壮大自己的门面,扩大自己的影响,应与真实的墨子无关。

墨子的"礼"、"乐"课程也学得很好,但他对礼仪的繁文缛节,对乐舞的虚华铺张感到反感,所以虽也精通,但不愿按照礼、乐的要求去做。比如"礼"的内容,其繁杂的要求几乎包括了生活中的一切,要人们的一举一动都要纳入到礼的规范之中,实在是勉为其难;更何况在墨子看来,礼、乐带给社会人生的种种负面作用要远远大于它的正面作用。这是他后来非难儒家的一个主要理由。

随着封建统治的逐渐稳固,对人才的要求也有了变化。在后期儒家的教育体系中,偏重于实践技能的"六艺",尤其是射、御之类在教学中已不占重要地位,而着重传授的是偏向于理论知识的"六经",所以汉代以后,"六经"之学基本上就代替了"六艺"之学。

墨子对"六经"中的知识学问也都领会贯通。这从《墨子》书中可以明显看出,它对《诗》、《书》的文章有反复引述,《春秋》中的人物典故也随处可见,它对《礼》、《乐》的内容进行了深入分析和批判,同时对《易经》中的神道思想和辩证观念又有一定的吸收和发挥。如果不是早年的努力学习奠定了良好的经学基础,成年后"日夜不休"的墨子是很难达到这样深广的学问与智慧的。

墨子对"六经"中记载的尧、舜、禹、汤、文、武、周公等古代圣王感到由衷的敬佩。很小的时候,他就已经听说了许多先圣的事迹传说,特别是创立了周朝天下的文王。周文王最初受封于约有百里之地的歧周,在这里,他与百姓相互爱戴,有难同当,利益分享,因此近处的人都安心受他管理,远处的人也向往他的恩泽,纷纷赶来投奔他,不能来的人也盼望着他,盼望自己能成为文王的臣民。由于文王有崇高的德行,上帝鬼神都保佑他,在他活着的时候,就统一了天下,成为诸侯的君主;他死了以后,又得享陪伴在上帝的左右。有一首赞颂文王的诗歌,墨子从小就会诵唱:

> 文王神灵在天上,在天下啊放光芒。
>
> 歧周虽是旧国邦,承受天命新气象。
>
> 周朝前途无限量,上帝恩德光万丈。
>
> 文王神灵升又降,常在上帝的身旁。
>
> 勤勤恳恳周文王,美好声誉传四方。
>
> 人人以他为榜样,天下百姓有福享。

> (参见《墨子·明鬼下》引《诗·大雅·文王》)

这首诗歌对墨子思想的形成影响很大,他曾以此为根据,反驳了那些对鬼神存在抱有怀疑的人。墨子始终都相信文王的神灵在高高的天上和上帝在一起,永远关怀着世间的一切,以他那无比的力量赏善罚恶。

还有一首诗歌也是墨子从小经常唱诵的：

　　没有出言无反应，施德总会有福照。

　　人家送我一篮桃，我把李子来相报。

（参见《墨子·兼爱下》引《诗·大雅·抑》）

墨子后来提出的"兼爱"主张，所谓"爱人者必被人爱，恶人者必被人恶"，就是在早年接受的这种善恶报应观念基础上形成的。

从上古到春秋列国中的许多人物故事同样是墨子小时候喜欢听到的，诸如伊尹干汤、西施浣纱、卧薪尝胆、襄公义战，等等，墨子都是百听不厌，心驰神往。墨子后来招收弟子时还经常拿这些故事来教育他的学生，或者以此做比喻向王公大人们宣传自己的思想学说。

我们只要看看伊尹和勾践两人，就可以知道墨子所以喜欢他们的原因。

伊尹是商初一个出身低贱而贤能的人。他开始想求见商汤，苦于没有门路，便自愿充当汤王的妃子有莘氏陪嫁的奴仆，结果被安排到王宫的厨房里干活。伊尹便利用上菜、进餐的机会接近汤王，用烹调的滋味做比喻劝说商汤，使汤王了解了实行王道的方法。于是汤王把他从厨房里提拔出来管理国家大事。伊尹勤政爱民，最后帮助汤王消灭了多罪的桀王，从而奠定了商朝五百年统治的基础。

勾践是春秋越国的君主，被吴国打败后，被迫作为人质到吴国去侍奉吴王夫差，受尽了屈辱。回国后，勾践为了报仇雪耻，自觉磨砺意志，一改过去为君的富贵生活，把被褥撤走，拿柴草当铺；每天吃饭的时候，先尝一口苦胆的滋味。这就叫"卧薪尝胆"。他还亲自拿起锄头，架起织机，和百姓一起种地织布，同甘共苦，节衣缩食。经过十年的发愤图强，勾践看到时机成熟，最后终于一举消灭了吴国。

伊尹的故事和墨子"尚贤"思想相一致，是墨子早年就希望的选举制度。不管是什么人，奴隶、农民、庖厨、贱工，只要他贤能，就应该发挥出来，选拔起来，作为官长，委以重任；而不肖之人则应该免去职位，使其下贱。

勾践的故事告诫人们，每一个人，包括统治者在内，都应该俭苦自律，不可侈靡。这正是墨子的特色。在墨子看来，生活就应节俭、刻苦。非为节俭而节俭，节俭则昌，淫佚则亡；非为刻苦而刻苦，刻苦则强，安逸则弱。俭苦的生活能磨炼人的意志，从而成就大业。墨子的一生，就是俭苦的一生，也是伟大的一生。

墨子早年的读书学习表现有四：一是好学，二是博通，三是创新，四是力行。从而奠定了他后来事业成功的基础。

一、好学　墨子是个勤奋好学的人。墨子是从一个贫寒的家庭成长起来的"士"（知识分子），并进而创立自己的学说，成为墨家学派的领袖，在青壮年时代就博得了"北方贤圣人"的美誉。如果不是通过勤奋好学，他不可能获得如此成就和崇高地位。庄子说他"好学而博"（《庄子·天下》），这话说得很对。

《贵义》篇记载，墨子南游到卫国去，车中装载了很多书。他的学生弦唐子看见了很奇怪，问道："先生又不是去讲学，为什么要带这么多书呢？"墨子回答说："过去周公旦日理万机，早晨还要读一百遍书，晚上又接见七十个读书人。所以周公旦能辅助天子，他的美善传到了今天。我上没有国家的公职政务，下没有农民耕种的艰难，我如何敢浪费时间，抛弃读书？"墨子以西周初年政治家周公为榜样，在出游的路上也不敢荒废读书。可见墨子是把刻苦读书、勤奋钻研作为自己的本分。

后人形容勤奋好学有所谓"厕上、床上、马上"的"三上"之说，墨子正是这样的人。墨子认为，只要有知识和能力，不管什么出身，都应该予以荐举，任之以事。人的知识和能力是通过勤奋好学获得的。历史上，大凡事业有成者，都是勤奋好学的人。

墨子的"好学"除了勤奋读书，还善于从日常生活中学习，了解事物的道理。《所染》篇载有这样一件事。

墨子早年看见过染匠染丝。白的丝染了黑颜料就变成了黑丝，染了黄颜料就变成了黄丝。染匠下的染料不同，丝的颜色也跟着有不同的变化。墨子越看越感到惊奇，不禁感叹道："染丝这件事看起来很简单，实在是包含有很深的智慧和学问，不可不谨慎从事。因为不仅染丝是这样，人有染，国也有染,都是这样的呵!"

一个人所交的朋友都爱好仁义,都淳朴谨慎,遵纪守法,那么他的身体就会日益平安,家道也会日益兴旺,居官执政也合于正道了;一个人所交的朋友如果不遵纪守法,结党营私,那么他的身体就会日益危险,家道就会衰落下去,居官执政也不得其道。所以人在成长的过程中,要选好"染料"。

国家的统治者也有所染,所染当与不当,会改变整个国家的颜色。墨子举例说,商汤受伊尹、仲虺所染,越王勾践受范蠡、文种所染,都是所染得当,所以能国家强盛,传名后世。而夏桀被干辛、推哆所染,吴王夫差被王孙雒、太宰嚭所染,是所染不当,所以落得国破家亡,身败名裂。

庄子有言:"凡人心险于山川,难于知天;天犹有春秋冬夏旦暮之期,人者厚貌深情。"(《庄子·列御寇》)说的是人心难知。山川有其一定的高低深浅,天道也有一定的规律,而人心却往往被厚貌掩盖着真情。常言也道:知人知面不知心。

倘若每个人的脸上都贴有标签,像京剧的脸谱一样,黑白分明,识别人心就容易多了;果真如此,历史上恐怕就没有那么多的所染不当了。正因为人心多变,人品不一,所以为人处世、居官执政,就要善于观察识别,择善而从。人心尽管难测,也非神秘得不可知,要在墨子所说的,向生活学习,仔细观察,认真谨慎,选好染料。

二、博通 墨子博览群书,且多能精通。《尚贤上》篇说贤人的标准之一,就是"博乎道术",墨子自己就是一个博通各种道术的人。

前面提到墨子早年受学的内容时,人称他为"身通六艺"的贤人。墨子对先圣之术、六经之论、儒者之业,都能融会贯通。他也曾自述阅读过各国《春秋》。这部书也号称"百国春秋",是一部比现今可见的鲁国《春秋》内容不知要丰富多少倍的春秋列国历史纪录。即使在当时,能够通读这部书的人也是不多的。

墨子说话著书,常引用《诗》、《书》上的经典文句作根据,也常引用《春秋》中的人物故事做比喻、论证,而且都是信手拈来,自然贴切。

《墨子》一书几乎包含了当时可能取得的各种知识,涉及哲学、伦理、政治、经济、管理、军事、教育以及自然科学各个门类，有"百科全书"之称。即使有"圣人"之称的孔子，其《论语》中所涉及的知识也远不如《墨子》内容的如此广博。

墨子之所以能达到"博通"的知识境界，与他开放的学习态度有关。墨子深信道家老子一句话："有容乃大"。即要有能容纳一切的宽广胸怀才能成就学问之大。

在《墨子》的开篇《亲士》这篇文章中，墨子打了一个比方说：大地之所以能成其大，是因为能容载不同的万物；长江黄河的水不是同一水源流下的，价值千金的狐裘不是从一只狐狸腋下集成的。人的为学也应该如此，综合百家，不要偏于一端；为人也当如此，要善于采纳不同的意见，兼收并蓄，不要固执己见。墨子和儒家人物之间经常辩论，这并非是不相容，在墨子看来，辩论的展开也就是从对方汲取知识营养的过程。唯有这样，才能博采诸家之长，成就己身之大。墨子这种"有容乃大"的学术气概，值得后人学习。

墨子的博通不仅表现在知识学问上，也表现在他多才多艺的能力上。墨子成长在社会下层，接触的多是贱工之类的劳动生活，因此社会劳动阶层所从事的工作墨子都能熟悉和掌握。在先秦诸子中，墨子是唯一一位既入乎其内，又出乎其外的通才。"入乎其内"是说他与众多圣贤一样，能够深入到深奥的理论层次，展开思想的砥砺和交锋，著书立说，共同创造了百家争鸣的学术局面。"出乎其外"是说他不是一个单纯的思想者，也是一个体力劳动者，一个出色的工匠。他能够在顷刻之间，削三寸之木，制成一个载重几十石的车轴；能够研制成会飞的木鹰，在天空中翱翔，可见其手艺的精湛，技术的高超。

墨子能够成为这样的一个通才，从认识上看，是他不看轻生产劳动，把"劳心者"和"劳力者"的价值同样看待。墨子认为从事体力劳动也是学道的过程。庄子有言："技进乎道"，熟练、高超的生产技术就是得道的表现，同样可以上达圣贤境界。

在先秦诸子普遍轻视下层体力劳动者的情况下，墨子能有这样的平等观,始终坚持不脱离生产劳动和科学实验活动,在生产实践和自然科学领域中也取得了显著成就,特别难能可贵。

墨子是一位巧手慧心的工匠理论家,是一位集理论与实践为一体的通才。

三、创新　墨子从不因循守旧、人云亦云,而是一个善于思考、富于批判和创新精神的人。

墨子的创新首先表现在他对"礼艺"的改革。墨子早年跟史角后人学习"礼"艺时,有感于传统"礼"艺的繁杂、虚伪,从不愿意习礼,继而走向了对礼仪的改革。

比如"丧礼"的课程,从奔丧、安葬到祭祀都有一系列繁杂的程序要求。对于孝子来说,要学习如何穿衣,如何行走,如何饮食,甚至连如何哭泣,哭泣多久都有种种规定,而且每一程序要求述有术同等级的区分。其复杂的程度连以知礼闻名的圣人孔子有时也不知所措,以至于在参加太庙祭祀的时候,孔子也每每下问。(见《论语·八佾》)

墨子对于这种状况思考了很久。在他看来,人们之所以要履行丧礼,不过是表示对死者的悲痛和哀悼之情,因此参加丧礼的关键是怀有这种心情,只要表达出这一心情就可以了,为什么一定要在礼节上大做文章呢?由于对这种表面的礼节的重视,从而引导人们在礼的形式上竞相攀比,于是厚葬、久丧之风愈演愈烈。它不仅违背了礼的原意,也给社会带来了浪费,给人生增加了负累。出于这种考虑,墨子后来提出了"节葬"的主张,对传统的丧礼进行了批判和改革。这是墨子的主要思想之一。

墨子的创新还表现在一改先祖宋人迂腐的遗风。宋人是殷商的后裔,墨子的先祖。春秋战国是一个尔虞我诈、诡计多端的时代,诸侯国之间为了争名夺利,无所不用其极;列国为求生存,也无不趋时而变,唯有宋国似乎仍沉浸在先朝文明的传统里,保守着那点残存的质朴古风。因此,宋人的迂腐便出了名。

先秦诸子拿宋人作嘲笑对象的例子很多,如孟子说的宋人"揠苗助长",庄子说的宋人贩卖"章甫",韩非子说的宋人"守株待兔",等等。其中最有代表性的当是《春秋》上记载的宋襄公的"仁义军"。

公元前638年,楚军进攻宋国。宋将公孙固考虑宋国兵力太弱,建议跟楚国讲和。宋襄公沉着地说:"怕他什么?楚国兵力有余,仁义不足;咱们兵力不如,可仁义有余呀!兵力怎么能抵得上仁义呢?"为了让人家看得见宋军的仁义,他特地下令造了一面大旗,上书"仁义"两个大字,号称"仁义军"。在宋襄公的心里,好像有了这个法宝就能降妖,没想到那批楚国蛮夷根本不怕。两军在泓水相遇。

楚军忙着渡河。公子目夷说:"趁他们还没有渡完的时候,咱们迎头打过去,一定能把楚军淹死在河里。"宋襄公说:"不行。对方正在过河的时候就打过去,还算得上是仁义军吗?既然要用仁义去打败对方,就不该取巧。"目夷一瞧楚军都过来了,乱哄哄地正排列阵式,又对襄公说:"趁他们还没有排好队,赶紧打过去,或许能赢。"宋襄公骂道:"你这个不懂仁义的东西,人家的队伍还没有排好,怎么可以打呢?"

一会儿,楚军就像大水决堤似地冲了过来,宋国的"仁义军"哪里抵抗得住,纷纷后退,公孙固、目夷等人拼命保住宋襄公才逃了回来,可是宋襄公的大腿上还是中了一箭,身上也多处受伤。宋襄公躺在病床上,又恨又疼,依然说道:"讲道义的打仗就应以德服人,不能再打已经负伤的人,不能把老人当俘。"

当时的《孙子兵法》中已有"兵者,诡道也。"已经认识到用兵、作战的规律就在于欺诈、多变。人们也常说"春秋无义战"。可是生当其时的宋襄公依然执迷于他的"仁义军"。可见宋国君主的迂腐至极。

墨子身上虽有宋人的血统,却是生长在鲁国。他耳闻宋人的迂腐,又目睹鲁人浮华,认为两者都过于极端。他要走出一条实际可行的生活道路,以利于社会、人生的正常发展。

墨子既不抱守残缺,也不虚华浮饰。他的言谈,明白流畅;他的理论,雅俗共赏;为学,他述而有作;为人,他侠义热肠;他的生活原则是崇俭实用;他的道德理想是义利合一。

尚贤、尚同、节用、节葬、非乐、非命、兼爱、非攻、尊天、事鬼等十事,是墨子学说的十大纲领,即墨子之道。凡此皆体现了墨子以百姓的利益为标准,于传统之有或加以提倡、改革,于传统之无或加以创新的精神。

墨子把创新当作社会进步的前提,视为社会发展的必然,这一思想是非常明了的。《耕柱》篇载公孟子问墨子:"先人已有的,只要效法、阐述不就行了吗?"公孟子是一位儒家学者,他以为君子当述而不作。墨子则以为不然,他回答说:"谁说先人有的只要效法、阐述就行了? 对先人善的方面可以效法、阐述,而对今人善的方面则应予创新,这样,善的东西才能更多。如果没有创新,也就没有效法、阐述;时代在变化,则必然时时要创新。"墨子还把是否能做到继承创新作为君子的一个标准,他说:"只有效法而没有创新或者不知效法而只顾创新的人是最不君子的,因为这种人于后世无益;唯有古之善者述之,今之善者作之,即懂得继承创新的人才可称作君子。因为只有这样才能使善更多,从而增进社会的幸福。"

由于墨道中绝,中国积二千年之封建社会一直是保守有余,创新不足。长期的闭关自守,养成了夜郎自大一样的迂腐、可笑,导致了中国近代社会的悲剧。反思过去,墨子之言,千古之下,犹掷地有声!

四、力行 墨子是一个言行一致、身体力行的人。在他看来,言论必须见之于行,知识必须能应用于实践。可以实行的,就应推崇;不可以实行的,不应推崇。不可以实行的而去推崇、倡导它,那就是"荡口",即空言妄语,只会带来危害。

墨子早年对儒家"礼艺"的批评就是出于这些所谓的礼节、礼仪是不能实行的思考,都是腐儒的"荡口"。墨子还特别告诫统治者,应令出先行,力戒荡口。

知而能行,始为真知;若知而未行,即是未知。墨子举了一个例子说:"有一个盲人说:'银是白的,黔是黑的'。这话很对,任何眼睛明亮的人也不能更改它。但是把白的和黑的东西放在一块,让盲人来分辨,他就不知道了。所以说盲人不知黑白。这不是因为他不知黑白的名称,而是因为他不知道在实践中区分、择取。"仁义的道理也一样,天下人都会称道它,但是把符合仁义与不符合仁义的事情放在一起,让人们来择取,就不一定知道

心通墨子

了。所以说,是否真知,不能看人怎样说,而要看他怎样行,即实践的知识才是真正的知识。'

要求在实际行动中获得真知,这是科学的态度,也是一切正直的人都应具备的品格。

墨子还认识到:言论只有通过行动,才能达到言论的目的;如果只顾坐着说,不愿起来行,即使真实的言论也不会收到效果的。《公孟》中,墨子和公孟子有一段对话形象地说明了这个道理:公孟子问墨子:"美玉隐藏不出,仍然光彩异常;好比美女深居闺楼,人们竞相追求,但如果她自己到处自我表现、炫耀,人们就不会娶她了。您不仅著书讲学,现在又到处奔走游说,岂不是枉费精力,自讨苦吃?"

墨子回答说"现在追求美女的人多,美女即使深藏闺楼不出,人们也会来追求她。但是对善的追求就不一样了,现在追求善的人太少了,不努力奔走游说、身体力行,人们就不会知道,就不会将善发扬光大。"墨子最后又举例说:"假如这里有两个人,都善于占卦。一个人出门给别人占卦,另一个人却隐居不出,哪一个人的获利大一些呢?"很明显,是出门给人占卦的人获益多。公孟子没话可说了。

从言行的一致,墨子又谈到了名实的统一。

"名"就是名称、名誉;"实"即实际、实行。名誉是最重视的一样东西,然而名誉又不是凭空无故生长出来的。它本是像帽子一样,随便戴上一顶就冠有某种名誉了。名誉必须经过身体力行,始能名至实归。"功成名遂"说的就是这个道理。只想出名,又不愿力行,那是办不到的;那样即使获得了某项名誉也只能是假名誉,或臭名誉。古今中外,凡是重视名誉者,无不是自强不息、力行不倦的人。

墨子的一生,为利益天下,日夜不休,力行不倦,从而赢得了后人无限的钦敬和仰慕。孟子、庄子等人虽然对墨子有所批评、苛责,但仍誉其"利益天下"、"天下才士"的美名。近人梁启超亦云:"墨子真千古之大实行家,不唯中国无人能比,求诸全世界亦少见。"(《墨子学案》)

五　创立学派

墨子青年时期就开始私人授徒讲学,创立了和孔子儒学相抗衡的墨家学派。

早年的墨子曾有一次看见岔路而痛哭的经历(见《贾子新书·审微》)。地上的道路都是相互交叉,通向不同的方向,人们常常会因一步走错,以至东西向背;墨子由此醒悟到人生的歧途也莫不如此,人们往往会因一步走错而陷入昏恶,以至为害天下。忧患心切的墨子见此情景不禁悲痛,潸然泪下!墨子进而反思,人生固然歧途多端,也有正道,人们为什么会纷纷误入歧途,以至天下大乱呢?关键在于不明正道,指导行动的思想动机受到了各种错误思想的引导。墨子由此立志,要改造人们的思想以匡时救世,于是创立了独树一帜的墨家学派。

春秋战国时期,私人讲学之风盛行。这一现象的产生,一方面是由于官学衰微,科学知识的传授和普及依赖于民间私学得以进行;另一方面是由于社会的变革,出现了各种不同的政治学术.观点,需要利用私学的形式得到宣传和扩大影响。当私人讲学者的思想观点包括其人格因素在内,适应了社会的某种需要,受到一部分人的拥护和信任,从而形成一定规模,产生了比较大的影响的时候,其私学的性质便发生变化,成为一种学派了。

一种思想观点要想产生比较大的影响,光靠某个人的努力呐喊是很难达到的,必须依赖更多人的信从和支持;接受这一观点的人越多,其影响和功效也就越大。

年轻的墨子曾经反复思考,如果想自己一个人耕种、纺织,以解决天下人的温饱,即使是十二分的努力,也不能满足天下人的需要;如果想自己一个人单枪匹马地作战,即使再勇敢的人,也不能抵挡住三军的进攻,这也是显而易见的。必须使天下人都起来耕种、纺织才能解决天下人的温饱;必须使天下人都起来反对不义战争,才能实现国家治理、社会和平。怎样才能做到这一点呢?墨子认为,不如诵读与研究先王的仁义学说,总结出我们这个时代所需要的新的学说,在上劝说王公大人,在下教育平民百姓。王公大人采用了,国家就能得到治理;平民百姓懂得了,生产就可以得到恢复和发展。这个学说和道理才是现在的天下人最缺少的东西。假若自己的努力与鼓动能使天下人得到它,达到这一要求,那么自己的功劳就是最大的了。

事实正是这样,墨子之所以在先秦能成为跟孔子齐名的“显学”领袖,在社会上产生了重大影响,不是靠他一个人单枪匹马地奋斗,而是以他的思想学说为核心,形成了一个以他为代表的墨者群体,即墨家学派。

一种学派的产生要具备两个基本条件,一是要有自己明确的政治学术观点;二是要有一群人结成的集团或组织。

墨子的政治学术观点主要是针对当时影响最大的儒家思想而来的。

早年“学儒者之业,受孔子之术”的墨子,到了青年时期,逐渐认识到儒家思想除了它自身固有的逻辑矛盾,比如既讲求祭祀的虔诚,又怀疑鬼神的存在,还存在着种种致命的弊端。据墨子自己的归纳,这些弊端主要有以下四点:

1.以天为不明,以鬼为不神;2.厚葬久丧,送死若徙;3.弦歌鼓舞,习为声乐;4.以命为有,不可损益。(见《公孟》篇)这就是说儒家不相信天和鬼是聪明神灵的。儒家操办丧事要花很长时间,随葬的财物又多,送葬就像搬家一样。他们喜欢歌舞音乐,讲究华丽排场,习以为常。他们又相信有命论,认为人们对命运不可改变,只能顺从。

在墨子看来,以上四种弊端足以丧乱天下。

为此,墨子提出了以"天志"、"兼爱"、"节用"、"非命"、"尚贤"为核心的一系列代表劳动阶级利益的思想主张。以下略作说明。

所谓"天志",是说"天"有意志。在墨子看来,承认有意志之天的存在是有益的,一个具体的表现就是它可以监督天子,不至于使天子胡作非为。因为在下面的人做了错事,在上面的人可以纠正他;万一天子做错了事,谁来纠正他呢? 这就要靠"天"来纠正他。其实,墨子所谓的"天志"就是指的民意,是墨子所代表的劳动阶级的意志,是希望自己的意志得以实现。墨子还承认有鬼,认为鬼是神明的,其目的也是这样。在两千多年前的时代,谁能直接爽快地说天子要听老百姓的话呢? 墨子的"天志"、"明鬼"是用婉转的口气,说明民意不可不听从。

所谓"兼爱"是要人们"爱人若爱其身",即要像爱自己一样去爱他人。《墨子·耕柱》篇记着一段儒者巫马子和墨子的对话,说明了"兼爱"的合理性。巫马子说:"我和你不同,我不能做到兼爱。我爱我的家乡人胜过爱外地人,我爱我的家人胜过爱家乡人,爱我的父母胜过爱家人,爱我自己胜过爱我的父母。我觉得愈近愈亲,愈近愈爱。我可以杀人以利我,决不能杀我以利人。"墨子说:"你的话可以公开吗?"巫马子说:"当然可以公开。"墨子说:"既然这样,如果有一个人照你的话做了,这个人便可能杀你以利己;天下的人都照你的话做了,天下的人都要杀你以利己。反之,如果有一个人不赞成你的话,这个人可能要杀你,天下人都不赞成你的话,天下人便都要杀你。因为你的话太可怕了。"巫马子说:"你兼爱天下,未见有利;我不爱天下,未见有害,你何必自是而非我!"墨子说:"假使看见邻居失火,一个人端着一盆水,另一个人捧着一壶油,都想去浇火,虽然两个人未必能影响火势,但依你来看,谁做得对呢?"巫马子说:"当然是端水的人。"墨子说:"我不忍心看见邻居失火,只是尽我的力量去扑救,是否有用不知道,只是劝你莫再浇油而已。"

我们从这段话里,可以看出墨子的兼爱精神之所在,为了造福社会,明知杯水车薪,仍要竭尽己力。

所谓"节用"就是在财力、物力上用其当用,去其不当用。"当用"指的是人的基本欲望和日常生活中所必需的或不可或缺的,过此以外都属不当用。比如"厚葬"就属不当用,墨子提倡"生不歌,死无服,桐棺三寸而无椁"的非乐、薄葬就是"节用"的一个表现。墨子的"节用"是一个手工艺人讲究物尽其用,追求实在实用的职业特点的体现,也是一个劳动者对剥削阶级奢侈和浪费的反对。为了提倡节用,墨子及其弟子从自身做起,不惜苦己利人,把生活水平降到了最低标准,为后人树立了勤劳节俭的光辉典范。

所谓"非命"是对儒家命定论的一种否定。墨子对"命"的否定是一个身处社会下层的劳动者要求改变自己命运的愿望表现。墨子对"命"看得很透彻:所谓生死贵贱的命定论只是统治阶级的一种欺骗,下层愚民不识真相,跟着就相信有命了,所以永远被人压迫。

墨子认为,人的命运掌握在自己手里。

所谓"尚贤",就是选贤使能,让贤能的人治国。为什么要这样做呢?墨子有一个比喻说:"我们坏了一张弓,需要修理,必会找一个良好的弓匠,如果对方不能修弓,就是骨肉至亲,也决不去请教他。为什么呢?无非是怕他修坏了。至于用人治国当然更是这样,怎么能专门择亲或偏私呢?"

怎样选贤使能?墨子说:"良弓难拉,却射得远;圣人求才,求其得用而已,并非是求全责备。"

为了推行自己的这些学说和主张,墨子开始创办"私学"。墨子讲学的主要内容就是上述的墨子之道,以及传统的文化知识,如《诗》、《书》、《百家春秋》等;墨子提倡"节用",反对奢华浪费,所以没有孔子的《礼》、《乐》之教。墨子的教学还重视论辩逻辑、自然科学,以及基本的手工业技术和军事知识。他希望把他的学生都培养成能说会做、文武双全的一代新人。

孔子以"有教无类"之宗旨、"诲人不倦"之精神培养了大批贤人君子,然而孔子收徒犹称"自行束脩以上,吾未尝无诲焉"(《论语·述而》),其施教对象必须是备有学费的求学者。墨子则不然。墨子从他的"有道者劝以教人"的教育观出发,本其兼爱的精神,随时随地施教;不唯施教勤勉,还身体力行,以其无私、坚强的人格感化着学生。随从墨子受学的都是来自社会下层的贫寒子弟,他们本着吃苦耐劳的品质,边学习,边生产,边行道,同甘共苦,自食其力。在这里,他们不仅学会了各种技术和知识,也体会到了互相间的平等、关怀和欢乐。

墨子的这种讲学内容和办学方法不久便吸引了许许多多的人参加进来,墨子很快显荣于天下,弟子徒属"不可胜数"(《吕氏春秋·当染》)。墨子之学遂成为与儒家相抗衡墨家学派。

墨家学派是一个有着严密组织和严格纪律的学术性团体。这个团体具有以下几个特点:

1.采取尚贤制　团体的首领称为"巨子",其产生采用的是尚贤的方法。"巨子"是被公认为最贤能的人,在团体中,他具有崇高的威望,备受尊重。墨子在世时,这首领自然是墨子;墨子以后,相继担任"巨子"职位的还有孟胜、田襄子、腹䵍等人。

2.崇尚艰苦朴素　墨家的艰苦朴素,处处表现在墨子师徒的生活行为之中。墨子自奉极为菲薄,《贵义》篇有朋友称墨子"独自苦而为义",《庄子·天下》篇也称他是"以自苦为极"。墨子弟子曹公子自述在老师门下,穿着短褐之衣(粗布短褂),吃着"藜藿之羹,朝得之,则夕弗得",即喝野菜粥,早上吃了,晚上还不一定吃得着(见《鲁问》篇)。墨子还要求后世之墨者一直保持这种艰苦朴素的生活,并说做不到这点就要被开除出墨家团体。

3.纪律严明　墨家内部有所谓"墨者之法",按照"墨者之法"的规定,杀人者偿命,伤人者服刑。自上而下,一视同仁。墨家"巨子"腹䵍的儿子,在秦国杀了人。当时的秦惠王考虑到腹䵍年老且又无他子,就叫下面的人赦免了事,并劝言腹䵍原谅儿子。腹䵍不听惠王的劝告,说:"大王能赐他免受秦律的惩罚,但他身为墨者,我不能不执行墨者之法。"结果处死了自己的儿子。(见《吕氏春秋·去私》)可见,墨家组织纪律之严格。

4.集学习、生产、军事于一体　墨家学派,不只是学习书本上的理论知识,他们还一边生产,一边投入到军事训练、作战。墨家子弟个个都是身体力行、自食其力的人,墨家把夏禹作为自己的榜样人物,夏禹为一代圣王,却栉风沐雨,亲自操橐耜治水,平整土地。墨子教导他弟子如果不能像大禹这样,就不能算是一个真正的墨者。因此,种地、做工,尤其是手工制造便成为墨者从事的日常工作和必须掌握的基本技能。

墨家团体又是一支招之即来、来之能战的义勇军。他们抨击侵略、主持正义不遗余力。在"止楚攻宋"的整个过程中,墨子为防止游说失败,预先布置了禽滑釐等弟子三百人,帮助宋国做军事上的准备,严阵以待来犯之敌,最后终于使楚国取消了攻宋的计划。"巨子"孟胜亲自率领墨家弟子为阳城君死守城池,血战到底的事迹更是令人敬佩。(事见《吕氏春秋·上德》)

5.见义勇为,死不旋踵　"舍生取义"是墨子及其弟子们信守的一个基本原则,也是他们视为人生价值的最高体现。

墨子看到社会上到处是以大欺小、以强凌弱的霸道和侵略,百姓流离失所,生灵涂炭,于是,毅然举起了"兼爱、非攻"的旗帜,决心以有限的力量维护社会的正义与和平。他将生死置之度外,到处奔走游说,即使陷入被囚禁和死亡的地步,仍是大义凛然。

墨家弟子经常有为义战而死的。《鲁问》篇记载着一个父亲因儿子跟随墨子战死,悲痛之余,跑来对墨子抱怨了一通。墨子安慰他几句后,回答说:"你的儿子在我这里学业有成,现在牺牲了,正是死得其所,你不该埋怨我。"在墨者看来,加入墨家集团也就是把自己交给了正义的事业,为正义而死正是一个优秀的墨者应尽的职责,自然是无怨无悔。

据《吕氏春秋·上德》载,墨家"巨子"孟胜为阳城君守城,明知寡不敌众,仍恪守信义,与楚军力战而死,跟他同归于尽的弟子有一百八十三人。尤为感人的是,出城送信的两位弟子在完成任务后,又义不容辞地返回城里,一同殉难。

6.推荐弟子到列国从政　墨子不断推荐那些学业有成的弟子到各诸侯国去从政,以推行墨家之道。如《耕柱》篇记载的荐耕柱子去楚、荐高石子去卫,《鲁问》篇中派公尚过去越、派曹公子去宋、派胜绰去齐国,等等。这些墨家弟子大多表现优秀,对于把墨家学说应用于社会政治,促进各诸侯国内生产的发展和各国之间的关系做出了贡献。

墨子对于这些出去从政的弟子仍然管理很严,对其中能够坚持墨家思想路线、政绩突出的弟子予以称赞,而对其中个别的违背墨家思想路线的弟子则予以处分。

墨子派遣高石子到卫国从政,卫君看在墨子面上,叫高石子做卿相的高官,给予丰厚的俸禄,但高石子看到卫君不听从自己的墨家道理,于是愤而辞职。高石子此举受到了墨子的表扬,墨子还特地把禽滑釐等弟子叫来,对高石子的表现大加赞赏。(见《耕柱》篇)

墨子派胜绰做齐国将领项子牛的随从,以便阻止项子牛兴兵侵犯鲁国。但胜绰却为项子牛的厚禄所打动,屡次跟着项子牛入侵鲁国。墨子派人把胜绰辞退回来,当着众弟子的面严厉批评了胜绰背义向禄、明知故犯的错误。(见《鲁问》篇)

墨子自己在这方面就是一个以身作则的典型。据《鲁问》篇载,墨子刚显荣天下的时候,越王出于对墨子的仰慕,恭请墨子到越国去辅政,并许以五百里地封给墨子。墨子知道越王并非是诚心接受并推行他的政治主张,只是一种沽名钓誉的虚荣,于是婉言谢绝了。

另外,出去做官的墨家弟子有义务把薪俸收入的一部分供给墨家团体,不准独自享用。这是"墨者之法"的规定。《耕柱》篇载,耕柱子在楚国做官时,有一次几个墨者同学去探访他,耕柱子给们限量供食,这几个人心里因此不畅快。他们回去后告诉墨子:"耕柱子在楚国没有什么用处;对我们也招待不周。"要求把耕柱子辞退回来。墨子当然理解他的弟子,说:"等等再看吧。"没有多久,耕柱子便送来了十镒黄金,说:"弟子不敢贪图财利、违犯墨法以送死,这十镒黄金请老师收下。"看到耕柱子省吃俭用以利益团体的做法,墨子感到很满意,并夸奖他表现不错。

身处乱世的墨子有一种强烈的忧患人生、心系天下的情怀,墨子创立学派的目的就是要从思想上改造人生,进而拯救社会。

六　劝说齐鲁

　　齐国和鲁国本来都是周初同时分封的两个相邻的诸侯大国。鲁为周公旦长子伯禽的封国，以今山东曲阜为中心；齐是姜尚，即姜太公的封国，以今山东临淄为中心。开始两国关系一直很好，同朝周室，互通婚姻；相互间取长补短，礼尚往来，视如兄弟。及至春秋，两国关系出现波折，冲突不断，以至齐国醉杀鲁君，鲁人劫持齐君，兄弟之间反成仇敌。特别是到了春秋后期，齐国通过管仲的改革，国力日益强盛，成为春秋一霸。而鲁国经过国内大夫几次瓜分公室，逐渐衰弱，双方力量的对比发生了显著的变化。于是，齐国以强凌弱，不断发动侵鲁的战争，如蚕食般掠城夺地，鲁无宁日。

　　实际上，早在两国刚刚分封建国的时候，周公就已经预见到日后这种局势了。《史记·鲁周公世家》载：鲁公伯禽受封鲁地后，时隔三年才来朝见周王。周公问他："为何迟迟而来？"伯禽回答："因忙于改革，整顿旧有习俗，教化百姓，所以一直脱不开身。"太公受封于齐，五个月后即来朝见周王。周公问他："为何速速而来？"太公说："我精简君臣之礼，顺任当地风俗，政通人和。已经没什么事了。"周公听后，两相比较，不禁感叹道："鲁国后世将要成为齐国附属了。治国之道，要在简易，不简不易，民不归属；平易近人，民必统一。"

可见,齐鲁交战,齐强鲁弱,早已是事出有因、实属必然的事情。大约在鲁悼公时,齐国又准备向鲁国宣战。国难当头的悼公不得以向墨子发出了求救的声音。

随着墨家学派的形成和发展,墨子的名声也越来越大。他那"兼爱"、"非攻"的政治学说和力行救世的实际行动,在当时的战国"简直可以说是一位和平天使,降临凡尘"。大国为捞取名誉,想拉拢他去做官;小国为不受欺负,也希望得到他的帮助。

鲁悼公因国弱民贫,自知无力抗齐,正急得一筹莫展。听说国内出了一位与先圣孔子齐名且文武双全的"贤圣"墨子,如同找到救星一般,急忙派人恭请召见,求教救国良策。墨子身为鲁国子民,早有制止齐国侵鲁的打算和行动,现在遇到国君相请,当然是义不容辞,遂起身前往,与鲁悼公会见。

鲁悼公一见到墨子,开口就问:"齐国又要来攻打我国了,您有什么办法可救吗?"

墨子以坚定的口气说:"有!"

墨子首先向鲁悼公指出了强国的根本措施:从前三代的圣王,像禹、汤、文、武,在未得天下之前,都不过是百里的诸侯,人少国弱,只因他们以诚相待,实行仁义,终于以弱胜强,取得了天下;而桀、纣、幽、厉,本来是坐拥天下的帝王,只因他们把怨言当仇恨,实行暴政,结果失去了天下。所以我希望君主您不必担心国小民贫,只要上能尊天事鬼,下能爱利百姓,从根本上努力,自然会国富民强。

接着墨子又讲到目前的急救办法:一方面,应赶紧准备丰厚的皮毛、钱币等礼物,辞令要谦恭,结交四邻的诸侯,谋求援助;另一方面,应动员全国人民,齐心协力,共同起来准备抵抗齐国的侵略。如果这样做的话,鲁国就有救了,除此之外,没有别的更好办法。

鲁悼公有点犹豫不决地问:"是否可以委屈求和呢?"

墨子说:"这是万不得已的下策,即使能求和也得充分显示出自己的力量作为条件。况且齐国侵略,本是违反仁义的,他们欲壑难填,有吞并天下的野心;一味求和,就是对这种不义之举的让步,也就等于自杀。"

鲁悼公想了想,确实没有其他更好的办法,于是,便采纳墨子的主张,加紧军事和外交上的积极准备。

墨子接着又派遣学生胜绰到齐国活动,争取息兵。

当时统领齐国军队的大将叫项子牛,他曾多次率领齐军攻打鲁国。胜绰此行的任务就是做项子牛的随从,试图做好说服项子牛的工作,节制他对鲁国入侵的军事行动。但墨子的用人出现了失误,胜绰为齐国的厚禄所收买,背叛了墨子的意图。项子牛三次率兵侵鲁,胜绰不仅不加劝阻,反而每次都前往参与,从而给鲁国带来了很大损失。墨子知道后,派人把他请退回来,严厉地批评了他言行不一,明知故犯的错误。(见《鲁问》篇)

派人打入齐军内部的计策没有奏效,于是,墨子亲自去齐国游说齐将项子牛。

这时,齐国又下达了进攻鲁国的动员令,战争箭在弦上。墨子直奔齐军统帅项子牛的帐下,对项子牛说:"进攻鲁国,是齐国犯下的一个大错误。"接下来,墨子以史为鉴,跟项子牛讲述了昔日吴王夫差和晋卿智伯两人逞强灭国的例子:

从前吴王夫差依仗自己国家的强盛,四面出击,远征诸国。先是向东攻打越国,迫使越王勾践困守会稽;又西攻楚国,拿下楚国都城,楚昭王奔走于随;后又挥师北上,侵入齐国,把俘虏的齐将押回了本国。当时,吴军所向披靡,东方各诸侯小国没有不投降归附的。于是夫差好大喜功劳民伤财,再筑姑苏台,以享帝王之乐。后来越王勾践发愤图强,首举反攻吴国大旗,各诸侯国也群起报仇。吴国百姓苦于长期奔命,不肯再为吴王效力,转眼间,吴国土崩瓦解,吴王夫差也成为刑戮之人,为天下人所笑。

过去晋国有六卿,其中智伯最为强大。他自恃地广人多,有条件跟各诸侯相抗衡,取得战胜的"英名"。于是大肆兴兵攻伐,先攻灭六卿中最弱的中行氏,得手后又攻入范氏,把三家地盘都合归自家。他贪心不足,又把矛头指向其他三卿。亲率大军围攻晋阳的赵襄子,从而激起了公愤。韩、魏二氏商议道:"古时说,唇亡则齿寒。赵氏早上亡,我们晚上就要跟着死;

赵氏若在晚上亡,我们第二天早上就要跟着死。我们跟赵氏联合抵抗,智伯就不能打败我们。"结果,韩、越、魏三家合谋,同心协力,里应外合,韩、魏从外边打,赵氏从里边打,结果大败智伯。

墨子最后得出结论说:

"故大国之攻小国也。是交相贼也,过必反于国。"(《鲁问》篇)

即大国攻伐小国的战争是互相残害,对双方都没有好处,最终必将祸及大国自身,等于搬起石头砸自己的脚。警告项子牛侵鲁的结果将是不吉而凶。

此所谓得道者多助,失道者寡助。攻伐之罪,罪在失道、不义。

墨子最后又劝勉:"将军是个深明大义的人,请三思而行。"项子牛早就耳闻墨子的大名,今番相见,他显然被墨子说辞中丰富的知识和精湛的义理所吸引,也被墨子这种酷爱和平、热心救世的精神所触动。他是否因为这次劝说而停止了攻鲁,书中没有明言,不得而知。但从齐、鲁两国的关系来看,其后的一段时间,直到墨子晚年,两国再没有发生大的战事。

自此以后,鲁君对墨子更加由衷地信任,凡是有关国家大事拿不定主意时,都要去请教墨子,墨子本人也乐意相告。就连决定太子继位这种宫廷内部的事情,鲁君也要过问墨子后才放心。《鲁问》篇载:鲁君对墨子说:"我有两个儿子,一个爱好学习,一个喜欢把财物分给别人,让哪个做太子好呢?"鲁君真是知人善问。墨子对这类问题太熟悉了,他就是研究人的心理和行为方面的专家。墨子回答说:"这还不能下结论。因为做好事的动机也可能是为了沽名钓誉。钓鱼的人弓着身子垂钓,并不是对鱼表示恭敬和恩赐;用食饵捕杀老鼠,并不意味对老鼠的施舍和爱心。我希望国君把动机和效果结合起来进行考虑、分析。"把动机和效果结合起来进行考察,墨子叫作"合其志功而观焉",志即心理、动机,功即行为、效果。人的动机和效果的关系是很复杂的。墨子认为二者既有一致的情况,也有不一致的情况。《墨经》把"矢至侯中,志功正也"作为"正合"即一致的例子,意思是我们想射中箭靶的中心(动机),结果正好射中了(效果),这是动机和效果的正好一致,是人们所刻意追求的理想状况。

《大取》篇说:"志功不可以相从也"、"志功为辩",即动机和效果也有不一致的情况。不好的动机自然不会有好的结果,好的动机也可能会出现不好的结果。例如:"以臧为其亲也而爱之,爱其亲也;以臧为其亲也而利之,非利其亲也。"即误认臧是父亲而爱他,是爱父之心的表现;但误认臧是父亲而给他许多利益,则受益的只是臧,并不是父亲。良好的动机并未出现预期的结果,于事无补。

墨子认为对人的观察,既要"合其志功而观",同时也要善于利用动机,积极引导。《公孟》篇载:有一个人来到墨子门下,身体强壮,思虑敏捷,墨子想让他跟随自己学习。于是说:"暂且学习吧,我将让你出仕做官。"用好话诱导、勉励他而学习了。过了一年,那人学成向墨子求出仕。墨子说:"我不想让你出仕。……你行义,我也行义,怎么能说只是我的义呢?你不学习别人将要笑话你,所以劝你学习。"此段故事,表面看来,似乎是墨子不守信诺,其实是墨子观察此人有喜欢做官的动机,遂加以引导、利用。虽然此人学成后,仍不适合出仕做官,但墨子让他学习了,并使他明白了学习的真正意义。

墨子对鲁君还有两次主动的劝告,分别是关于"诔文"和"祭祀"的事情,都见于《鲁问》篇。

鲁君的爱妾死了,鲁国人阿谀国君,为她写了一长篇浮夸溢美的诔文。鲁君看了很高兴,自以为功德无量。墨子听说这件事后,就劝告鲁君说:"诔文,为的是说明死人的行状和心志的。现在您以为是颂扬自己而得意,这就像用狐狸的头皮来做衣服一样。"意思是说两者极不相称,根本不是一回事。

墨子的用意当然是劝勉鲁君要勤政爱民,多听忠告逆耳之言以自警,不要偏听阿谀奉承之辞而虚美。

这里涉及逻辑学上的名实关系问题,墨子的观点是"以名举实",即事物的名称与实际要相符合,不能互相矛盾。与实际不相符合的名称就是假名。从上面这件事情来看,这篇诔文就是一个"假名"。

首先,一个人死后的诔文应是关于其本人生前品行和事迹的真实记载,即使有溢美之词,也应是对死者而言。鲁人借此而阿谀鲁君,就是名不符实。其次,诔文既然是关于死者本人的文字,那么别人就不能视为是自己的。鲁君把爱妾的诔文当作是颂扬自己的文章,也是名不符实。

如果把这种"假名"当作是自己的、真实的东西,岂不正如西人安徒生童话里所谓的"皇帝的新装"一样,只会惹人笑话!

鲁国向来对祭祀活动倾注极大的热情。有一次,鲁国的司祭用一头小猪祭祀,向鬼神祈求百福。墨子看见后,就向鲁君建议说:

"这样是不行的。这就好比送给别人很少的东西,却希望从别人那里得到很多的东西,那么,别人就会怕你送东西给他了。现在用一头小猪来祭祀,向鬼神祈求百福,如果是用一头大猪来祭祀,岂不是要向鬼神祈求万福? 那么,鬼神就会更怕你用更大的牛羊来祭祀了。古代的圣王敬奉鬼神,不是这样的,与其祭品丰富,不如简单更好。"

墨子从他的"明鬼"和"节用"的观点出发,认为祭祀活动只是表现对鬼神的一种诚敬之情,不在于祭品的丰富,不在于求福的希望。只要心存诚敬,与仁与义,鬼神自然会赐福与人的。鬼神的赐福如果是看祭品贡献的多少,鬼神岂不是成了势利眼?

墨子虽然主张"明鬼",但对祭祀鬼神的态度是理性的。祭祀活动的目的在于使民生有利,使民德归厚。这与孔子所说的"敬鬼神而远之"的态度与目的,当属一致。

墨子生平最伟大的事迹之一就是制止了一场楚国进攻宋国的战争,史称"止楚攻宋"。

楚国是春秋时期位于南方的一个诸侯大国,为了觊觎中原,称霸天下,曾经对其北邻宋国发动过多次进攻。较著名的战例就有两次:楚成王时,在泓水大败宋军,箭伤宋襄公;楚庄王时,又围攻宋都,致使城内"易子而食,折骸以爨"(《左传·宣公十五年》)。在长达百余年的争霸过程中,包括宋国在内的中原各国人民长期饱受了战争的灾难。及至楚惠王时期,楚国又连续兼并了北方的陈、蔡、杞、莒等小国,准备再次进攻宋国,挺进中原。一贯为"兼爱"、"非攻"而奔走呼号的墨子,正生当其时,决心力挽狂澜,制止楚国对宋国的进攻。

当此之时,楚惠王重用了一个当时最有本领的工匠,叫公输般,他是鲁国人,所以也称鲁般,也就是后来土木工人奉为祖师的鲁班爷("班"是名,也写作般)。公输般做了楚国的大夫,替楚王成功地设计并制造出一种攻城的新式武器,叫云梯。它移动灵活,高度超过了城墙,看起来简直像碰到云端似的,所以叫"云梯"。除此之外,还发明了撞车、飞石、连珠箭等一系列尖端武器。楚惠王一面命令加紧这些武器的制造,一面准备向宋国进攻。随着事态的发展,这些消息一传扬出去,列国诸侯都有些担心,宋国人更是吓坏了,认为是大祸临头。

但是楚国的军事行动也引起了另一些人的反抗,其中最为突出的就是墨子。墨子听说楚国要利用云梯、撞车去进攻宋国,经过一番仔细研究后,他决心设法说服公输般和楚王停止攻宋。他先派出禽滑釐等三百弟子去帮助宋国守城,然后自己步行从鲁国出发,赶往楚国。墨子裂裳裹足,脚底起了泡,他就撕了衣裳裹起脚再走,经过十天十夜,赶到了楚国都城郢。公输般见到自己的同乡墨子风尘仆仆,不远千里而来,问道:"先生有什么见教?"擅长劝说技巧的墨子一开始便采用了"援"的方法,即援引别人的类似论点来证明自己的论点。墨子说:"北方有人侮辱了我,想请你去杀了他。"接着又补充说:"我愿意奉赠十金作酬劳。"公输般说:"我讲仁义,从来不杀人。"墨子很感动地站起来,拱手一拜说:"请允许我再说几句。我在北方听说你造了云梯,要帮助楚国去攻打宋国。宋国有什么罪呢? 楚国土地有余,而人口不足,杀所不足而争所有余,不能说是明智;宋国没有罪,而去攻打它,不能算是仁义。你既然知道这个道理,却不到楚王面前去争辩,不能算是忠臣;如果到楚王面前争辩了,却不能说服楚王,不能算是能力强;还有,你口讲仁义,不肯杀少数人,却要去屠杀多数人,不能算是知义达理。"公输般被说得理屈词穷,不得不点头,表示信服。

墨子说:"那么,你可以停止帮助楚王攻打宋国了吗?"

公输般说:"不行。我已经跟楚王谈好了要协助他作战的,岂能出尔反尔?"

墨子说:"你为什么不赶快带我去见楚王呢?"

公输般答应了。

墨子见到楚王,先打了个比方说:"现在有一个人,不要自己的漂亮车子,却想偷邻居的破车;不要自己的锦绣衣服,却想偷邻居的粗布短袄;不要自己的精米肉食,却要偷邻居的糠糟菜饭。这是个什么样的人呢?"

楚王说:"那一定是患有偷窃病的人。"

墨子说:"楚国方圆五千里,宋国才方圆五百里地,这好比漂亮的车子与破车。楚国有野兽成群的云梦大泽,渔产丰富的长江汉水,富甲天下;宋国却连一只野鸡、兔子都没有,这好比美食佳肴与糠糟菜饭。楚国有楠、樟等名贵木材,宋地却连一棵像样的大树都没有,这好比锦绣之衣与粗布短袄。从这三个方面来看,我认为楚国攻打宋国就跟那个有偷窃病的人同类。大王您如一定要这样做,不仅会丧失道义,也注定要失败,为世人耻笑。"

楚王说:"说得很好! 不过,公输般已经为我造好了云梯,这次一定能把宋国攻下来,不会失败。"

墨子直截了当地说:"你能攻,我能守,你占不了便宜。"于是解下身上系着的腰带在地上围作城池,再用几根小木棍当作对付攻城的机械。公输般采用一种方法去攻城,墨子就用一种方法来防守;公输般改换一种攻城的机械,墨子就改换一种守城的工具。一个用云梯,一个用滚木;一个用撞车,一个用火箭;一个挖地道,一个用烟熏。公输般一连用九种攻城的方法,墨子就用了九种守城的方法把它抵挡回去。公输般的攻城武器用完了,墨子守城的器械还有余。两人就这么结束了比试。

末了,公输般对墨子说:"我知道怎么对付你了,但是我不说。"

墨子心知其意,于是说:"我知道你怎么对付我,但我也不说。"

楚王听了很纳闷,便问墨子:"你们说的究竟是些什么呀?"

墨子老实地告诉楚王:"公输般的意思,不过是想杀掉我。他以为杀了我,宋国就可以攻下来了。他错了! 我的弟子禽滑釐等三百人,已经拿着我的守城器械,正在宋国的城墙上严阵以待。他可以杀了我,但善于守城的墨家不会断绝。"

楚王显得感动又无奈地说:"好啊! 我决定不去攻打宋国了。"

一场剑拔弩张的战争,就这样不损一兵一卒,被墨子平息了。墨子过人的智慧、谋略,以及无私的热情、勇敢,在这场针锋相对的较量中充分地显示了出来,令人佩服!

冯友兰先生曾就墨子这次行动的意义作过评述,他说:"这段故事若是真的,倒是为当今世界解决两国争端,树立了良好榜样。战争不必在战场上进行,只要两国的科学家、工程师把他们试验中的攻守武器拿出来较量一番,战争也就不战而决胜负了。"(《中国哲学简史》第五章)

这个事件的整个过程在《墨子·公输》篇里有详尽的记载,战国时的《尸子》,以及秦汉时的《战国策》、《吕氏春秋》、《淮南子》等典籍也都有记载,被公认为是一件真实的历史事件。它的发生年代约为公元前438年,楚惠王五十一年,墨子时约三十岁。

在《公输》篇的最后,还记载有墨子完成了止楚攻宋任务后返回鲁国,途中经过宋国时发生的一段余波:

墨子从楚国归来,经过宋国时,天上下起了大雨。他就赶往附近的村庄,想在人家的屋檐下避一避。正巧遇到两个守护的人,看墨子身份不明,毫不留情地拒绝了他的要求。墨子没说什么,又坦然继续前行。因为他只是做了自己认为该做的事情。

篇末就此评论说:"治于神者,众人不知其功;争于明者,众知之。"意思是说,治乱于无形之中的人,众人不知道他的功劳;而斗争于有形之中的人,众人都知道他的功劳。

读墨子,总是让人产生莫大的同情。假如墨子是在宋国的都城上指挥守城,击退了楚军的进攻,他可能就会成为宋国尽人皆知的英雄了。然而这种"明争"就不是那种"不损一兵一卒"的"神治",结果肯定是堆尸如山、血流成河,以断送无数的生命为代价。

想到这里,墨子那蹒跚在雨中的背影顿时显得高大起来,令人感动不已!

正是随着"止楚攻宋"的成功,墨子及其墨家善于守城、善于防御的名声逐渐传播开来,"守"即"善守"遂成为墨家的象征,与"墨"字结下了不解之缘,形成了"墨守"这样一个生活习惯用语。

战国时齐国说客鲁仲连曾写信劝燕国将领撤离聊城之守,说:"今公又以敝(疲困)聊之民距(抵御)全齐之兵,是墨翟之守也。"(《史记·鲁仲连列传》)鲁仲连的意思是称赞燕将善于防守,说明了在战国时"墨翟之守"的说法已广泛流传。汉人也多这样称道,司马迁在《史记》中讲到墨子的身世时,特别称述墨子"善守御"。东汉经学家何休很喜欢《春秋公羊传》中的学问,著书有《公羊墨守》,意思是指公羊的《传》义理深远,不可驳难,就像墨翟的守城一样,坚不可摧。

今有"墨守成规"一语,形容那些因循守旧,不肯改进的人。"墨守"由善于守御的褒义词变成了固守旧规的贬义词。不过,我们从中也可以看出墨子"善守"的影响是多么深入人心!

墨子之所以强调并致力于战争中防守方法的研究和运用,是与他"兼爱"、"非攻"的思想学说相一致的。墨子从"爱人若爱其身"的"兼爱"思想出发,反对强国进犯弱国、大国进攻小国的侵略战争;同时,墨子又看到在无法无天的春秋战国时代,这种不义的战争又是不可避免的。于是素有抑强扶弱、侠义心肠的墨子,在反对侵略攻伐,为和平而奔走呼号的同时,又积极主张弱小国家应以团结、勇敢的精神坚持防御战争。对这种称之为"征诛"的正义战争,墨子持直接肯定的态度。墨子并非不切实际地空喊仁义,劝人防御,他和他的墨家子弟还要通过自己的力量和行动来达到最大限度地制止战争、帮助和保护弱小国家的目的。为此他们要进行严格的军事训练,从事防守的技战术和各种军事装备、武器的研究、掌握。

《墨子》一书现存四十九篇,其中专门谈到军事防守内容的就有十二篇。可见,"墨守"之誉并非虚言。墨子之所以由游说达到"止楚攻宋"的目的,除了他一贯坚持的仁义道德原则,一个重要的因素就是他的防御武器强于公输般的进攻武器,他的以墨家子弟为核心的防御力量强于楚军的进攻力量。

古人说:"以战去战,虽战可也。"(《商君书·划策》)墨子正是以战争去消灭战争的。可以说主张"非攻"的墨子既是一个和平的天使,又是一位著名的军事家。

"止楚攻宋"是墨子和公输般两人之间的一次大较量,即守城和攻城之间的较量。结果是"墨守"强于"公输攻",从而制止了这场攻战。除此之外,在《墨子·鲁问》篇,还记载有两人另外两回较量,一回是"仁义"和"钩拒"之间的较量,另一回是"车轴"和"飞鹊"之间的较量。这两回较量可能发生在"止楚攻宋"之前,同样表现出墨子的智慧要比公输般略胜一筹。

先看"仁义"与"钩拒"之间的较量。

春秋时期的楚国和越国分别位于长江的中游和下游,两国人因此经常在长江上进行船战。楚国人顺流而进,逆流而退;遇到有利就进攻,遇到不利想要退却就困难了,因此不敢冒进。越国人逆流而进,顺水而退;见到有利就进攻,见到不利要退却,就能很容易地迅速退却,因此敢于进攻。越国人凭着这种水势,屡次打败楚国人。

公输般从鲁国南游到了楚国,做了楚国的大夫,于是开始制造针对越国船战战船的武器。他设计并制造了两种分别称为"钩"、"拒"的新式武器,敌船后退就用钩挂住它,敌船进攻就用拒推开它。他又根据钩和拒的长度,制造出合适的兵器。于是楚国的武器适用、灵巧,越国原先的那套变得不适用了。楚国人凭着这种武器的优势,又屡次打败了越国人。

公输般很得意自己设计的武器巧妙,便告诉同乡墨子说:"我的船战有用来挂、推敌船的钩拒,不知道你所推重的仁义是不是也有这样的钩拒?"

墨子说:"我的仁义也有钩拒,而且要胜过你战船的钩拒。我仁义的钩拒,就是兼爱和恭敬;我用兼爱做钩,用恭敬做拒。不用兼爱之钩就不会亲近而流于离散;不用恭敬之拒就不能礼让而流于轻慢。只有互相兼爱、恭敬才能和平互利。你现在用钩拒去阻止别人,别人也会用钩拒来阻止你。互相钩拒,互相阻止,就等于互相残害。所以,我仁义的钩拒要胜过你战船的钩拒。"

墨子和公输般的这场对话具有很强的象征性意义。表面上看,墨子所说的"钩拒"显得迂阔,没有公输般的"钩拒"实用;其实,墨子的"钩拒"才是真正的大用、大利。公输般所关心的只是用良好的兵器帮助楚国,使它在与越国的战争中变劣势为优势,从而击败越国。而墨子更为关注的,是以仁义的道德原则来改造人际及国家关系,以图建立更为理想的社会秩序。如果能使各个国家互相间做到兼爱、恭敬,自然就用不着"钩拒"之类的良好兵器了。可见,墨子站得更高、看得更远一些,他是要从根本上解决楚越之间的战争问题。

仅就具体的军事攻防设施与技巧而言,墨子也并不比公输般'逊色,甚至还比他略胜一筹,两人在"止楚攻宋"中的较量已表明了这一点。这回"仁义"与"钩拒"的较量进一步表明了墨子在人类道德、社会文明等领域的认识和研究,更非公输般所可比拟。我们若把公输般看作是一位称职的能工巧匠或善于设计、制造兵器的工程师,而墨子则是一位在哲学、政治、军事和其他科学等多方面卓有贡献的"思想巨人"。

再看"车轴"与"飞鹊"之间的较量。

据《鲁问》篇载,公输般还有一回跟墨子比赛木工技巧。

公输般用竹、木材料制成了一只会飞的鹊子,能够连续飞三天不落下来,自以为精巧得了不起,于是在墨子面前夸赞自己的技艺。墨子却对他说:"你的这只竹木鹊不如我做的车轴。我只需片刻工夫,做成一根三寸车轴,用它载五十石重的东西,长途运输,经久不坏。"看到公输般有点纳闷,墨子又说:"任何一种东西,必须有利于人,才可称作精巧;于人无利,就是拙劣。"

两人的这次比赛很耐人寻味。公输般自觉在其他方面难以胜过墨子,便施展出自己技艺的灵巧,用竹木制成了一只会飞的鹊子。然而墨子对此却表现得不屑一顾,认为自己砍削的车轴比它更精巧。

应该说,公输般的技艺也够精巧的,精巧得几乎令人难以相信。如果仅就飞鹊和车轴的制作相比较,恐怕是制作飞鹊更难些,因为能造出飞鹊的人毕竟不多,而能砍削车轴的人还是较多的,这也正是公输般值得自夸的一点。不过,公输般可能还不知道墨子制造的木鹰也曾翱翔天空,其构造之精巧赢得了弟子们由衷地赞叹。这在《韩非子·外储说左上》、《淮南子·齐俗训》中都有明确记载,且也与这回的情景一样,墨子并不看重他的木鹰,他对弟子们说:"这不过是供观赏、消遣的玩意,不如我制造的大车才是真正的精巧。"

墨子之所以这样认为,是因为他衡量一种东西是否精巧的标准在于它的功效。只有对人有利才是巧,越有利则越精巧;对人无利,再巧的东西也只是拙。片刻工夫砍削的车轴能载重五十石,以供运输,给人们的生活提供了便利,当然是巧;而花费很长时间造成的飞鹊却一点使用价值都没有,岂不是弄巧成拙!

墨子曾反复地对他的弟子们说:"仁之事者,必务求兴天下之利,除天下之害。""利人乎即为,不利人乎即止。""诸加费不加于民利者,圣王弗为。"在墨子看来,真正的巧思精作必须运用在福国利民的方面。这话从理论上看,不免带有狭隘的、功利主义倾向,然而从当时的社会现实上看,墨子着重要解决的是满足人民衣食住行等基本物质生活需要的问题,要让人民生活安定、温饱。正是因为这样,墨子积极从事"兼爱"、"非攻"的理论宣传,从事于发明、改进、推广诸如桔槔、辘轳、滑梯、车轴之类新的技术,并努力将其中的原理上升到科学知识,写进书本,使之代代相传,造福人类。

这场比赛再次说明了墨子不仅仅是一个能工巧匠,也是一位关怀民生、卓有见识的思想家和科学家。

八 上书惠王

根据《墨子·贵义》篇和唐余知古《渚宫旧事》所载,经过了"止楚攻宋"的传奇经历后,墨子博得了楚惠王的信任。进一步墨子想用自己的思想学说来影响好战的楚国,于是便在惠王执政的晚年,又一次专程从鲁国来到楚国都城郢,向惠王奉献自己的著作,希望惠王采纳自己的学说。

惠王高兴地收下了墨子的书,读了后称赞说:"真是一本好书!"接着又说:"我虽然不能得到天下,但乐意供养贤人。"惠王的意思显然是对墨子的"仁义"学说不感兴趣,但又不愿辜负墨子的一番好意。他是想给墨子一个类似"顾问"的头衔,请他留在楚国。

墨子看出惠王不准备实行自己的学说,就毫不犹豫告诉惠王:"我听说,贤人向国君进言,如果得不到采纳,就不接受赏赐;仁义的学说得不到实行,就不留在朝廷。您既然对我书中的思想不感兴趣,就请让我离开吧!"

惠王看墨子去意已定,也不再挽留,便推托自己年老,差遣大臣穆贺为墨子饯行。

墨子见到穆贺后,又和穆贺谈起了自己的著作和学说。穆贺十分欣赏,他对墨子说:"您的主张确实不错,但楚君身为天下的大王,也许认为这只是一个平民百姓的愿望,所以不肯采纳吧!"墨子说,"如果这个主张是正确的、可行的,就应该接受,而不应管它是谁提出来的。譬如一副草药,天子吃了能治好他的病,难道会认为是草本而不吃吗?再如农夫所交纳的税粮,王公大人用它制成美酒佳肴,用来祭祀上帝鬼神,难道能说这些是下贱农夫所生产出来的就拒绝享用吗?我虽是一介平民百姓,但是我的正确主张莫非还不如一剂草药、一桌酒食吗?"

作为比喻,墨子又向穆贺讲述了一个故事。从前商汤王将去拜访伊尹,让一个姓彭的人为自己赶车。姓彭的车夫问汤王想到哪里去?

汤王说:"我去拜访伊尹。"

车夫说:"伊尹,不过是天下的一个普通百姓(传说伊尹是汤王妃有莘氏的陪嫁臣仆,做过厨师),如果您想见他,叫人去把他喊来,他已经感受到了很大的恩赐,您何必亲自去看他?"

汤王显得不高兴,说:"你不懂得道理。比如现在有一服药,吃了能使耳聪目明,我一定很乐意去吃它。伊尹对于国家,就好像良医良药一样,你不愿意我去拜访伊尹,就等于不让我做一个明主贤君,我要你在我身边做什么?"于是就把这个车夫赶了下去,不要他驾车了。

墨子的意思,是希望楚国的统治者能够效法商汤举荐伊尹,采纳普通百姓的主张,做一个尚贤的君主。

但是,楚王还是没有像商汤王那样决心求贤,自然也没有能采纳墨子的学说。

那时楚国国内有一个鲁阳文君,他久仰墨子的人格和智慧,对墨子非常佩服。当他听说了墨子上书惠王的经过后,觉得惠王不应该这样对待墨子,把墨子放走。便向惠王进言说:"墨子是'北方贤圣人',此次来献书大王,无论其思想主张是否有利于我国,大王都应该以礼相待。您对他这样不重视,也就是不重视圣人贤才,未免会有'失士'之嫌,恐会引来天下人的讥笑。"

楚惠王听文君言之有理,马上委托他赶去请回墨子,并答应给墨子五百里封地。

鲁阳文君追上墨子,把楚王的歉意和盛情陈述了一遍。但墨子始终坚持他的"道不行不受其赏"的原则,婉言相拒了。

亲眼看到墨子这种刚正不阿的大丈夫精神,鲁阳文君更生敬佩之情,执意要挽留墨子在鲁阳住一段时间,以便领教。墨子因为听说鲁阳文君在楚国早有"仁义"之名,就答应了他的要求。

鲁阳文君是楚惠玉时的封君,初因辞谢梁邑之封被惠王称赞有"仁德",后改封邑为鲁阳(今河南省鲁山县)。他是平王的孙子,大司马子期的儿子,在楚国享有很高的威望,对楚惠王也有一定的影响。

文君把墨子迎到鲁阳,视如贵宾,旦夕求教;墨子也借机对文君进行游说,两人相互问答,结为友善。大概因为墨子在此居留的时间较长,后来还有人把墨子误认为是楚国人呢!

有一次,文君因对墨子的"尚同"思想有些不理解,于是向墨子请教怎样做一个忠臣?

文君对墨子说:"有人把忠臣的样子告诉我:叫他低头就低头,叫他抬头就抬头;日常起居很平静,呼叫他时才答应,这样可以叫作忠臣吗?"墨子回答:"叫他低头就低头,叫他仰头就仰头,这人似同影子;日常平静无言,呼叫他时才有声,这人似同回声,您将从如同影子和回声那样的臣子那里得到什么呢? 我所说的忠臣应像这样:国君有过错,则伺机加以劝谏;自己有好的见解,则进言国君,不敢告诉别人。忠臣也就是'上同而不下比'的人,敢于匡正国君的过错,使他纳入正道,就是上同;不在下面结党营私,就是不下比。这样才是我说的忠臣。"

墨子的"忠臣"观念和孔子是基本一致的。孔子讲为臣要以忠心事君,但同时又强调对于君主的过错敢于犯颜直谏,只有这样,才是一个利国利君的真正忠臣。鲁阳文君深以为是。

墨子在鲁阳期间还经历了一件重要事情:止文君攻郑。由于鲁阳文君前后有两次攻郑的打算,墨子跟着也就劝止了两次。

自从上次楚国进攻宋国的行动被墨子制止后,楚国又准备攻打郑国,想借此入主中原。对此,包括鲁阳文君在内的楚国统治者都下定了决心。

当时的宋、郑两国间还有许多尚未开垦的空地（"闲邑"），鲁阳文君的封邑跟宋、郑两国相邻，他想先把这些没有开垦的空地据为己有，以扩大自己的地盘，同时为下一步攻打郑国创造条件。墨子知道后，就去找鲁阳文君，劝阻他的侵占。

据《耕柱》篇记载，墨子对鲁阳文君打比方说："现在有一个人，家里养着吃不完的牛羊牲畜，可是看见人家做面饼，就千方百计偷来吃，认为这可以节省自己家里的食物，不知道这个人是美食不足呢？ 还是由于有偷窃病？"

鲁阳文君说："是有偷窃的毛病。"

墨子接下来说："楚国四境之内，还有广阔没有开垦的土地，仅管理空旷山泽的官吏就有数千人。可是看到宋、郑两国中间有空地，便要去扩张，据为己有，这与那个偷窃人家饼子的人有什么不同呢？"

鲁阳文君显得很尴尬，似有感悟地说："是像那个人一样，确实有偷窃毛病了。"于是接受了墨子的意见。

据《鲁问》篇记载，时隔不久，鲁阳文君又计划开始攻打郑国。墨子听到了这个消息，又赶紧去制止他。

墨子此时可能还在鲁阳，也可能是回去后又特地赶到了鲁阳。他认为鲁阳文君毕竟是一个知仁明义的人，他有充分的信心再次说服文君，因此也就没有作军事防御上的布置，只身一人来见文君。

由于鲁阳文君这次攻打郑国的决心较大，大概也会料到墨子会再来劝阻他，因此在思想上文君也作了应付的准备。两人的这次对答很精彩，墨子花费了很多口舌，才终于说服了文君。

墨子在劝说鲁阳文君时，始终都在反复地，寓思想于形象之中，说词颇为巧妙。

墨子一开始就对文君打了个比方："现在假定在您的封地之内，大都城攻打小都城，大家族攻伐小家族，肆意杀人，掠夺牛马猪狗布帛粮食等财物，您打算怎么办呢？"

鲁阳文君说："在我的封地之内，都是我的臣民，如果都城、家族之间都互相攻伐、掠杀，我一定要重重地惩罚那些不仁不义的人。"

墨子说："上天统有天下百姓，就像您统辖封地内的臣民一样。您现在发兵要去攻打郑国，难道不怕违背仁义遭受上天的惩罚吗？"

墨子一开始就通过运用比喻这种辩说方式，引用他的"天志"观来游说文君。在墨子看来，意志之天，即天意是人间一切善恶的最高裁判，它时刻关注着地上的人们，尤其是地上统治者的行为，永远公正地行使着它的赏罚大权。在战国初年，人们大多已从对"天志"的迷信中解放了出来，但历史上的恶人暴君遭到天诛地灭的教训也是历历可见的。墨子意在提醒地上的统治者应该有所顾忌、收敛，不要一手遮天，一意孤行。

但是墨子的这番话，似乎并没有使鲁阳文君回心转意。因为在鲁阳文君心里，攻打郑国是合乎天意，是替天行道，他是在代替老天爷来行使诛罚大权。于是他对墨子提出了新的驳难。

鲁阳文君说："先生为什么要阻止我进攻郑国呢？我攻打郑国，正是顺应了天意。郑国的数代君臣都在互相残杀，上天惩罚他们三年收成不好。我将帮助上天对他们加以诛罚。"

墨子说："郑人杀害君主的不义行为已经得到了上天的足够惩罚。现在您又举兵要攻打郑国，说什么顺应天意，这分明是寻找借口，谋取私利。譬如有一个人，他的儿子干了坏事，不成器，于是这位做父亲的就用鞭子打儿子。邻家的一位父亲见状，也举起木棍来打这个儿子，并说：'我打他是顺从他父亲的意志。'这岂不是很荒谬吗？"

鲁阳文君无言以对。

墨子又从相互攻战就是"交相亏贼"的道理启发鲁阳文君说："大国攻打小国，犹如孩子们骑竹马，骑得辛辛苦苦，还不是靠自己两条腿在劳累，有什么益处呢？因为大国攻打小国，在被攻方，不得不使农夫停耕，妇女停织；而在攻方，也不得不使农夫停耕，妇女停织，这不是和孩子们骑竹马一样，互相都是劳民伤财而毫无益处吗？"

鲁阳文君被驳得无话可对。最后，他竟然否认自己是攻伐他国。大谈夷人食其子的陋习。意在说明自己的征服只是道德教化，是帮助他们从野蛮走向文明。这种所谓的辩护是许多侵略者惯用的把戏。墨子当即批评他说:"如果自己的行为不符合仁义,凭什么去指责别人野蛮呢?"

当时的一些诸侯届常把攻伐掠杀的坏事当作利益他人的好事来宣扬,墨子就此向鲁阳文君说:

"世俗的君子,知道小事情却不知道大事情。现在这里有一个人,假如偷了人家一只狗一只猪,就被称为'不仁';如果窃取了一个国家一个都城,却被称作'义'。这就如同看见一点白说是白,看见一大片白则说是黑一样,完全是知小不知大的糊涂逻辑。"其实,大事情和小事情都是一样的道理,墨子接着又说:"统治者进攻邻国,屠杀百姓,掠取土地,并把他们的事迹写进书本里,刻在金石上,传给后世子孙,说'没有人比我的战果多!'而偷盗者进入邻家,谋害邻人,偷窃财物,然后也把这些行为写进书本里,刻在金石上,传给后世子孙,说:'没有人比我的成果多!'统治者的攻伐掠夺和偷盗者的杀人越货都成了英雄仁义之举,都在大肆夸耀,难道这样都可以吗?"

鲁阳文君终于点了点头,说道:"对! 我用您的言论来观察,天下人原以为正确的就不一定正确了。"

经过墨子不厌其烦的劝说,鲁阳文君终于听取了墨子的建议,放弃了攻打郑国的计划。

恐怕连墨子本人也没有料到,此次来楚,原为献书惠王以采纳己见,结果未能如愿;末了客居鲁阳,劝说文君放弃攻郑,却大功告成。这次游说,不像上次与公输般的较量,而是完全凭他的一腔热情和一副口才。在与文君的对答中,理论严密,妙喻迭出,具有强烈的感染力,尽显墨子智慧的过人之处。

心通墨子

九　周游列国

春秋战国时期的诸子，为了宣传和推行自己的思想学说，多有周游列国的活动。他们游历各诸侯国之间，合则留，不合则去；上说下教，不治而议，形成了中国历史上一个特殊的"处士横议"、"百家争鸣"的局面。

号称"显学"的墨家也不例外，一贯以匡时救世为己任、主张身体力行的墨子，更是日夜不休，长期奔走于楚、宋、齐、鲁、卫等国之间，墨突不黔"虽枯槁不舍也"（《庄子·天下》）。

墨子周游列国的活动是在他经历了"止楚攻宋"这一事件以后开始的，正是通过这一事件，墨子认识到了让列国王公大人了解其思想主张的重要性。在此之前，墨子主要是在鲁国教徒授学、著书立说。虽然也到过楚、宋等几个国家，但都是为了完成某项"非攻"任务而去的，并非专为宣传和推广自己的学说而周游。

墨子既有"北方贤圣人"的荣誉，所以在周游列国过程中，就有一些国家主动邀请他去讲学或做官，除了前面提到的楚王及鲁阳文君欲给他厚禄和尊位，还有南方的越国也曾向他发出过正式邀请。

据《鲁问》篇载，墨子派他的学生公尚过到越国去游说。越王听了公尚过的演讲，十分地满意，能培养出这样的高徒，其老师的才学更是可想而知。便对公尚过说："先生如能设法请墨子到敝国来教导寡人,寡人愿意把从前吴国的五百里旧地作为他的封邑。"公尚过没有多想就答应了。于是,越王特地为公尚过备车五十辆专程到鲁国去迎请墨子。

公尚过见到墨子,转达了越王的意思后,墨子问他："据你的观察,越王是不是真心诚意要听取我的言论,决心采纳我的学说呢?"

公尚过说:"恐怕未必能这样。"

墨子略带责备地说"难道你也忘了我们墨者志在行道的精神了吗? 假如越王真的要听从我的言论,并采纳我的学说,那我一定会前往,而且到了越国,我将量腹而食,度身而衣,和群臣享受同样的待遇,何必要给我这样特殊的礼遇和地位呢? 如果越王不能听从我的言论,不愿采纳我的学说,我又何必前往呢? 那样做的话,岂不是在出卖我的'仁义'原则? 真的要出卖,又何必跑到老远的越国去呢?"

听到这里,公尚过深感愧疚!

在墨子看来,周游列国,只为行义,非为干禄。越王并不了解墨家学说之精神,也不是真的为了追求仁义,此番迎请只在沽名钓誉。如果接受了越王的迎请,就等于是在出卖自己的原则和名誉。如果自己愿拿现在拥有的名誉、威望作为交换,弄个一官半职的话,那么在鲁国就很容易得到了,何必前往南越?

墨子不拿原则做交易,谢绝了越王的五百里封地,始终没有到越国去做大官、做地主。墨子视富贵如浮云、志在行道的精神,足为后人的楷模!

墨子曾经南游卫国,何时启程? 已不得而知。不过,我们知道,墨子平时是手不释卷的,即使在出游的路上也习惯带很多书,但在他出发往卫国时,有学生对他带有书籍感到奇怪。从这件小事上看,墨子到卫国的时间可能较早,不至于在晚年。

据《贵义》篇载,墨子南游卫国时,随行的车上装载了很多书,那个时候的书,多是竹编,又笨又重,累赘不便。学生弦唐子看见了觉得很奇怪,就问道:"记得先生跟学生说过,不要拘泥于书本,今天出行带这么多书有什么用处呢?"墨子先举了从前周公旦理万机,早晚仍坚持勤读的例子,说明读书要在平常日用间下功夫。接着说：

"天下万物，都是殊途而同归。学者见闻有限，囿于一隅，难免有所偏误。但读者需要对各种著述通览举要，融会贯通，方见大道。你怀疑我是不肯教你们读书，那是误会了。"墨子一行到了卫国。

卫国地处鲁西南，乃殷商故都朝歌的所在地，这里原是商代经济、文化的中心。商代王室贵族已灭，然而奢侈淫乐的遗风犹存，直到春秋末年，仍有歌舞虚荣的现象。墨子见此，不无忧虑，便对卫大夫公良桓子说：

"卫国是一个小国，处于齐、晋两大国之间，譬如贫家和富户做邻居。眼见他人锦衣肉食的富贵生活，却不自量力，攀比学富，一定会很快破败的。现在看看你的家族，装饰华丽的车子有数百辆，以菽、粟为食的肥马有数百匹，身着锦绣衣裳的妇人有数百人，倘能把这些花费的钱财，用在士兵的给养、训练上，至少可供应一千人以上。如果一旦遇到危难，便可使几百名士兵在前面，几百名士兵在后面，这与身边总是几百名妇人前呼后拥，哪一个更安全呢？显然是养士更安全些。"

墨子认为，一个国家的生活，尤其是上层统治者的生活，不可以奢侈，否则，一旦发生患难，就会有灭亡的危险；应节省用度，畜养士人，这样才可以保证长治久安。墨子生活在战争年代，故有此忧患之心。其实，即使在和平时期，"节用"、"养士"之说，也莫不具有远虑、警诫作用。

墨子还到过宋国，担任过宋国大夫的官职。

《墨子》书中没有提到这段历史，司马迁在《史记》中最早指出墨子为"宋之大夫"，清人孙诒让进而指出当为宋昭公（公元前452年—前406年在位）时（见《墨子传略》）。

墨子只有这一次"仕宋"的从政经历。具体何时仕宋，又仕宋几年，已不得而知。从后面将要提到的墨子在宋国被囚的遭遇来看应是在宋昭公执政的后期，则墨子也近晚年了。

从"仕宋"这一活动本身来看，宋昭公应是愿意听取墨子言论，并采纳墨子学说的一位国君，否则，一贯坚持"义不听不处其朝"的墨子是不会到宋国从政的。有人怀疑墨子曾仕宋，或认为墨子仕宋主要是先前"止楚攻宋"的功劳,这些都缺乏很充分的理由。宋国素有仁义之风,在当时的诸侯国中又是个比较弱小的国家,因此对墨子的"兼爱"、"非攻"学说表示接受和拥护是很自然的。这才是墨子愿意前往宋国出仕的根本原因。

墨子跟宋国的关系还是很密切的。墨子的先祖为宋人,本人又为宋国救亡做出过重要贡献。另外,除了他自己出仕宋国,还派遣过学生到宋国游说、从政。

《鲁问》篇记载了一段学生曹公子到宋国做官三年后回来跟墨子的一段对话。这段话是关于"明鬼"的,很耐人寻味。

曹公子说:"我以前在先生门下学习时,生活很艰苦,不能祭祀鬼神,现在因为您的培养和重用,生活富足了,也能祭祀鬼神了,可是家里反而人丁不旺,自己身体也患病。不知道先生的'明鬼'学说是否还有用?"

墨子说:"不对。鬼神对人的要求很多,希望高官厚禄的人要让贤,希望财富多的人要分财。你现在既不让贤,又不分财,只有祭祀,以为鬼神只是希望享受祭品。这就像百门只关闭了一门,却问:盗贼从哪里来? 关门是否有用? 这样怎么行呢?"

让贤、分财,是墨家"兼爱"学说所包含的内容。由此可见,墨家的"明鬼"并非是一味叫人祈鬼求福避邪,实际上是叫人实行墨家的思想主张。身为墨者的曹公子出仕三年就中饱私囊,并且对墨家的学说发生了怀疑,这是绝对不可以的,这是没有正确理解并实行墨家的思想主张。墨子的回答,一方面隐现了宋国政治的弊病;另一方面也说明了墨子学说并非只是一种简单的"役夫之道",同样是一种深刻而辩证的思想体系。

墨子仕宋不久,又成了宋国的囚徒。

据《史记·邹阳列传》记载:"邹阳从梁孝王游,其为人有智略,慷慨不苟合。羊胜等嫉其才,恶之孝王,孝王怒,下阳狱,将杀之。阳乃自狱中上书,云:昔者鲁听季孙之说,而逐孔子,宋信子罕之计,而囚墨翟。夫以孔、墨之辩,不能自免于谗谀,而二国以危。"

邹阳是战国末年人,和墨子生活年代相隔不远,所说墨子被囚之事,或非虚构,后人也都信其为真。但是,除《史记》外,其他书对此事都没有墨子何故被囚？囚禁多久？详情不知。据上述邹阳所说，是起因于小人子罕的谗诱。子罕何许人也？他是当时宋国的司空，与墨子同朝共事，后来阴谋发动政变，逐杀了昭公。墨子被囚应在此政变之前，昭公尚在位时。正是昭公听信了子罕的谗言恶语，才将墨子囚禁起来的。

墨子和子罕有什么关系，何以会得罪子罕呢？我们认为，子罕既然怀有政变夺权的野心，那么对于昭公周围的忠臣肯定持极力排挤、打击的态度。墨子是昭公请来的大夫，凭其忠义、才智和贡献，一定会受到宋昭公的赏识和重用。这样便引起了当权小人的嫉恨，于是受陷下狱，这是很自然的事情。

近人陆世鸿在其《墨子》一书中就此说道："生当乱世而未能同流合污的人，无有不吃眼前亏，何况墨子是一个自己有主张的名人，岂易免于嫉妒的打击。"纵观历史，大凡秉道直行、匡时救世之士，总是多有磨难，然而正是磨难之中方显出英雄本色。此非天道不明，欲苦其心志也；也非鬼神不知，犹百门不可尽闭也。由仕宋到囚宋，正是墨子在宋国的一段曲折经历，也是墨子"兼爱"人生的一种必然遭遇。

墨子年轻时曾到过齐国，也派遣过学生到齐国游说、从政，晚年的他又故地重游，见到了过去的老朋友和齐太公田和。

齐国是位于鲁国北部的一个大国。《贵义》篇记载，墨子在前往齐国去的路上，遇到了一个占卦的先生。他对墨子说："今天是北方的黑道忌日，你的脸黑，不能往北去。"墨子不相信这一套，继续北行。走到淄水边，正逢涨水，墨子又从原道返了回来。占卦先生看到后，说："怎么样？我说不能向北去吧！"墨子说："淄水暴涨，南北的人皆不能通行，他们的脸色有黑有白，难道仅是黑色的人不能北去吗？假如按照你的说法，不同的方向和颜色皆有禁忌，那就等于是禁止人行，困蔽人心。这样怎么行呢？"

孔子有"不语怪力乱神"之说，墨子亦然。墨子虽讲"天志"、"明鬼"，但却是倾向无神论的，墨子对此并不迷信崇拜。所谓的天、鬼是有用的，是利于人的；而神怪迷信则是无用的，是害人的。这段话也表明了墨子义以为上、义最珍贵的思想,为了行义,不计个人的安危得失。

过了几天,淄水消退了,墨子又继续北上。

墨子到了齐国,先是去看望了一个老朋友。朋友看到墨子仆仆风尘的样子,关心地说:"现在天下已经没有什么人行义了,老兄何苦还独自力行不止呢!何况你如今已功名盖世,不如就此歇息,安度晚年吧!"

墨子对老朋友打了个比方,说:"假使一个人生了十个儿子,其他九个都不能劳动,只剩一个儿子在耕田,食者众而耕者寡,你看他是否需要格外加紧工作呢?我正是因为天下人都不能行义,所以才不辞辛苦地到处奔波。你应该勉励我行义才是,为什么还制止我呢?"朋友被感动得说不出一句话。

墨子在齐国周游期间,正逢齐国要举兵攻伐。当时,田氏已经取得了齐国的政权,墨子便匆匆去见齐太公田和,劝其息兵。

墨子拜见了齐太公,同样先举了个例子说:"现在有一把刀,试着用它来砍人头,一下子就砍断了,可以说是锋利吧?"齐太公望着墨子答道:"锋利"。

墨子又说:"刀确实锋利,那么谁来承担杀人的责任,并受到应有的惩罚呢?"齐太公回答:"试刀的人应承担杀人的责任,并受到应有的惩罚。"

墨子立即切入主题,说道:"攻伐、兼并弱小的国家,杀害无辜百姓,又该是如何呢?"听到这里,齐太公默默地低下了头,思索了好一会才抬起头说:"我应该受到惩罚。"

终于,齐太公接受了墨子的劝告,停止了这场攻伐战争。齐太公田和是公元前404年执政的,算来墨子此时已是将近古稀之年了。这次齐国之行,可能是墨子最后一次出国游说;劝说齐太公,也可能是他最后一次对不义之战的制止。

墨子一生为行义奔波不止,也遇到过许多非议和诋毁,为此他曾痛心地感叹过:

世人,看待行义之人还不如一个背东西的人。背着东西的人起不来,人们还会帮助他站起来。现在行义的人承受先王的学说来告诉世人,世人不喜欢也罢,却又加以非议、诋毁,真是令人痛心啊!

到处碰壁的墨子并没因此有半点退缩。《耕柱》篇载,巫马子对墨子说:"你行义,人们不会见而帮助你,鬼神不会见而佑护你,然而先生却仍然这样做,莫非是发疯了吧?"墨子平静地跟他打了个比方说:"现在假使你有两个臣仆,一个见到你就做事,不见到你就不做事;另一个不管当着你的面还是在背后,始终都勤勤恳恳地做事。你信任哪一个呢?"巫马子说:"当然信用那个始终勤奋做事的人。"墨子说:"既然这样,你不也是信任有疯病的人了吗?"巫马子哑口无言。

墨子一生自始至终都在致力于仁义救世,并为此而奔走天下不息、埋头苦干不止,他不仅从未退缩过,也从没有轻松休闲过。后人因此形容墨子"席子不暇暖"、"墨空不黔",此言不虚!胡适也由衷说过:"试问中国可曾有第二个'摩顶方踵利天下为之'的人么?"(《中国哲学史大纲》)此话实为公道。

十　非难儒学

对墨子来说,非难儒学,是他推行和发展墨家学说,以匡时救世的思想保证。晚年的墨子,虽然年老不能力行用世,但仍然不遗余力地对儒学进行全面的批评和责难,使孔子以来的儒家思想第一次受到了沉重的打击。

《墨子》书中的《非儒》是一篇集中非难儒家思想的文章。墨子在平时的言谈中对孔子本人还是相当尊重和称赞的,由于《非儒》篇中一些内容对孔子本人的诽谤是不顾事实,因此后来有人认为它不是墨子亲手写的,而是墨子后学中一些"左倾"弟子的虚构之辞。不管这篇文章是否真实,这里仅仅从墨子本人的谈话来看,下面几点对儒学的非难是比较中肯而明确的。

一、反对儒家的"别爱"

提起儒、墨的分歧,焦点就是"别爱"和"兼爱"的对立。儒家讲血缘亲情,重个人恩怨。孟子说"亲亲而仁民","仁爱"是建立在从亲情出发的人伦道德关系之上的。于是爱人便有了亲疏、厚薄、先后、远近的分别,即主张爱人应从最亲近处开始,依次向外推移。所谓亲近的核心和标准,当然是我自己。比如,我自己和我母亲之间相比较,自己当然比母亲更亲近,于是自己便放在第一位,母亲居于第二位。假定只有一块饼以充饥,首先考虑的是满足自己的饥饿。如果在母亲之外还有兄弟的话，因为母亲离自己比兄弟更亲近，所以要推开兄弟让母亲先吃。如果兄弟之外还有邻居，因兄弟比邻居更亲近，自然不推开兄弟而推开邻居。如果到了外地，遇见了自己的邻居，邻居就比外乡人更为亲近了。依次类推，以至国家天下。儒家的这种有分别的爱比起只顾自己、不管他人的个人主义当然不同，但是由于它不是一视同仁，而是以自我为亲爱核心，与个人主义又有相似之处。因此，墨子认为这种"别爱"的结果只会导致天下人不相爱、交相贼。墨子提出了"兼以易别"的主张，要用"兼爱"来代表"别爱"。所谓兼爱，就是像爱自己的身体一样去爱别人，即"爱人若爱其身"，把爱自身当作爱别人的标准。这样才会有人与人之间的互相关心，才会实现一个充满爱心的社会。

《耕柱》篇记载了一段儒者巫马子和墨子的对话。巫马子说："我和你不同，我不能兼爱。我爱邹人亲于越人，我爱鲁人亲于邹人；爱我乡人亲于鲁人，爱我家人亲于乡人；爱我父母亲于家人，爱我自身亲于父母。我觉得愈近愈亲，愈亲愈爱，愈远则愈不相关。所以我可以杀彼以利我，决不能杀我以利彼。"墨子说："照你的逻辑，你的话如果有一个人赞成了，便有一个人要杀你以利己；十个人赞成了，便有十个人要杀你以利己；天下人都赞成了，天下人都要杀你以利己。反之，如果有一个人不赞成你的话，便有一个人要杀你；十个人不赞成，便有十个人要杀你；天下的人都不赞成，天下的人便都要杀你。因为你的话对别人的生存构成了威胁，让别人听到太可怕了。"

巫马子又说："你兼爱天下，未见到有什么好处；我不爱天下，未见到有什么害处。彼此皆不受影响，你何必自是而非我呢？"墨子打了个比方说："假使看见了邻居失火，一个人捧着一盆水，另一个人端着一壶油，都想去浇火。虽然两个人的行为结果对火势都没产生什么影响，但依你看，应该觉得谁做得对呢？"巫马子说；"当然是捧水的人做得对。"墨子说："我不过是一个尽力捧水浇火的人，尽管还没产生多少效果，只是劝你莫再往上浇油罢了。"从这一段对话中，我们可以看出墨子反对"别爱"的良苦用心和力行兼爱的精神所在。墨子把救世比作救火,为了匡时救世,爱利天下,明知杯水车薪,无济于事,仍然埋头苦干,不遗余力。

当时也有些反对"兼爱"的儒者对墨子说:"兼爱的主张虽然很好,却是无法实行的空想;要使人们做到兼爱,如同要人们提举泰山、跨越黄河一样难。"墨子回答说:"提举泰山、跨越黄河,自古是没有人实行过;但兼爱的学说,古代的尧舜禹汤等圣王曾经实行过的,这从流传至今的文献上可以知道。"墨子还列举了许多古代圣王实行兼爱的情形。既然古人曾经实现过,现在也应该能够实现的。

如何才能实行兼爱的社会主张呢?墨子认为关键在于国家的统治者,只要在上的统治者能效法先王,以身作则,上行下效,就不难实行兼爱了。为此,墨子列举了许多事例说明了这一观点。过去的晋文公喜欢臣下穿粗糙衣服,于是臣下都穿粗布衣;楚灵王喜欢身材苗条的人,于是臣下都节食束腰,变得苗条起束;越王勾践鼓励战士勇敢,战斗中亲自擂鼓助威,于是士兵个个赴汤蹈火,不肯后退。这些看似很难的事情只因为统治者带头提倡,也就实行起来了。兼爱的主张也是一样,只要在上的统治者采取激励、奖惩之术,身体力行,以身作则,实行起来就不难了。

儒家孟子说墨子不分彼此的"兼爱",等于把别人的父母视为自己的父母,就是无父、无母,因而骂墨子是"禽兽"。孟子的责骂实在是没有道理的,墨子地下有知,一定会感到痛心!墨子是爱憎分明的人,也并非不爱自己的父母。墨子曾反复说过:"子自爱,不爱父,故亏父而自利。……父自爱也,不爱子,故亏子而自利。"(《兼爱上》)强调父子之间应该互相关心何以有"无父"的观念呢?墨子又说:"爱人者,人亦从而爱之,……恶人者,人亦从而恶之"(《兼爱中》)墨子在爱别人父母的同时,也没有忘记自己的父母,他是像爱自己父母一样去爱别人的父母,是希望天下的父母都能得到同样的热爱。

《诗·小雅》说:"高山仰止,景行行止"这是比喻高尚的情操令人景仰,美好的德行值得效法。墨子提倡"兼爱"、反对"别爱"的言行,在当时虽然带有一些理想的成分,但是他的这种愿望和努力是值得肯定的,其精神更是可嘉的。

二、反对儒家的"复古"

孔子曾经说过这样一句话"述而不作,信而好古"(《论语·述而》),主张对待古代的传统只阐述而不创作,抱以信任和喜好的态度。于是后来的儒者便从此出发,形成了只是遵循、不愿意创新的复古风气。他们看不起发明创造,也看不惯新生事物,一味沉浸在古人的生活与思想中。墨子认为这样做是不对的,这种"述而不作"的思想违反了社会进步和发展的基本规律。

在墨子看来,所谓的古与今,是相比较而言的,并无固定的界说。今日所谓"古",在古时也尝为"新",如果凡事皆以古为法,则古人又当效法谁呢?实际上,古人都是有述有作的,"述而不作"并不符合古代传统。墨子举了很多例子,诸如奚仲做车、巧垂造舟、大禹治水等等,都是前无古人的发明创造。正是古人的善于创新才有了古代的文明,也才有了今天值得阐述和喜好的东西,效法古人应该效法古人这种善于创新的精神,而不是古人的陈迹;只有使这种创新的传统精神不断发扬光大,社会才能不断进步、发展。

《公孟》篇记载了好古的儒家信徒公孟子和墨子之间的一段对话,反映了两派思想的对立。

公孟子戴着礼帽,穿着宽大的礼服,腰间还插着笏(古时用来记事备忘的一种狭长板子),前来会见墨子,说:"君子是穿戴一定的服饰,然后才有合格的道德?还是先有合格的道德,再穿戴一定的服饰呢?"

身着短褐布衣的墨子反问道:"道德操守和服饰穿戴有什么关系?"言下之意,二者根本没有必然联系。

公孟子晃了晃衣袖,故意拉长声音又问:"您怎么知道没有关系的呢?"

墨子举例说:"从前齐桓公戴着高帽,系着宽大的带子,手持金剑木盾;晋文公穿着粗布衣服,披着母羊皮的大衣,佩着不加装饰的剑;楚庄王戴着新冠、系着丝带,披着红袍;而越王勾践则剪除头发,用针在身上刺有花纹。

这四位君主的服饰穿戴不同,但他们都有同样的道德操守,都把国家治理好了。由此可见,服饰穿戴跟道德操守没有什么关系。"

公孟子又换个话题辩解说:"有道德的人一定要说古人的语言。"意指出身劳动阶层的墨子只会说浅白的下里巴语,不配有道德身份。

墨子举例反驳说:"商纣王时,卿士费仲是有名的暴虐之人,箕子、微子是有名的贤圣人,他们说的是同样的语言,但在道德修养上却有着恶与善的区别。可见,一个人的道德不取决于所穿的衣服,也不取决于所说的语言。况且你们儒者所效法的古代不是西周,你们所谓的'古'还不能算是真古。"

公孟子惭愧地说:"您说得真好! 那么请让我回去丢掉笏,换了帽子和衣服再来见您可以吗?"墨子说:"希望就这样看到你,如果一定要回去换了衣服再会面,那仍然意味着道德跟服饰之间有关系。"

道德是做人的本质,道德的表现贵在践行,其他都是不必要的。公孟子从传统道德礼仪出发,讲究不必要的、过时的语言和服饰,这是迂腐、守旧的表现。

墨子也主张效法先王、称道务舜,但墨子反对儒家的"述而不作",而主张"古之善者则述之,今之善者则作之",即要从适合今天、利益今人的原则出发,凡是善的、好的东西,古人有的就需继承,古人没有的则需创作。这样的话,善的、好的东西才会不断增多,社会也由此不断进步。

事实上,孔子本人还是有很多创新的,孔子删《诗》、《书》,订《礼》、《乐》,修《春秋》,办私学等等,皆可以说是既述且作。所谓的"述而不作"可能含有自谦之意,是不敢以创造发明的地位自居。但是孔子这句话的影响确实产生了一些负面作用,导致后来一些儒者的守旧不化,墨子反对的也正是这一点。

墨子针对后儒所奉行的所谓有道德的人当"述而不作"的观点还进行了具体分析和批判。墨子认为最不道德的人就是不述又不作的人,这种人于后世无益。其次不道德者是不述而作的人和述而不作的人,前者仅扬己之善,而不扬古人之善;后者仅扬古人之善而自己无所创新,均有所偏失。

心通墨子

唯有既述且作,即对古之善者加以阐述、继承,对今之善者加以发明、创新,这样做的人才是真正有道德的人。

墨子学说就是在继承包括儒学在内的古代传统思想的基础上加以创新的结果。墨子不仅在思想学说方面敢于创新,在物质生活、军事攻防等领域也都有一系列的发明和创造。韩非子称赞"墨子大巧",指的就是他头脑灵巧,善于发明和制造。

三、反对儒家的"若钟君子"

墨子反对的儒家君子是所谓的"若钟君子"。这种人像钟一样,击之则鸣,不击不鸣;这种人待人处事从不仗义挺身,总是以明哲保身为重,小心谨慎,不敢越雷池一步。此为真正的仁义君子的一种流变和异化,实际上是一种消极、自私的小人作风。主张力行救世的墨子对此给予了坚决反对。

《公孟》篇载:有一次,自称"君子"的儒者公孟子对墨子说:"君子应该两手合抱,静默地等待着一切。别人问到才开口,不问则保持沉默;好像钟一样,敲击它才发声,不敲它就不响。"

墨子说:"这话要看在什么样的情况下,下面两种情况下就不应该沉默不语。如果国家将发生灾难,其形势就像弓弩的机栝已经扳动,马上就要发射一样,万分危急!此时身为君子者一定要主动站出来进言献策,不击而鸣,而不能像钟一声,待敲击它才发声。这种情况就属于'不扣而必鸣'。如果国家的王公大人行不义之事,诸如想攻伐无罪之国,以广辟土地,聚敛货财,这是对攻守双方都将会带来不利、耻辱的事情。碰到这种情况,身为君子者也要主动站出来进言劝谏,不扣而必鸣。"

墨子子接着又说:"所谓'不扣则不鸣'的君子理论是自相矛盾的。比如,刚才并没有人问你、扣你,你却主动向我宣扬这一套谬论,这正是所谓的'不扣而鸣',跟你自己说的君子'不扣则不鸣'相矛盾;如果根据你的理论,这也算是'非君子'的表现吧!"

在《非儒》篇,墨子对这种"若钟君子"的本质及其危害作了进一步揭露。墨子说:"仁人事上尽忠,事亲尽孝,有善则称美,有过就谏阻,这才是做臣子的道理。现在若敲它才响，不敲不响，隐藏智谋，懒于用力，安静淡漠地等待君亲发问，然后才作回答，即使对君亲有大利或大害的事情，不问也不说，这种人实际上是祸乱之贼！他们自私自利，不关自己时，沉默不语；有利自己时，唯恐迟言；有事用他时，高拱两手；国家危难时则弃君远走。以这种态度做人臣就是不忠，做人子就是不孝。"

墨子将儒家的"若钟君子"视为包藏私心的祸乱之贼，并非过甚其词，实在是一针见血的真知灼言！回顾历史，中国封建社会长期以来的内忧外患、积弱不振，都是与这种"若钟君子"有着直接关系。后世的许多思想家也都清醒地认识到这一点。南宋的陈亮认为国家的软弱就是因为"今之儒士，皆风痹不知痛痒，低头拱手，以谈性命"，都是一味"守规矩准绳而不敢有丝毫走作"。因此陈亮呼唤叱咤风云、建功立业的"粗豪之士"，以振国威。清初的颜元也把宋代以后的民族衰弱归咎于：上下君子皆无事袖手，空谈心性，以至于"上不见一扶危济难之功，下不见一可相可将之才"。清朝"中兴之臣"曾国藩对此种现象同样感触颇深，极为痛心，"十余年间，九卿无一人陈时政之得失，司道无一折言地方之利弊"。这样的九卿、司道正是墨子早已反对的"若钟君子"。痛定思痛，墨子之言，千载以下，犹惕人警心焉！

墨子心目中的君子人格是心怀天下，义以为上的人，这种人"务兴天下之利，务除天下之害"，从不计较个人的得失安危。墨子本人就是这种君子人格的榜样。墨子的一生，往来于诸侯之间，奔走于公卿之门，栖栖惶惶，突不得黔，为的就是行道行义。故道之所处，义之所在，不计艰险，不顾困穷，不惜生死，全力以赴；反之，道未能处，义未能行，虽诱之以名利禄位，亦绝不为之所动。楚、越两国先后都以五百里封地为条件，以聘用墨子，但墨子皆以"道不行不受其赏，义不听不处其朝"为由，不受而去。这种守道行义、刚正不阿的人格精神与自私自利、不扣不鸣的"若钟君子"形成了鲜明的对照。

儒家孔子提倡"君子喻于义，小人喻于利"的仁义君子，反对自私小人。但孔子不得志时，不仅有"归与"之叹，且谓"道不行，乘桴浮入海"

(《论语·公冶长》)的消极退守之说。墨子则不然,不管是曲高和寡,还是得不偿失,都是直道而行,且愈挫愈勇,愈磨愈坚,自始至终,绝不动摇。有位朋友劝说墨子退隐休息,不要为行义到处碰壁,自讨苦吃。墨子回答说:"这就像十人吃饭只有一人耕种,这一个人只有加倍努力才行。你应该勉励我行义,怎么还要劝我隐退休息呢?"

这就是墨子!一个力行道义、苦己利人的墨子!其人格精神比孔子有过之而无不及,不仅使儒家的"若钟君子"会面对汗颜,也使一般吾辈后人备受感动和激励!

根据墨子自己的归纳,儒家学说足以危害天下的共有"四政",即四种学说:以天为不明,以鬼为不神;厚葬久丧,送死若徙;弦歌鼓舞,习为声乐;以命为有,不可损益。墨子对以上"四政"皆一一作了反驳。本传前面已有所述及,在此就不多说了。

纵观墨子对儒学的非难,多指后儒的矫饰和偏离。究其儒、墨两家立说之根本而言,实则大同小异,若出一辙。韩愈在《读墨子》中曾比较二家之学说:"儒墨同是尧舜,同非桀纣,同修身正心以治天下国家,奚不相悦如是哉?"意思是说二家本来应相互和睦并行的。墨子本人当然也认识到这一点,所以他在言谈中屡次称赞孔子,并谓孔子"是亦当而不可易者也"(《公孟》)。即认为孔子也有合理而不可改变的地方。但是,自孔子之后,儒分为八,道德不一,皆自以为方,从而走向了支离。墨子生活在孔子之后,亲眼看见,感受到这种由于思想的片面而带来的从国家政治到社会生活的异化与灾难,故对当时已经盛行的儒家学说进行了责难和批判。

从思想的发展上看,墨子对儒学的责难实是对儒学的修正。如果将墨家学说视为儒学的"左翼"也未尝不可。可以说,正是因为二家思想有互济互利的特点,墨学才得以迅速发展成为与儒学并称的"显学"。孔、墨之后,二学弟子尽管仍在互相责难,大有势不两立的心态,然而,也不得不承认,无论儒学还是墨学皆从这种对立中获得了补益,从而成就了自己。韩愈说:"孔子必用墨子,墨子必用孔子,不相用不足为孔墨。"(《读墨子》)说明了两家互通互济的内在联系。

墨子约在公元前390年去世,享年近八十岁。至于墨子是怎样去世的,死时的情形怎样,《墨子》书中没有提到,后人也一概不知。

《公孟》篇记载了一个情况,墨子晚年由于操劳过度,害了一场大病。墨子在病中,学生跌鼻进来探望,问道:"先生认为鬼神是明智的,从事善事的就福佑他,从事恶事的就惩罚他。先生身为圣人,一生行善,为什么还会得病呢?是因为先生的言论有不当之处,还是鬼神有不明之处呢?"墨子回答说:"我虽然得了疾病,但与鬼神的明智又有什么关系呢?人得病的原因很多,有从寒暑中得来,有从劳苦中得来。这就像房屋有一百个门只关上了一个门,盗贼如何不可以进来呢?"这场病中的谈话是关于鬼神的,从墨子对鬼神作用的限制来看,是对早期《明鬼》篇中思想的发展。墨子的分析和回答也非常实际、中肯、令人信服。但墨子的去世是否与这场疾病有关系,却不得而知。

从墨子的根本主义来看,墨子究竟是怎么死的,已显得并不重要。欲知墨子为何而死?我将曰:墨子死于其主义,是为主义而死。

墨学的根本就是兼爱的"牺牲自己"。《经上》篇曰:"任,士损己而益所为也。"所谓任?就是牺牲自己以利益主义,利益天下。墨子以天下为己任,虽赴汤蹈火,死不旋踵。在"止楚攻宋"的较量中,楚国大夫公输般要杀墨子,墨子大义凛然地说:"虽杀臣,不能绝也。"表现了视死如归的英雄主义。墨子的这一根本主义感召了墨家弟子,当止楚攻宋之时,禽滑釐等三百弟子持械为宋国守城,无一不置个人生死于度外。其后,墨家巨子孟胜率领一百八十墨家弟子,为阳城君拼命守城,最后全部殉难,个个死而无憾!

墨子"牺牲自己"的主义和精神也感召了历代无数仁人志士。谭嗣同在叙及自己思想所受的影响时,首推墨子。他说:"吾自少而壮,遍遭纲伦之厄,涵泳其苦,殆非生人所能任受,濒死累矣,而卒不死;由是益轻其生命,以为块然躯壳,除利人之外,复何足惜!深念高望,私怀墨子摩顶放踵之志矣。"(《仁学·自序》)梁启超也说过中国数千年的忠臣烈士许多都是深受墨子精神感召所致的。墨子虽死,其主义、其精神则化成民族之精魂,

如日月之光，永垂不朽！

关于墨子晚年之事，还有一种传说。

东晋道教理论家葛洪在其《神仙传》中，把墨子塑造为一个精通法术的道教仙人。说墨子在八十二岁的高龄时，弃世隐居，跟随道人赤松子入周狄山，学道成仙。二百多年后的汉武帝时，曾派使者杨违，厚礼相聘，墨子不愿出山；视其颜色，仍如五十岁时左右。这个传说本是道教学者为抬举其教的不经之谈，如同元人伊世珍《琅嬛记》中说墨子因神鸟赤乌入室而生，皆是妄说杜撰，不可置信。因其与晚年墨子有关，聊叙于此。

墨子传略①

清·孙诒让

　　墨氏之学,亡于秦季,故墨子遗事,在西汉时已莫得其详。太史公述其父谈论"六家"之旨,尊儒而重道,墨盖非其所喜,故《史记》掇采极博,于先秦诸子,自儒家外,老(聃)、庄(周)、韩(非)、吕(不韦)、苏(秦)、张(仪)、孙(武)、吴(起)之伦,皆论列言行为《传》。唯于墨子,则仅于孟、荀《传》末,附缀姓名,尚不能质定其时代,遑论行事。然则非徒世代绵邈,旧闻散佚,而《墨子》七十一篇,其时尚存,史公实未尝详事校核,亦其疏也。今去史公又几二千年,周秦故书雅记,百无一存,而七十一篇,亦复书阙有间,徵讨之难,不翅倍蓰。然就今存《墨子》书五十三篇钩考之,尚可得其较略。盖生于鲁而仕宋,其平生足迹所及,则尝北之齐,西使卫,又屡游楚;前至郢,后客鲁阳,复欲适越而未果。《文子》书称"墨子无暖席",班固亦云"墨突不黔",斯其验矣。至其止鲁阳文君之攻郑,绌公输般以存宋,而辞楚、越书社之封,盖其荦荦大者。劳身苦志,以振世之急。权略足以持危应变,而脱屣利禄,不以累其心。所学尤该综道艺,洞究象数之微。其于战国诸子,有吴起、商君之才,而济以仁厚;节操似鲁连,而质实亦过之。彼韩、吕、苏、

―――――――――

　　① 录自《墨子间诂·墨子后语上》(上海书店《诸子集成》本)。标点为录者所加,并对个别的误别字做了改动。孙氏原文间有本人的注、案,今录一并省略。

张辈,复安足算哉!谨甄讨群书,次第其先后,略考始末,以稗史迁之阙。俾学者知墨家持论,虽间涉偏驳,而墨子立身行世,具有本末,自非孟、荀大儒,不宜轻相排笮;彼窃耳食之论以为诟病者,其亦可以少息乎!

墨子名翟,姓墨氏。鲁人,或曰宋人。盖生于周定王时。

鲁惠公使宰让请郊庙之礼于天子。桓王使史角往,惠公止之,其后在于鲁,墨子学焉。

其学务不侈于后世,不靡于万物,不晖于数度,以绳墨自矫,而备世之急。作为《非乐》,命之曰《节用》。生不歌,死无服。泛爱、兼利而非斗;好学而博,不异。又曰《兼爱》、《尚贤》、《右鬼》、《非命》。以为儒者礼烦扰而不悦,厚葬靡财而贫民,久服丧生而害事,故背周道而用夏政。其称道曰:"昔者禹之湮洪水,决江河,而通四夷九州也。名川三百,支川三千,小者无数。禹亲自操橐耜,而九杂天下之川。腓无胈,胫无毛,沐甚雨,栉疾风,置万国。禹大圣也,而形劳天下如此。"故使学者以裘褐为衣,以跂为服,日夜不休,以自苦为极,曰:"不能如此,非禹之道也,不足谓墨。"亦道尧舜,又善守御,为世显学。徒属弟子,充满天下。

其居鲁也,鲁君谓之曰:"吾恐齐之攻我也,可救乎?"墨子曰:"可。昔者三代之圣王,禹、汤、文、武,百里之诸侯也,说忠行义取天下;三代之暴王,桀、纣、幽、厉,仇怨行暴失天下。吾愿主君之上者尊天事鬼,下者爱利百姓;厚为皮币,卑辞令,亟遍礼四邻诸侯,驱国而以事齐,患可救也。非此,顾无可为者。"鲁君谓墨子曰:"我有二子,一人好学,一人好分人财,孰以为太子而可?"墨子曰:"未可知也,或所为赏誉为是也。钓者之恭,非为鱼赐也;饵鼠以虫,非爱之也。吾愿主君之合其志功而观焉。"

楚人常与越人舟战于江。楚惠王时,公输般自鲁南游楚焉,始为舟战之器,作为钩拒之备。楚人因此若势,亟败越人。公输子善其巧,以语墨子曰:"我舟战有钩拒,不知子之义亦有钩拒乎?"墨子曰:"我义之钩拒,贤于子舟战之钩拒。我钩拒,我钩之以爱,揣之以恭。弗钩以爱则不亲;弗揣以恭则速狎,狎而不亲则速离。故交相爱,交相恭,犹若相利也。今子钩而止人,人亦钩而止子;子拒而距人,人亦拒而距子。交相钩,交相拒,犹若相害也。故我义之钩拒,贤子舟战之钩拒。"

公输般为楚造云梯之械成,将以攻宋。墨于闻之,起于鲁,行十日十夜而至于郢,见公输般。公输般曰:"夫子何命焉为?"墨子曰:"北方有侮臣,愿藉子杀之。"公输般不悦。墨子曰:"请献十金。"公输般曰:"吾义固不杀人。"墨子起再拜曰:"请说之。吾从北方闻子为梯将以攻宋,宋何罪之有?荆国有余于地,而不足于民;杀所不足而争所有余,不可谓智。宋无罪而攻之,不可谓仁。知而不争,不可谓忠;争而不得,不可为强。义不杀少而杀众,不可谓知类。"公输般服。墨子曰:"然胡不已乎?"公输般曰:"不可。吾既已言之王矣。"墨子曰:"胡不见我于王?"公输般曰:"诺。"墨子见王,曰:"今有人于此,舍其文轩,邻有敝舆而欲窃之。舍其锦绣,邻有短褐而欲窃之。舍其粱肉,邻有糟糠而欲窃之。此为何若人?"王曰:"必为窃疾矣。"墨子曰;"荆之地方五千里,宋之地方五百里,此犹文轩之与敝舆也。荆有云梦,犀兕麋鹿满之,江汉之鱼鳖鼋鼍为天下富;宋所为无雉兔鲋鱼者也,此犹粱肉之与糟糠也。荆有长松文梓梗枏豫章;宋无长木,此犹锦绣之与短褐也。臣以王吏之攻宋也,为与此同类。"王曰:"善哉!虽然,公输般为我为云梯,必取宋。"于是见公输般。墨子解带为城,以牒为械。公输般九设攻城之机变,墨子九距之。公输般之攻械尽,墨子之守圉有余。公输般诎而曰:"吾知所以距子矣,吾不言。"墨子亦曰:"吾知子之所以距我,吾不言。"楚王问其故。墨子曰:"公输子之意,不过欲杀臣。杀臣,宋莫能守,乃可攻也。然臣之弟子禽滑釐等三百人,已持臣之守圉之器,在宋城上而待楚寇矣。虽杀臣,不能绝也。"楚王曰:"善哉!吾请无攻宋矣。"公输子谓墨子曰:"吾未得见之时,我欲得宋;自我得见之后,予我宋而不义,我不为。"墨子曰:"翟之未得见之时也,子欲得宋;自翟得见子之后,予子宋而不义,子弗为,是我予子宋也。子务为义,翟又将予子天下。"

楚惠王五十年,墨子至郢,献书惠王。王受而读之,曰:"良书也!寡人虽不得天下,而乐养贤人。"墨子辞曰:"翟闻贤人进,道不行不受其赏,义不听不处其朝。今书未用,请遂行矣。"将辞王而归,王使穆贺以老辞。穆贺见墨子,墨子说穆贺。穆贺大说,谓墨子曰:"子之言则诚善矣,而君王天

心通墨子

下之大王也,毋乃曰:贱人之所为而不用乎?"墨子曰:"唯其可行,譬若药然,一草之本,天子食之,以顺其疾。岂曰一草之本而不食哉? 今农夫入其税于大人,大人为酒醴粢盛,以祭上帝鬼神,岂曰贱人之所为而不享哉? 故虽贱人也,上比之农,下比之药,曾不若一草之本乎?"鲁阳文君言于王曰:"墨子,北方贤圣人,君王不见,又不为礼,毋乃失士。"乃使文君追墨子,以书社五百里封之。不受而去。

尝游弟子公尚过于越。公尚过说越王,越王大悦,谓公尚过曰:"先生苟能使墨子至于越而教寡人,请裂故吴之地方五百里以封墨子。"公尚过许诺。遂为公尚过束车五十乘,以迎墨子于鲁。曰:"吾以夫子之道说越王,越王大悦,谓过曰:苟能使墨子至于越而教寡人,请裂故吴之地方五百里以封子。"墨子曰:"子之观越王也,能听吾言、用吾道乎?"公尚过曰:"殆未能也。"墨子曰:"不唯越王不知翟之意,虽子亦不知翟之意。意越王将听吾言,用吾道,则翟将往,量腹而食,度身而衣,自比于群臣。奚能以封为哉! 抑越不听吾言,不用吾道,而吾往焉,则是我以义粜也。钧之粜,亦于中国耳,何必于越哉!"

后又游楚,谓鲁阳文君曰:"大国之攻小国,譬犹童子之为马也。童子之为马,足用而劳,今大国之攻小国也,攻者农夫不得耕,妇人不得织,以守为事。攻人者,亦农夫不得耕,妇人不得织,以攻为事。故大国之攻小国也,譬犹童子之为马也。"又谓鲁阳文君曰:"今有一人于此,羊牛刍豢,雍人但割而和之,食之不可胜食也。见人之作饼,则还然窃之,曰:'舍余食'。不知明安不足乎? 其有窃疾乎?"鲁阳文君曰:"有窃疾也。"墨子曰:"楚四境之田,旷芜而不可胜辟,呼虚数千,不可胜入。见宋郑之间邑,则还然窃之。此与彼异乎?"鲁阳文君曰:"是犹彼也,实有窃疾也。"鲁阳文君将攻郑,墨子闻而止之。谓文君曰:"今使鲁四境之内,大都攻其小都,大家伐其小家,杀其人民,取其牛马狗豕、布帛米粟货财,则何若?"文君曰:"鲁四境之内皆寡人之臣也,今大都攻其小都,大家伐其小家,夺之财货,则寡人必将厚罚之。"墨子曰:"夫天之兼有天下也,也犹君之有四境之内也,今举兵将以攻郑,天诛其不至乎?"文君曰:"先生何止我攻郑也,我攻郑,顺于天之志。郑人三世杀其父,天加诛焉,使三年不全,我将助天诛也。"墨子曰:"郑人三世杀其父,而天加诛焉。使三年不全,天诛足矣。今又举兵将以攻郑,曰:'吾攻郑也,顺于天之志'譬有人于此,其子强梁不材,故其父笞之。其邻家之父,举木而击之曰:'吾击之也,顺于其父之志'。则岂不悖哉?"

宋昭公时,尝为大夫。

尝南游使于卫,谓公良桓子曰:"卫小国也,处于齐、晋之间,犹贫家之处于富家之间也。贫家而学富家之衣食多用,则速亡必矣。今简子之家,饰车数百乘,马食菽粟者百匹,妇人衣文绣者数百人。吾取饰车、食马之费与绣衣之财以畜士,必千人有余。若有患难,则使数百人处于前,数百人处于后,与妇人数百人处前后,孰安?吾以为不若畜士之安也。"

昭公末年,司城皇喜专政劫君,而囚墨子。

老而至齐,见太王田和曰:"今有刀于此,试之人头,倅然断之,可谓利乎?"太王曰:"利。"墨子曰:"多试之人头,倅然断之,可谓利乎?"太王曰:"利"。墨子曰:"刀则利矣,孰将受其不祥?"太王曰:"刀受其利,试者受其不祥。"墨子曰:"并国覆军,贼杀百姓,孰将受其不祥?"太王俯仰而思之,曰:"我受其不祥。"齐将伐鲁,墨子谓齐将项子牛曰:"伐鲁,齐之大过也。昔者吴王东伐越,栖诸会稽;西伐楚,葆昭王于随;北伐齐,取国子以归于吴。诸侯报其仇,百姓苦其劳,而弗为用,是以国为虚戾,身为刑戮也。昔者智伯伐范氏与中行氏,兼三晋之地,诸侯报其仇,百姓苦其劳而弗为用,是以国为虚戾,身为刑戮,用是也。故大国之攻小国也,是交相贼也,过必反于国。"

卒盖在周安王末年,当八九十岁。所著书,汉刘向校录之,为七十一篇。

子墨子略传[①]

梁启超

墨子,名翟,鲁人,与孔子同国。

初学于史角之后,又尝学儒者之业,受孔子之术。既乃以为其礼烦扰,伤生害业,靡财贫民,故背周道而用夏政。故墨子者,实从儒学一转手者也。

其生平行事多佚,不可深考。盖尝为宋大夫云。历游齐、卫、宋、魏、越、楚诸国。宋之政府,尝用子罕之计囚墨子,墨子曾靡致憾于宋。

公输般将以楚攻宋,墨子闻之,自鲁往,裂裳裹足,百舍重茧,行十日十夜,至于郢。见公输般,且因以见楚王,历陈"非攻"之义,王及公输不能难,而攻宋之念不衰。墨子乃与公输般角攻守之技。公输九设攻城机变,墨子九拒之;公输之攻械尽,墨子之守圉有余。公输般诎而曰:"吾知所以拒子矣,吾不言。"墨子亦曰:"吾知子之所以拒我,吾不言。"楚王问其故,墨子曰:"公输子之意,不过欲杀臣;杀臣,宋莫能守,可攻也。然臣之弟子禽滑釐等三百人,已持守圉之器,在宋城上待楚寇矣。虽杀臣,不能绝也。"楚王曰:"善!"乃止。其持一主义,必躬自实行之,大率类是。

---

① 录自《饮冰室专集》之三十七。梁氏原文的内容还讲到"墨子的时代",主要叙及墨子生活的背景及学说产生的原因,今录省略。

齐欲伐鲁，墨子见项子牛及齐王，说而罢之。鲁欲攻郑，墨子见阳文君，说而罢之。盖当时攻战之祸，为墨子所禁息者，盖屡见焉。

越王使公尚过以车五十乘迎墨子，请裂故吴之地方五百里封焉。墨子谓公尚过曰："子观越王之志何若？越王将听吾言用吾道，则翟将往，量腹而食，度身而衣，自比于群臣，奚以封为？抑越不听吾言，而我往焉，则是我以义粜也；钧之粜，亦于中国耳，何必于越哉？"其不肯以道徇人也若此。

故后人为之语曰：孔席不暇暖，墨突不得黔。孟子曰："墨子摩顶放踵利天下为之。"庄子亦曰："墨者多以裘褐为衣，以跂蹻为服，日夜不休，以自苦为极。"又曰："墨子真天下之好也，将求之不得也！虽枯槁不舍也！"

呜呼！千古之大实行家，孰有如子墨子者耶！孰有如子墨子者耶！

墨子著书十五卷，七十一篇，其中为门弟子所记者过半。今阙佚者复十八篇，存者为五十三篇云。

墨子百问

一 墨子其人其书及墨家学派

（一） 墨子姓墨名翟吗

墨子姓墨名翟，自战国至秦汉无有疑者。尸佼曰"墨子贵兼，孔子贵公"（《尔雅·释诂》邢昺《疏》引《尸子·广泽篇》）孟子言"杨氏为我"，"墨氏兼爱"（《孟子·滕文公下》）；庄子"杨、墨"（《庄子·骈拇》）并称；荀子以为"墨子蔽于用而不知文，宋子蔽于欲而不知得……"（《荀子·解蔽》）；《淮南子》称"墨子学儒者之业，受孔子之术"（《要略》）。这些，皆说明墨子姓墨。《通志·氏族略》引《元和姓纂》亦曰："墨氏，孤竹君之后，本墨台氏，后改为墨氏。战国时宋人墨翟，著书号《墨子》。"

墨子自称"翟上无君上之事，下无耕农之劳"（《墨子·贵义》）；《汉书·艺文志》自注曰：墨子"名翟"；《吕氏春秋》《当染》、《慎大》二篇高诱注，《淮南子》高诱注均云墨子名翟。

正因为墨子姓墨名翟，庄子才将"墨翟、禽滑釐"（《庄子·天下》）并举，荀子才将"墨翟、宋钘"（《荀子·非十二子》）并列，韩非遂有"儒之所至，孔丘也；墨之所至，墨翟也"（《韩非子·显学》）之语，司马迁记墨子则

曰:"盖墨翟,宋之大夫。"(《史记·孟荀列传》)

南齐孔稚圭《北山移文》称墨子为"翟子",元代伊世珍《琅嬛记》引《贾子说林》始云墨子:"姓翟名乌。其母梦日中赤乌飞入室中,光辉照耀,目不能正,惊觉生乌,遂名之。"清代周亮工因之曰:"墨子姓翟,母梦乌而生,因名之曰乌,以墨为道。今以姓为名,以墨为姓,是老子当姓老耳?"(《因树屋书影》卷十)近人江瑔则详为论证:1.古人以姓称人,必曰某子、某氏,称学派则不能由姓而称。若墨为姓而又可称墨家,那么孔子、庄子之学派也可称为孔家、庄家吗?2.儒、道、名、法、阴阳、纵横、杂、农、小说诸家,都以其学术宗旨命名,无一例外。3.墨子之学出于史佚、史角,未有墨子之前已有墨家之学。4.墨作为姓,墨子之外,更无所见。5.墨家无一人称姓,去姓称号以示兼爱、尚同,与释氏同。6.所谓子墨子,与子思子称法相同。若墨为姓,则孔子可称子孔子、庄子可称子庄子吗?7.古者称人,必称其名。古籍所载,有称名而不知其姓者,无称姓而不著其名者,孟子、韩非子皆只称"墨",且与"儒"并称,墨岂能为姓?8.墨者指学墨子之人,学墨子之人不一定姓墨,为何以其师之姓称之?(以上参见《读子后厄言》卷二)

自江瑔之后,胡怀琛更进一步,以为墨不是姓,翟不是姓,亦不是名。"墨翟"即是"貊狄"或"蛮狄",用以称谓不知姓名的印度人。

胡怀琛的观点荒唐无据不足辩,倒是江瑔的观点引起学界重视。赞同者有顾实、陈柱、钱穆、冯友兰(参见冯著《中国哲学史》)、杨宽、张泽民、李石岑、张纯一等前辈,反对者有刘汝霖、伍非百、方授楚、吴毓江及当代绝大多数墨学专家。当代学者蒋伯潜、王冬珍、杨俊光对江氏观点作了系统批判,现综述如下:1.孔稚圭云:"泪翟子之悲,恸朱公之哭。""朱公"指"杨朱",朱是名;"翟子"指"墨翟","翟"应是名。2.《墨子》中,墨子自称"翟",从未称"乌"。3.先秦以姓称子、以术名家是常例,我们为何不能把以"墨"名家作为特例?再说,"墨子"、"墨家"俱见于古籍,我们为何不能信"墨子"而疑"墨家"(认为墨是姓,并非指学派)?4.如果墨指术(学派),为什么又以术之名称"墨翟"为"墨子"?5.墨家并不是无人称姓,像随巢子、胡非子、高石子、公尚过等都有姓。6.史佚、史角充其量也只是墨子之先师,《淮南子·要略》则以为墨子曾学儒者之业,未有墨子前绝无墨家,墨家实为墨子所创。7.以墨为姓,除墨子外,尚有明代高陵人墨麟,《中国人名大辞典》与《中文大辞典》均载墨麟其人其事。8.《荀子·非十二子》、《庄子·天下》皆以姓氏为学派之分合。9.先秦已有姓之前加"子",如《庄子》里的"子列子"、《荀子》里的"子宋子"、《国语·越语》里的"子范子"等,可为证。10.《孟子》、《荀子》、《庄子》将杨墨并举,墨翟、宋钘并举,孔子、墨子并举,都可证明墨子姓墨名翟。

由上可知,墨子姓墨名翟,不应有疑义。"墨"本为姓氏,后因墨子创立墨家,亦用作学派名称。

（二） 墨子与孔子是同时代人吗

墨子的年代问题是墨学研究的一个重要课题,它关系到墨子在诸子中的地位,墨家学派在先秦学术史上的价值等一系列重大问题。

由于墨学骤衰,司马迁也不清楚墨子事迹,更不知墨子年代,只记下两种说法:"或曰并孔子时,或曰在其后。"此后,汉代、清代及近现代学者都不怀疑墨子在孔子后,争论的焦点在究竟后多少。

刘向推断墨子"在七十子之后"(唐司马贞《史记索隐》引《别录》),即在孔子弟子之后;班固《汉书·艺文志》自注云"在孔子后";张衡则曰:"公输班与墨翟并当子思时,出仲尼后。"(《后汉书·张衡传》唐李贤注引张衡《论图纬虚妄疏》)可见,汉代对墨子的年代有两说:孔子后;孔子弟子后。东晋葛洪《神仙传》言墨子年八十二,入周狄山学道,汉武帝曾遣使往聘。此说属荒诞之言。

清代以来,研究墨子年代者,大致有三说:

清汪中《墨子序》谓墨子与楚惠王同时,仕宋于景公、昭公之世,"其年于孔子差后,或犹及见孔子矣"。胡适《中国哲学史大纲》依附此说,定墨子生年在公元前500—前490年间,卒年为公元前425—前416年间。

清毕沅《墨子注·叙》据《墨子·非攻中》"虽北者中山诸国,其所以亡

心通墨子

于燕、代、胡、貉、之间者,亦以攻战也",推论墨子是"六国时人,至周末犹存"。《道藏》本、《四部丛刊》影印嘉靖癸丑刊本,"中山诸国"都作"且一不著何",孙诒让《墨子间诂》谓"中山诸国"四字,系后人臆改,当作"且一不著何","一"是衍字,"且"为"柤"之借字,"不著何"即"不屠何",柤和不屠何是古国名。所以,毕沅之说不成立。

清孙诒让《墨子年表》谓墨子与子思同时,而生年在其后,生于周定王初年,卒于安王之季,活了八九十岁。所以孙氏《墨子年表》起于定王元年,迄于安王二十六年。梁启超《墨子年代考》基本肯定孙诒让的说法,复采胡适"墨子不曾见吴起之死",因为吴起死时墨家的"巨子"为孟胜的观点,定墨子生于公元前 468—前 459 年间,卒于公元前 390—前 382 年间。

我们认为墨子与公输般同时,墨子最辉煌的事业是"止楚攻宋",实现非攻。止楚攻宋发生在公元前 445—前 440 年之间,其时墨子正值壮年,当在 35 岁—40 岁之间(墨子当时已是墨家大师,有弟子禽滑釐等三百人,年龄不会太小;墨子为止楚攻宋,连续行走十天十夜,他的年纪也不会太老)。据此,可判断出墨子约生于公元前 485—前 475 年间。另,吴起死时为公元前 381 年,是时,墨家巨子是孟胜,墨子已亡多年,因为根据墨家巨子相传制度及禽滑釐在墨子弟子中的地位推想,墨子死后,第二代巨子应是禽滑釐,孟胜至少是第三代巨子。《墨子·非攻下》载墨子言:"今天下好战之国,齐、晋、楚、越。"也载好战的国君之言:"昔者楚熊丽,始讨此睢山之间,越王繄亏,出自有遽,始邦于越;唐叔与吕尚邦齐、晋。此皆地方数百里,今以并国之敌,四分天下而有之。"可推知墨子仅见"四分天下",未见韩、赵、魏三家分晋,未见秦穆公崛起于西方,而三家分晋之年是公元前 403 年(周威烈王二十三年)。由此,可判断墨子最迟应卒于公元前 403 年。

(三) 墨子是哪国人

司马迁《史记》未为墨子立传,于《孟子荀卿列传》末曰:"盖墨翟,宋之大夫。"《汉书·艺文志》自注曰:墨子"名翟,为宋大夫"。其后葛洪《神仙传》、《文选·长笛赋》李善注引《抱朴子》、杨倞注《荀子·修身》、林宝《元和姓纂》据此断定墨子是宋国人。但，墨子仕宋，《史记》为疑辞，即便果真仕宋，亦难确证为宋人，因为仕宋不等于生于宋。近代以来，梁启超以《墨子·公输》"子墨子归，过宋"，方授楚据《墨子·鲁问》"子墨子出曹公子而于宋，三年而反，睹子墨子"否定此说，蒋伯潜、王冬珍亦凭上引二条否定之。杨俊光认为否定墨子宋人说，证据也不足，理由有二：所归之地不必是出生之国；如所居非故国，则往仕之国亦不一定不是故国。

清毕沅《墨子注·叙》、清武亿《跋墨子》(《授堂文钞》卷三)认为墨子是楚国人。此说系由误解《吕氏春秋·当染》高诱注，解"鲁人"之"鲁"为楚之鲁阳(墨子与楚鲁阳文君友善，有问答)而来。《墨子·贵义》曰"子墨子南游于楚"，唐代余知古《渚宫旧事》载鲁阳文君谓楚惠王曰"墨子，北方贤圣人"，都可证墨子非楚人。《吕氏春秋·慎大》云："公输般将以楚攻宋，子墨子闻之，起自鲁，十日十夜至郢。"若"鲁"为"鲁阳"，墨子何需十日十夜！

《吕氏春秋》、《当染》、《慎大》二诱注始言墨子为鲁国人，从之者有孙诒让、梁启超、陈柱、刘汝霖、胡适、钱穆、伍非百、方授楚、蒋伯潜、王冬珍等。他们的证据如下：1.《吕氏春秋·当染》谓史角之后在鲁国，墨子曾师之。2.《墨子·贵义》有"子墨子南游于楚"，"子墨子南游使卫"，"子墨子北之齐"，所言"南"、"北"以鲁为坐标。3.《墨子·贵义》云："墨子自鲁即齐。"《墨子·鲁问》云："越王为公尚过束车五乘，以迎子墨子于鲁。"《吕氏春秋·爱类》云："公输盘为云梯之械，欲以攻宋。墨子闻之，自鲁往，见荆王曰：臣，北方之鄙人也。"《淮南子·修务训》云："自鲁趋而往，十日十夜至于郢。"鲁是墨子前往他国的出发地。杨俊光认为上述证明只能说明有关事情发生时，墨子居鲁，不能确证墨子是鲁国人。

宋成阶《墨子为齐国人考》、《墨子为齐国人续考》认为墨子是齐国人，理由为：1.《墨子·公输》载墨子止楚攻宋，"起于齐"。2.《墨子·耕柱》云："高石子三朝必尽言，而言无行者。去而之齐，见子墨子。"3.《墨子·非攻中》有："东方有莒之国者，……东者越人夹削其壤地，西者齐人兼而有之。"4.《墨子·贵义》曰："子墨子北之齐"，"至淄水，不遂而反焉。"此处未特别指出墨子从何地去齐国，原因是墨子从齐之南部往北部。5.《墨子·备梯》谓墨子"寄于大山"，此"大山"不是指泰山，而是指崂山，崂山在齐国内。6.《墨子·贵义》云"子墨子自鲁即齐，过故人"，既然墨子在齐国有故人，可证其在齐住的时间较长。7.根据方授楚《墨学源流》考证，墨子弟子及后学，其故里可知者仅十三人，其中齐国五人，楚国四人，宋、秦、郑、鲁四国各一人，断定"墨子学生多齐人，亦可证墨子为齐国人"。8.《墨子·鲁问》"子墨子见齐大王"一语之前，未说明墨子从何处来，其因在于从本国来。9.《孟子·万章上》载："语云：盛德之士，君不得而臣，父不得而子。"此是齐东野人之言，而"齐东野人"即指墨子。10.据《北堂书钞》引："齐王谓墨子曰：古之学者为己，今之学者为人"，认定"己即自己之国家，齐王因墨子在外做官而发此怨言。"宋成阶的理由太牵强，不为学界所重，仅在冬珍等系统批评之，兹不必赘言。

胡怀琛《墨翟为印度人辨》、《墨子学辨》确认墨翟为印度人，为婆罗门教徒。金祖同《墨子为回教徒考》判定墨子是回教徒。胡、金二人从墨翟及其弟子的姓名、墨子学说、墨子形象、《墨子》之语言和文体句法来证明己说，其机械比附与幻想、猜测不具科学价值，虽有郑师许、吴进修、方授楚、童书业、杨宽、王冬珍诸人驳难，此亦不引，仅凭《墨子·鲁问》中墨子之言："抑越不听吾言，不用吾道，而吾往焉，则是我以义粜也。钧之粜，亦于中国耳，何必于越哉！"即可证墨子为"中国"（指中原之地）人。

综合上述情况，我们可知墨子是中国人，足迹遍至鲁、宋、齐、楚等诸侯国，居鲁的时间可能最长，因而生于鲁的可能性最大。

（四）　墨子是手工业者还是士

墨子《史记》无传，墨学后成绝学，墨子和墨家的史料相当匮乏，墨子身世遂成难解之谜。现代学者通过对少得可怜的墨子生平资料爬梳整理，仍难确知墨子出身是手工业者还是士。

有的学者从《墨子·贵义》"翟上无君上之事，下无耕农之难"，论证墨子不是贵族统治者，不是直接从事农业生产者，不是奴隶身份的"徒役"。因为墨子自述是可信的。他们又从墨子通晓《诗》、《书》等古代典籍，精通许多生产技术、科学知识，推测墨子可能是一个摆脱了宗法羁绊，有丰富的文化知识，又比较接近"农与工肆之人"的士。

有的学者据司马迁一语"盖墨翟宋之大夫"，判定墨子出身于破落贵族家庭，曾做过宋大夫；又据墨子被楚国大臣穆贺列为"贱人"，在《吕氏春秋》里被载为"北方之鄙人"，断定墨子其后地位下降，接近劳动者，做过工匠。

也有的学者追逐据墨子具有手工业生产技能，擅长器械制造，熟悉"农与工肆之人"的生活状况，被称作"贱人"、"鄙人"，断言墨子是手工业者出身。

任继愈先生由墨子精于机械制造，会做"任五十石之重"的大车，会做守城器械，与名匠公输盘斗智比巧，平日言谈不离耕织之事、百工之业，成名之后仍被唤作"贱人"，证明墨子是处在社会下层的劳动者。任先生又由墨子拥有大批徒弟，有机会系统研习古代文献，从事独立的社会活动，成为社会知名的学者，证明墨子不是普通的手工业者，属于城市手工业行会师傅的阶层。后来，墨子完全脱离直接劳动，加入士的行列，从事教育和游说活动，专以上说下教、匡救时弊为己任（任继愈主编《中国哲学发展史》先秦卷）。

任先生认为墨子是手工业者，后上升为士，这是正确的。但任先生没有言明墨子脱离直接劳动，加入士的行列的原因。其实，墨子对此有明确交代："翟尝计之矣。翟虑耕而食天下之人矣，盛，然后当一农之耕，分诸天下，不能人得尺布。籍而以为得尺布，其不能暖天下之寒者，既可睹矣。翟虑被坚执锐，救诸侯之患，盛，然后当一夫之战，一夫之战，其不御三军，既可睹矣。翟以为不若诵先王之道，而求其说，通圣人之言，而察其辞，上说王公大人，次匹夫徒步之士。王公大人用吾言，国必治；匹夫徒步之士用吾言，行必修。故翟以为虽不耕而食饥，不织而衣寒，功贤于耕而食之、织而衣之者也。故翟以为虽不耕织乎,而功贤于耕织也。"(《墨子·鲁问》)这是说,脱离生产劳动,专事上说下教,比从事耕种、纺织更有益于他人和社会。

墨子是手工业者出身的士,这在先秦诸子中实属罕见。先秦时期,"士"多半由贵族破落、社会地位下降而成,他们靠传播知识、鼓吹一定的政治主张谋生。在墨子身上,我们明显地感受到手工业者和士的两重性:熟悉生产技巧,因为是手工业者;无君上之事、耕农之难,因为是士。基于此,墨子的政治思想代表着小生产者的利益。

(五) 墨子是宋国的大夫还是囚徒

司马迁在《史记·孟荀列传》里记墨子曾为宋大夫,又在《史记·邹阳列传》里录邹阳语:"昔者,鲁听季孙之说,而逐孔子;宋信子罕之计,而囚墨翟"。墨子到底是宋国的大夫,还是宋国的阶下囚?

自司马迁、班固以下,至孙诒让《墨子间诂·墨子传略》均谓墨子曾仕宋,孙诒让考定其时在宋昭公时。梁启超《墨子学案》因《墨子》一书无墨子曾经仕宋的痕迹,墨子曾言"道不行不受其赏,义不听不处其朝"(《墨子·贵义》),猜想墨子终身未仕,是个平民。如何解释司马迁"墨子为宋大夫"之说?梁启超说:"太史公或因墨子曾救宋难,所以说他仕宋。其实墨子救宋,专为实行他的兼爱非攻主义,哪里论做不做官呢?"

王冬珍《墨学新探》也对墨子仕宋提出质疑,所据亦是《墨子》之书:墨子尝言"翟上无君上之事",当未出仕;墨子止楚攻宋,从楚归来,经过宋国,适逢下雨,守闾门的人不许墨子去闾门避雨(事载《墨子·公输》);墨子南游于楚,年岁已长,尚被称作"贱人"(事见《墨子·贵义》)。

我们认为梁、王二先生依《墨子》一书否定墨子仕宋,缺乏充分证据。第一,司马迁为诸子作传,不以诸子著为准,如其为孔、老立传,不依《论语》、《道德经》。凭《墨子》所记否认司马迁的观点,属无的放矢,对司马迁而言,有失公平。假设"墨翟宋之大夫"是司马迁"因墨子曾救宋难"的猜测,那么,他何不根据《墨子》为墨子列传? 为何不据《墨子》猜测墨子所处年代,而留下"或曰并孔子时,或曰在其后"的疑问? 第二,《墨子》未讲墨子任宋之大夫,同样未讲墨子不是宋大夫。况且,墨子生平事迹,《墨子》书中并没有详记或记全,"《墨子》不载"并不意味"墨子没有"。

不过,墨子曾仕宋,为宋大夫,虽基本可信,但任职时间不会太长,否则,《墨子》及先秦其他著作不可能无一记载。

墨子为宋囚,见于《史记》,但这出自邹阳之口,不可视作司马迁的观点。邹阳遭人陷害,自狱中上书梁孝王,以孔子被逐、墨子被囚比自身境况:"昔者,鲁听季孙之说,而逐孔子;宋信子罕之计,而囚墨翟。夫以孔墨之辩,不能自免于谗谀,而二国以危。"此种情形下,邹阳言墨子事,当是事实。如果是假,梁孝王以及嫉恨他的人岂能不知? 先秦诸书不记墨子被囚之事,理由只有一条:时间短暂。孙诒让考定墨子做宋囚,当在宋昭公末年。

墨子晚年走上仕途,恐与中年时止楚攻宋,有功于宋有关。此后,不但官职丢弃,而且下狱治罪,恐与其政治主张有关。也许,墨子亡故就是这一打击所致。令人惊奇的是,墨子仕宋和被囚,都是昭公在位时。

（六） 墨子是哪个阶级的代言人

墨子参加生产劳动,又结交统治者,参与各诸侯国的政事。墨子的言论流露出双重的政治倾向,充满调和色彩,他不仅仅为"农与工肆之人"言,而且替"王公大人"说。这就给墨子思想阶级属性的定性带来了困难。

墨子是被统治阶级的发言人,还是统治阶级的鼓吹者? 假若是被统治阶级的代言人,那么,墨子是代表奴隶阶级的利益,还是代表小生产者的利益? 假若是统治阶级的代言人,那么,墨子是代表奴隶主阶级,还是新兴地主阶级? 时至今日,墨学研究的重心虽然转向墨子政治思想和墨家自然科学、逻辑学等领域,但是,对墨子思想阶级归属的争论仍未沉寂,且争论各方几乎都择取墨子十项政治主张作基本史料。概括起来,不外乎下面四种观点。

一种观点认为墨子代表奴隶主阶级的利益。这种观点起于郭沫若的《青铜时代》《十批判书》。郭沫若的论据是：墨子以帝王为本位，替"王公大人"说话，"王公大人"就是奴隶主；墨子《尚贤》《尚同》等十论有"王公大人"多达六十七处；墨子承认旧有秩序，承认上下、贵贱、贫富、众寡、强弱、智愚等对立的合理性，为"王公大人"出谋划策；墨子把国家、人民、社稷、刑政看作王公大人的私有财产："今天下之王公大人士君子，请将欲富其国家，众其人民，治其刑狱，定其社稷，当若尚同之不可不察"（《墨子·尚同中》）。赞同郭沫若观点的韩连琪补充了四条论据：1.墨子极端蔑视"耕农"；2.墨子不反对剥削和役使民力，只反对"厚敛"；3.墨子主张坚决镇压"寇乱盗贼"；4.墨子企图恢复周代"天子之始封诸侯"之局面。

另一种观点认为墨子代表新兴地主阶级的利益。对此作详尽论证的，是杨凤麟《简述墨翟二元论的哲学思想》（载于《辽宁大学学报》1982年第6期）一文。作者认为，墨子十论中的《尚贤》《尚同》最能反映墨子思想的阶级属性。《尚贤》中的"贤者"的使命和事业是当时统治者的使命和事业，不可能是小生产者的使命和事业；《尚同》中的"上者"不会是小生产者，也不会是落后于社会进展、政治地位日益衰落的奴隶主阶级。墨子是地主阶级的政治家、哲学家。

第三种观点认为墨子代表奴隶阶级的利益。赵纪彬《中国哲学史纲要》举出四点理由：1.墨子"非命"是奴隶变革意识的反映；2.墨子身处奴隶社会，不肯侍奉贵族，替奴隶说话，不为贵族喜欢；3.荀子、楚威王、王充对墨子的评价分别是："蔽于用而不知文"（《荀子·解蔽》），"言多而不辩"（《韩非子·外储说左上》），"虽得愚民之欲，不合知者之心"（《论衡·薄葬》）；4.《墨子》在文体上，是适合当时奴隶文化水准的通俗读物。

大多数学者则认为墨子是小生产者的代言人。因为：1.墨子出身低微，即使在成名之后，仍自称或被他人称作"贱人"、"野人"、"鄙人"；2.墨子生活艰苦，不脱离劳动，富于牺牲精神；3.墨子弟子绝大多数是自食其力的小生产者；4.墨子重视人的力量、人的劳动，尝言人"赖其力者生，不赖其力者不生"(《墨子·非乐》);5.墨子的政治主张反映了小生产者的良好愿望和对统治者的幼稚幻想:政治靖明,社会安定,互敬互爱,安居乐业;6.墨子思想的出发点和归宿是"求兴天下之利,除天下之害"(《非乐》);7.代表统治阶级的各家各派严厉批判墨子、墨家。

我们同意第四种即大多数学者的看法。墨子是小生产者的思想家,墨子学说是小生产者政治理想的理论总结、理论形式。墨子有为统治阶级服务、被统治阶级利、同统治阶级相妥协的一面,这正是小生产者经济和政治地位低下,以及小生产者既是劳动者又是私有者所决定的,我们不能据此否定墨子思想的人民性。小生产者在任何时代都不属于新兴的、上升的阶级,他们依赖统治者,祈盼统治者弃恶从善,施舍某些靠自身力量得不到的东西,在所难免,我们不必苛求他们。墨子既然是他们的代言人,其思想中有保守性、落后性,甚至虚幻性,我们也应当正确对待、科学分析。研究墨子思想的阶级性,应联系小生产者进步和保守、积极和消极、反抗和妥协的双重性格,全面把握之。

（七） 墨子的老师是谁

墨子是墨家的开创者,也是墨家最著名的代表。但墨子年少之时,未创立学派之前,却学于鲁,习孔子之术。

《吕氏春秋·当染》载:"鲁惠公使宰让请郊庙之礼于天子,桓王使史角往,惠公止之,其后在于鲁,墨子学焉。"这是说,墨子在鲁国拜精通周礼的周代史官史角的后人为师。《淮南子·要略训》载:"墨子学儒者之业,受孔子之术。"明确指出墨子学过儒家,拜儒家学者为师。其师要么是孔子弟子,要么是孔子弟子的弟子,也即孔子的再传弟子。

史角之后人通礼,孔子创建的儒学本质上是剥取礼而扩充仁,以仁复礼。所以,我们认为墨子习礼又习儒是可信的。或许,史角的后代恰是孔子弟子或再传弟子。《韩非子·显学》说"孔子墨子俱道尧舜",崇拜共同的祖先,视先贤为理想统治者的化身。墨子本人熟悉儒家典籍,论辩时常引用《诗经》、《尚书》及各国《春秋》。例如,《墨子·尚贤中》引《诗经》"告女忧恤,诲女予爵,孰能执热,鲜不用濯";引《汤誓》"聿求元圣,与之戮力同心,以治天下";《墨子·明鬼下》为了证明鬼神存在,引周、燕、宋、齐等国之《春秋》中所记鬼神之事。墨子学说也讲仁、义、忠、孝,其"兼爱"主张似是接续、发展孔子"泛爱"。墨子虽然非儒,亦称赞孔子有"当而不可易者"(《墨子·公孟》)。这些都是墨子学于史角之后、学于儒家的有力证明。

现存《墨子》有"非儒下",主要批驳以孔子为代表的儒家礼义观,反对儒家婚丧之礼,指责儒家礼乐与政事和生产之无益而有害,讽刺孔子表面上讲求仁义,实则惑乱人民。因之,有的学者便以此否定墨子学儒、习礼。从逻辑上讲,墨子习儒与非儒并不矛盾,从学儒到非儒正是墨子思想逐步走向成熟的过程,习儒而非儒正是墨子最终成为墨家的创建者,而没有成为儒门人物的关键。《淮南子·要略训》对此有明确记载:"墨子学儒者之业,受孔子之术,以为其礼烦扰而不说,厚葬靡财而贫民,(久)服伤生而害事,故背周道而用夏政。"同时,只有承认墨子习儒又非儒,方可解释墨子汲取儒家仁义等范畴、"泛爱"等学术思想,又强烈批判儒家厚葬久丧和"大钟、鸣鼓、琴瑟、竽、笙之声"(《墨子·非乐》),方可更准确地理解《韩非子·显学》中所说"孔子墨子俱道尧舜,而取舍不同,皆自谓真尧舜"。那种仅凭墨子非儒便否认墨子曾习儒的看法,在我们看来,是很难站住脚的,它忽视了求学时期的少年墨子与思想成熟时期的成年墨子之间的差别,无视墨子思想的前后变化。

(八) 墨子是墨家的"巨子"吗

金文"巨",像人手执工具形。许慎《说文解字》云:"巨,规巨民也,从工,像手执之"。墨家成员擅长器械制作,循规蹈矩,以"巨"为准,称其学派的领导者为"巨子",理所当然。

墨家"巨子"之称,不见于今本《墨子》,也不见于《孟子》、《荀子》、《公孙龙子》等书。墨家其他著作《田俅子》、《我子》、《随巢子》、《胡非子》尽亡于宋代,以上四书是否言及"巨子",已不可确考。道家《庄子》、吕不韦主编之《吕氏春秋》则提及。

《庄子·天下》谓墨家"以巨子为圣人"。《吕氏春秋·上德》篇谓墨家巨子孟胜为阳城君守城,誓死不降,传"巨子"于田襄子;《吕氏春秋·去私》篇谓墨家巨子腹䵍之子杀人,腹䵍不听秦惠王劝阻,按照"墨者之法":"杀人者死,伤人者刑",处死儿子。从上述材料可知:"巨子"是墨者集团的最高领导人,为各诸侯国的"墨者"共同信奉;巨子世代相传,后一任巨子由前一任巨子临终前指定;巨子之子犯法,与普通墨家成员同罪。

墨子是墨家理论的发明者,是墨家集团的第一位首领。墨子是不是"巨子"? 假若是巨子,为什么《墨子》中,弟子只尊称他为"子墨子",先秦他书无一称他为巨子?《吕氏春秋》记墨家人物事,言孟胜、田襄子、腹䵍为巨子,而从不言墨子是巨子? 假若不是巨子,为什么墨子无"巨子"之名,却行"巨子"之事? 与这些疑问紧密相连,还有下列问题:"巨子"是墨家自谓,还是别的学派因墨家成员的特殊身份而有意取名? 假若属墨家自谓,为什么墨家流传下来的唯一书籍《墨子》无"巨子"的说法? 假若是其他学派有意命名之,为什么儒家强烈非墨,独不言"巨子"?

《庄子·天下》记"相里勤之弟子,五侯之徒,南方之墨者若获、已齿、邓陵子之属……以巨子为圣人。"《吕氏春秋·上德》记孟胜死前谓弟子徐弱曰:"我将属巨子于宋之田襄子"。由此看来,"巨子"本是墨家自称,绝非他派刻意为之,《庄》、《吕》二书语及"巨子",是沿袭墨家称谓而已。"巨子"不为儒书引用,只被庄子、吕不韦援引,原因在于孟、荀侧重评判墨子、墨家学说;庄子评墨家,夹叙墨学流变、墨家分化;《吕氏春秋》多记墨家事。《墨子》无"巨子"比较可信的解释是:"巨子"名称的确立迟在墨子及其弟子身后;《墨子》又主要是墨子作品(包括墨子作、墨子弟子记录和整理的墨子言行);《墨子》中小部分后期墨家的作品,或追忆墨子事,或诠释、发展前期墨家的理论,未记墨家传授系统。

墨子是墨家第一代领袖。墨子弟子甚众,禽滑釐是其中最出众的一个,据《墨子·耕柱》、《吕氏春秋》《当染》篇和《尊师》篇有关记载,禽滑釐死于墨子后,且讲学授徒,不难设想禽氏应是墨家第二代领导人物。孟胜其人,《墨子》无载,应居禽滑釐之后。自孟胜始,才出现"巨子"其名的记录,可以想见,"巨子"的称呼最早也在禽滑釐死后,最迟不迟于孟胜。囿于现有史料,我们说孟胜是墨家第一位巨子,田襄子是第二位巨子,腹䵍是田襄子以后的巨子(不一定是第三位巨子),当不为过。但是,依墨子生前所作所为,由后期墨家"巨子"称谓追溯上去,墨子当被奉为墨家第一代巨子。

总之,墨家前期没有"巨子"称号,墨子生前不曾称"巨子"。墨子死后若干年,墨家门徒追认其为第一任"巨子"。学术界对此看法一致。

（九）　先秦有哪些书提到墨子

先秦典籍除《墨子》外,记载墨子其人其派、评价其学的书有《尸子》、《孟子》、《庄子》、《荀子》、《韩非子》、《吕氏春秋》等。这些记载是我们考证墨子其人、考察墨学流变、评估墨学在先秦学术史上的地位的珍贵材料,从一个侧面反映了墨子对诸子的影响。

据《尔雅·释诂》邢昺《疏》引《尸子·广泽篇》:"墨子贵兼,孔子贵公……。其学之相非也,数世矣而[不](依清·何焯《困学纪闻笺》说校补)已,皆弇于私也。"可见,墨子思想的精髓是"兼",儒墨之争是两家交往的唯一形式。

《孟子》评墨子有两处,一处是《滕文公下》:"杨朱墨翟之言盈天下,天下之言,不归杨则归墨。杨氏为我,是无君也;墨氏兼爱,是无父也。无父无君,是禽兽也。"另一处是《尽心上》:"墨子兼爱,摩顶放踵利天下为之。"这里,孟子述墨子学说超越儒道,为先秦思潮之主流,以儒家伦理观攻击墨子兼爱的平等性,承认墨子为天下、利天下的一面。

《庄子》记墨子,其一是《骈拇》:"骈于辩者,累瓦结绳窜句,游心于坚白同异之间,而敝跬誉无用之言非乎?而杨、墨是已!"以道家的人性自然,析墨子坚白同异之辩,视之为邪门歪道。其二是《天下》,肯定墨家俭朴、严于律己、备世之急等方面承继古代道术,用心良好;指出墨家以禹作则,非乐、节用脱离实际,背离圣王之道;叙述墨子之后墨家的分化及组织上的特点;最后,总评墨学乱国有余、治国不足,又称赞墨子真心爱天下,堪称"才士"。

《荀子》评价墨子及墨家多达八处,是先秦著作中批判墨家最多的。由此可见墨家政治思想的传播、流布已危及儒家的存在。《非十二子》、《富国》、《王霸》、《天论》、《礼论》、《乐论》、《解蔽》、《成相》诸篇集中批评墨子非礼、非乐、兼爱、节用等主张,认为兼爱是"僈差等","见于齐",不合等级秩序;非礼、非乐,是儒、墨之分的根本,不合先王之道;节用、勤苦是役夫之道,不合儒家所谨守的"论德使能"的圣王之道。总之,墨家之失在于"蔽于用而不知文"。透过《荀子》的批判,我们既可看到儒、墨分歧的真情,也可看出儒、墨相通的另一面,例如两者尚贤、非攻的一致性。

《韩非子》也提到墨子。《显学》曰:"世之显学,儒、墨也","墨之所至,墨翟也","自墨子之死也,有相里氏之墨,有相夫氏之墨,有邓陵氏之墨","孔子、墨子俱道尧、舜,而取舍不同,皆自谓真尧、舜。""墨者之葬",俭;"儒者破家而葬",孝。《韩非子》记述墨家在战国末期仍为有力量同儒家相抗衡的著名学派,墨家在墨子之后的分离,孔、墨思想渊源有相同之处,儒、墨葬礼皆有可取的地方,它保存了墨家及儒、墨关系的宝贵史料。

除却《墨子》,先秦诸书记载墨子最丰富的莫过于《吕氏春秋》(又名《吕览》),而且,该书无一言批评墨子。究其因,似与"杂家"有关。《当染》、《博志》、《尊师》、《高义》、《爱类》、《贵因》、《不侵》、《顺说》、《有度》、《慎大》等篇记墨子其人、墨家其派,内容大致有:1.墨子之学:师承史角之后;心忧天下,学先王之术。2.墨子事迹:止楚攻宋;拒绝越王之封。3.墨子有弟子公上过、禽滑釐、高何、县子石等;墨子死后,"从属弥众,弟子弥丰,充满天下。"4.孔、墨并举,推崇墨子、孔子"无地为君,无官为长",赞孔墨后学并显于世。

观先秦典籍,知墨子其人、墨学畅流,惜墨学由盛至衰匆匆,不解司马迁不知墨子其人其事,为什么不取上述著作及《墨子》,为墨子作传。汉代距战国不远,以司马迁的学识,虽写不出令自己满意的墨子传,总比留下空白好得多。史家的执着有时不免遗憾。

（十） 墨子与哪些人辩论过

墨子创立的墨家学说屡遭其他学派的非议,墨子本人热衷于政治实践,时常游说各国统治者,所以,同墨子进行论辩的人较多,其中,有平民百姓,亦有王公大人。仅就《墨子》一书而言,有以下一些人:

程繁:《三辩》篇载,程繁攻击墨子"圣王不为乐"、"圣王无乐"的"非乐"思想。墨子反驳之,强调圣王治天下,重在事功,反对追求音乐享受。

巫马子:《耕柱》篇载,巫马子非难墨子的鬼神观、兼爱、行义、称誉古代圣王。墨子逐一辩驳,指出鬼神比圣人明智、兼爱有益、行义有利、古代圣王的正确主张使天下得以生存。

子夏之徒:《耕柱》篇载,子夏的弟子问墨子:君子是否争斗? 墨子答曰:"君子无斗",并驳斥其问难。

鲁阳文君:《耕柱》、《鲁问》载,墨子告诫鲁阳文君:攻伐不仁义,双方受其害,好战犹如有"窃疾",君子须懂得道理,真正的忠臣应是敢于犯上劝谏的人。此外,墨子还批驳了鲁阳文君攻打郑国的种种借口。

公孟子:《耕柱》、《公孟》载,墨子批评公孟子因循守旧、述而不作、君子"问焉则言,不问焉则止"、君子古言古服、久丧、祸福不来自义与不义等观点,指出公孟子"教人学而执有命"、无鬼神与习祭礼的矛盾。

齐国友人:《贵义》载,墨子向老朋友说明天下无人行义,自己仍然行义的理由。

穆贺:《贵义》载,穆贺担心楚惠王不采纳墨子主张,墨子发表看法:政治主张能行之有效就应采用。

公良桓子:《贵义》载,墨子规劝公良恒子所在的卫国节用以养士。

占卦先生("日者"):《贵义》载,占卦者劝阻墨子不可向北去,墨子不听,并驳斥他。

儒者:《公孟》载,墨子问儒者"何故为乐?"儒者答道:以音乐作为娱乐,墨子对此不满意。

程子:《公孟》载,墨子与程子辩论儒家学说是否使天下丧亡,并解释自己反对儒学又称赞孔子的原因。

告子(不是与孟子同时的告子):《公孟》载,告子指责墨子口言仁义而行为很坏,墨子指责告子不能行仁义、不可治理国家。

鲁君:《鲁问》载,鲁君问墨子防御齐国侵略的措施,问墨子哪一位儿子可作太子。

项子牛:《鲁问》载,齐欲伐鲁,墨子向齐将项子牛阐述"大国之攻小国也,是交相贼也,过必反于国"的道理。

齐大王(田和):《鲁问》载,墨子劝齐王田和放弃攻鲁的计划,并获得成功。

吴虑:《鲁问》载,墨子否定吴虑"冬陶夏耕"合乎"义"的观点,说明自己"诵先王之道,而求其说,通圣人之言,而察其辞,上说王公大人,次匹夫徒步之士"更符合"义"。

鲁国的司祭人("鲁祝"):《鲁问》载,墨子反对鲁国的司祭者用一头小猪祭祀,向鬼神求百福,认为祭品与其丰富,还不若贫乏一些好。

公输盘:《鲁问》载,墨子回击公输盘的自夸,指出公输盘制造的船战时所用的钩、拒,不及"义"所具备的钩、拒;指出公输盘制作的能飞的鹊没有实际使用价值,很拙劣。《公输》载,墨子指责公输盘为楚造云梯以攻宋是"不义",并且"解带为城,以牒为械",打败公输盘。

有些墨子弟子也同墨子发生过争论,但这些争论本质上属于问学,不是相互责难,再加上我们对墨子有姓名可考的弟子有专门介绍,这里无须重复。

（十一） 墨子一生阻止过哪些战争

墨子既是思想家，又是政治活动家，一生奔波于各诸侯国，宣扬"非攻"，反对战争。据《墨子》一书记载，他曾成功地阻止过三次即将爆发的战争，显示出超人的智慧和胆识。

齐欲伐鲁，墨子献策于鲁君，力劝鲁君积极备战，切不可坐以待毙："吾愿主君之上者尊天事鬼，下者爱利百姓，厚为皮币，卑辞令，亟遍礼四邻诸侯，驱国而以事齐，患可救也。非此，顾无可为者。"（《鲁问》）然后，墨子以吴王夫差侵略越国、楚国、齐国，致使国破身亡；智伯攻打范氏、中行氏，招致亡国之祸，说服齐将项子牛。最后，墨子谒见齐王田和，用类比手法游说田和，使其知晓攻伐的危害，放弃侵略鲁国的计划。他说：杀人以试刀是否锋利，试刀者将遭受不幸；兼并别国领土，消灭其军队，残杀其百姓，侵略者将遭受同样的不幸。

鲁阳文君将攻郑，借口是顺应天意、助天诛伐。墨子指出，郑国人残杀他们的君主，上天已惩罚了他们，使他们三年不顺，这种诛伐已经足够了；进攻郑国，好比一个父亲拿木棒击打邻居的不成器的儿子，这是荒谬的。另外，墨子还指出，攻打别国，将受上天的重罚；进攻邻国，杀害其人民，掠取其牛、马、粟、米、货、财，并记录这些于竹、帛、金、石上，传给后世子孙，是错误的。鲁阳文君最终接受墨子观点，取消了攻郑的打算。

楚国即将攻打宋国，形势十分危急。墨子由齐国前往楚都，谴责为楚国造云样张的著名工匠公输盘："吾从北方闻子为梯，将以攻宋。宋何罪之有？荆国（即楚国）有余于地，而不足于民，杀所不足，而争所有余，不可谓智。宋无罪而攻之，不可谓仁。知而不争，不可谓忠。争而不得，不可谓强。义不杀少而杀众，不可谓知类。"（《公输》）接着，墨子拜见楚王，以富人舍弃自己华丽的丝织品，去偷窃邻居的粗布短衣为喻，说明楚国进攻宋国与此同类。并且，在楚王面前演习了如何击溃楚军进攻的方法，告诉楚王，已选派禽滑釐等三百名弟子守卫于宋城之上。这样，楚王终于屈服了。

墨子阻止大国攻伐,或用类比推理,或用举例证明,历数侵略战争的不义,在后果上的有害。但是墨子不一味依赖说教,他深知诸侯争霸,有些战争很难避免,在说理的同时,努力做好反抗侵略、抵御敌人的准备工作,让侵略者的目的难以得逞。这对于我们今天来说,仍有一定的启发意义。

（十二） 《墨子》是墨子自己写的吗

《墨子》书的作者,古无异议。《四库全书总目》因书中多称"子墨子",疑其是"门人之言,非所自著";又因《备城门》以下十一篇"皆兵家言",指明其"与全书为不类"。其后,《墨子》各篇的作者便成为墨学研究的重要而复杂的问题。这个问题解决与否,直接涉及墨子、墨学史研究的史料选择和选择的准确性。

近现代学者探讨《墨子》作者,一般采用分类的方法,把《墨子》五十三篇分成几个部分,然后加以分析。

尹桐阳的"三组分类法",分《墨子》全书为《墨经》、《墨论》、《杂篇》。其"经"包括《亲士》、《修身》、《非儒下》、《经》上下、《经说》上下、《大取》、《小取》;"论"包括《所染》至《非命》下,二十八帖雅娜《杂篇》包括《耕柱》至《杂守》,十六篇。尹氏认为《墨经》是墨子自著,《墨论》是墨子弟子所记,《杂篇》记墨子言行。这种分类划分无非是说,《墨子》各篇不论作者是谁,都基本反映墨子本人思想。

尹桐阳的分类未能揭明《墨子》作者的真实情况,未将前、后期墨家的史料区分开来。详细研讨《墨子》作者,并影响学术界数十年之久的,是胡适。

胡适在其开山之作《中国哲学史大纲》中把《墨子》诸篇分作五组:第一组,自《亲士》到《三辩》,共七篇。前三篇不是墨家作品,后四篇是墨家作品,但不是墨子所作。第二组,自《尚贤》上至《非儒》下,共二十四篇。它们表达了墨子的学说(其中《非乐》、《非儒》两篇可疑),非墨子自著。第三组,《经》上下、《经说》上下、《大取》、《小取》,共六篇,它们是惠施、公孙龙时代的"别墨"所作。第四组,《耕柱》、《贵义》、《公孟》、《鲁问》、《公输》,共五篇,是墨家后学辑墨子言行而成。第五组,《备城门》至《杂守》,共十一篇,记墨家守城备敌之法。总之,《墨子》全书无一篇是墨子亲著,但第二组、第四组是研究墨子的可靠资料。

胡适的分类,有的学者赞成,有的学者反对,反对者也只是对其作部分的修改而已。我们认为,《墨子》中有墨子史料,有墨家史料。墨子史料分墨子自著和墨子弟子记录整理两种;墨家史料分墨子、墨子弟子的史料和墨家后学的史料两类。现按胡适的分类,我们陈述自己的看法:

第一组的前三篇《亲士》、《修身》、《所染》是墨子自著,可能是墨子早期作品。《亲士》、《修身》无"子墨子言"、"子墨子曰",当是自著。《淮南子·说林训》云:"墨子见练丝而泣之,为其可以黄,可以黑。"《所染》开首便云:"子墨子言见染丝者而叹曰:染于苍则苍,染于黄则黄。"因此,《所染》也应是墨子所作。第一组的后四篇《法仪》、《七患》、《辞过》、《三辩》是《墨子》概论,系墨子所著,后学传述,有所增删。

第二组,是墨子讲述,弟子记之,大致成于门弟子之手。由于儒家猛烈抨击墨家,墨家后学对《非儒》有较大改动,以示抗争。所以,《非儒》中的内容应具体分析。至于《非儒》篇末几段文字,问题更多。

第三组,《经》上至《小取》全是训诂体。《经》上、《经》下就是后期墨家俱诵的《墨经》,作者是墨子。《经说》上、《经说》下是解《经》之作,与《大取》、《小取》一起,为墨家后期的作品。

第四组,《耕柱》至《公输》,记墨子言行和事迹,墨子弟子和再传弟子所记(称墨子弟子为"子")。

第五组,《备城门》至《杂守》十一篇,有些是后期墨家所作,有些是秦汉人所作。这十一篇内有秦、汉两代的官名,即是铁证。但是,它们记述墨家防御战术、守城的兵器与工具,反映了自墨子以来墨家前、后期的军事思想。

（十三） 《墨子》有多少篇

　　《墨子》初由刘向校定，七十一篇，著于《别录》，刘歆《七略》、班固《汉书·艺文志》因袭之，这本不成问题。《吕氏春秋》高诱注，于《当染》篇云墨子著书七十二篇，又于《慎大》篇云墨子作书七十篇（据毕沅校注本）。毕沅疑高诱所云"七十二篇"，系增目录为一篇，可信。然而高诱"七十篇"之说，不知何据。

　　《隋书·经籍志》著录《墨子》"十五卷，目一卷"，梁庚仲容《子钞》（见宋高似孙《子略》）、唐马总《意林》则云《墨子》"十六卷"，疑是将"目一卷"算入其中。唐以后，目录亡佚，《唐书·经籍志》、《新唐书·经籍考》、王应麟《玉海》、晁公武《郡斋读书志》、《四库全书总目》等，均作《墨子》"十五卷"，与今本卷数同。

　　《墨子》十五卷，目一卷，七十一篇。自唐亡《目录》后，至宋《中兴馆阁书目》时，又亡九篇。宋王应麟《汉艺文志考证》引《中兴馆阁书目》云："自《亲士》至《杂守》为七十一篇，亡《节用》、《节葬》、《明鬼》、《非乐》、《非儒》等九篇。"王氏另一著作《玉篇》又引《中兴馆阁书目》曰："自《亲士》至《杂守》为六十一篇。"（王应麟自注："亡九篇"）前于王氏的陈振孙《直斋书录解题》，后于王氏的宋濂《诸子辩》皆云《中兴馆阁书目》录《墨子》"六十一篇"。可见，《中兴馆阁书目》录"六十一篇"是真，只是该书计算有误，应为"六十二篇"。

　　《中兴馆阁书目》的"亡九篇"，指《节用》、《节葬》等有目无文者，今本无题无文者，当时尚存。有人臆断有目者后亡，无目者先亡，实非。至于后亡的无目无文者，亡于何时，有人断为明代，我们以为亦应亡于宋。《墨子》道藏本云《墨子》"亡八篇，并亡其目者十篇"，而道藏本出自宋本，这是我们的证据。道藏本列举所亡八篇之目为《节用》下、《节葬》上、《节葬》中、《明鬼》上、《明鬼》中、《非乐》中、《非乐》下、《非儒》上，未列《非儒》中，可见，"亡八篇"，就为"亡九篇"。篇亡目存者九篇，那么，篇、目俱亡者，也

心通墨子

应为九篇。

有一种说法,认为《墨子》根本没有缺损亡佚。今本《墨子》中的《尚同》、《兼爱》、《非攻》、《天志》、《非命》等,其上、中、下三篇词意重复,仍应删节。今本所亡的十八篇,是书写时"不须重录而空之"(蒙文通语)。我们认为刘向整理诸子书,已除其重复、删其相似,《墨子》已亡佚的十八篇,绝不会同现存的五十三篇中的十八篇完全相同。

《墨子》十五卷,今存五十三篇。历史上,还有三卷十三篇的《墨子》。《中兴馆阁书目》、《直斋书录解题》、宋郑樵《通志·艺文略》、明焦竑《国史经籍志》均著录此本。以上诸书所云三卷本《墨子》是否相同,已不可考。《中兴馆阁书目》谓此三卷本"自《亲士》至《上同》,凡十三篇"。明宋濂《墨子辨》说得更具体:"上卷:《亲士》、《修身》、《所染》、《法仪》《七患》、《辞过》、《三辩》七篇,号曰'经';中卷:《尚贤》三篇,下卷:《尚同》三篇,皆号曰'论'。"据《中兴馆阁书目》及宋濂《墨子辨》,知三卷本《墨子》与十五卷本《墨子》的前三卷(第一、二、三卷)完全相同。不知此三卷本取自十五卷本,抑或取自其他未见之本,更不知宋濂经、论划分,有何凭据。

(十四) 《墨子间诂》是一部什么样的书

墨学自西汉衰绝,《墨子》少有人问津。晋代,鲁胜作《墨辩注》(已佚,仅存《墨辩注叙》),司马彪、张湛引《墨经》注《庄子》、《列子》,重墨学名理而轻政论。以后,唐乐台注《墨子》三卷、宋李焘校《墨子》,俱亡佚不可知。明清之际,傅山撰《墨子大取篇释》,亦迟至1854年才记得入《霜红龛集备存》。这就造成《墨子》"阙文错简,无可校正,古言古字更不可晓"(俞樾《墨子间诂序》)。

清代中叶乾嘉始,墨学复苏、复兴,注解和研究《墨子》其书蔚然成风。汪中、毕沅、张惠言、王念孙、苏时学、俞樾、吴汝纶、孙诒让等治墨大师相继而起,各领风骚。其中,孙诒让以《墨子间诂》居集大成地位。

孙诒让(1848—1908),经学家、文字学家。字仲容,浙江瑞安人。著述繁富,主要著作有《周礼正义》、《墨子间诂》、《契文举例》、《名原》、《古籀拾遗》、《尚书骈枝》等。《墨子间诂》积孙氏三十余年之功,聚各家学术成果,正文十五卷,目录一卷。前有俞樾《序》、《自序》;后有《附录》一卷:《墨子篇目考》、《墨子佚文》、《墨子旧叙》;《墨子后语》二卷:卷上《墨子传略》、《墨子年表》、《墨学传授考》,卷下《墨子绪闻》、《墨学通论》、《墨家诸子钩沉》。再后,附《墨家诸子著录》、《随巢子》佚文、《胡非子》佚文、《田俅子》佚文、《缠子》佚文、黄绍箕《跋》。该书"间诂"取自东汉许慎《淮南间诂》。"间者,发其疑牾;诂者,正其训释"(《墨子间诂序》),意即校勘和训诂。

《墨子间诂》以毕沅《墨子注》为底本,参校以明吴宽写本、顾千里校道藏本、日本宝历间仿记得明茅坤本,吸取王念孙、王引之父子、洪颐煊、俞樾、戴望诸家的研究成果,"是者从之,非者正之,阙略者补之"(《墨子间诂序》),刊正篇段错简,理顺文句讹误,使《墨子》文字通顺,流畅可读。

《墨子间诂》与《周礼正义》是先后完成的著作。孙诒让《札迻》称:"既又治《周礼》及墨翟书,为之疏诂。稽览群籍,多相通贯,应时擿记,所积益众。"引《周礼》疏证《墨子》,以《周礼正义》的研究成果,通贯于《墨子间诂》,其他注家所不及。

《墨子》古无校本,多古言古字,孙诒让精研古文字,学识博深,其校《墨子》,"依《尔雅》、《说文》正其训故,古文篆隶校其文字"(《墨子间诂序》),注意汉字演化、变迁,讲究字形结构,辨析音声同异,校正形讹音误,有几十处属首创。

近现代治墨者多略去《墨经》以及《备城门》以下十一篇。《墨子间诂》则格外重视、尽力于此:"至于订补《经》、《说》上下篇旁行句读,正兵法诸篇之伪文错简,尤私心所窃自喜"(《墨子间诂序》)。这是孙诒让在西方科技刺激下,着意阐扬我国古代的科学传统,希望人们重视自然科学。

《墨子间诂》的《附录》和《后语》系统收集墨子和墨学研究的种种资料,对墨子其人其书、墨学传授等等的考证,精当缜密,真知灼见,俯拾即是,有些观点一直是现当代墨学研究的主流。

《墨子间诂》乃注解《墨子》的总结性之作。梁启超说，《墨子间诂》释古训，正错简，识胆绝伦，辨伪眼光远出诸家之上。其《附录》及《后语》考订流别，精密阖括，尤为向来读墨子书者所未见。自此书出，然后《墨子》人人可读，现代墨学复活，全由此书导之。古今注《墨子》者，固莫能过此书，而仲容一生著述，亦以此书为第一。（参见《中国近三百年学术史》）《墨子间诂》的点校者孙以楷先生也说："到目前为止，还没有一本《墨子》校注能够超过并取代《墨子间诂》的。这就难怪近世研究《墨子》的学者往往视孙氏的《墨子间诂》如郑玄之《三礼注》了。"（《墨子间诂·前言》，中华书局 1986 年版）这些评价，绝非誉辞，《墨子间诂》当之无愧。

（十五） 《墨子》"十论"为什么都有上、中、下三篇

墨子的政治主张表述为"十论"，即《尚贤》、《尚同》、《兼爱》、《非攻》、《节用》、《节葬》、《天志》、《明鬼》、《非乐》、《非命》。每论各有上、中、下三篇，共三十篇（现已缺《节用》下、《节葬》上、《节葬》中、《明鬼》上、《明鬼》中、《非乐》中、《非乐》下七篇，存二十三篇）。这一现象引起治墨者的注意。

为什么《墨子》中每论三篇，而这三篇主题同一，内容相似，各自独立成篇，彼此无内在联系？学者们的意见是这样的：

俞樾据《韩非子·显学》："自墨子之死也，有相里氏之墨，有相夫氏之墨，有邓陵氏之墨"，证明每论三篇"乃相里、相夫、邓陵三家相传之本不同"的缘故。这有悖史实。俞樾谓"上、中、下三篇字句小异，而大旨无殊"（《墨子间诂序》）。事实是，"墨离为三，取舍相反不同"（《显学》），相里氏、相夫氏、邓陵氏三家各自成家，旨趣乖违，彼此毁难。三家所传，怎能相同？

陈柱否定俞樾的揣测，另辟蹊径，认为墨子到处宣扬自己主张，言谈时详时略，弟子的记录也就时繁时简，每论因此各有三篇。由于墨子一生往来奔走于各国，讲演各项主张远不止三次，弟子们的记录亦不止三篇，陈柱

以为古人以三为成数，所以，编辑出"各上篇文字简要，以理论为重，各下篇言繁好辩，推重迷信，中篇适得乎中"，且"各上中下篇文笔相同，思想亦一贯"(《墨子各篇作期考》)，据此判定"十论"的上、中、下篇，各出于一人之手。陈、杨二人的观点很有见地，应予重视。

水渭松从《墨子·耕柱》中"为义犹是也，能谈辩者谈辩，能说书者说书，能从事者从事，然后义事成也"入手，解释上、中、下三篇的成因。他认为各论的上篇大多行文简短，不引经据典，以说理见长，"谈辩者"以辩明事理为专长，依此为底本；中、下篇大多篇幅冗长，大量引述典籍，"说书者"熟悉和阐发先王之道、圣人之言，依此二者为底本。上、中、下篇的存在，恰好是墨家集团成员间相互分工的结果。水先生的理解有值得商榷的地方：其一，没有阐明中、下篇的划分。既然中、下篇同为说书者的底本，为何还有中、下之分？其二，《墨子》"十论"系墨子言论主张，弟子记录整理，应视作墨子本人的著作(没有亲自动手而已)，怎么会变成墨子弟子谈辩者、说书者的作品？

有一部分学者致力于上、中、下篇同中之异的考察，把它们看作墨子或墨家三个时期的著作。这恐怕很难自圆其说。首先，"十论"是墨子的思想，不是墨家集体智慧的结晶，不可算作墨家的集体著作，更不能说是墨家三个时期的著作。其次，"十论"是墨子思想成熟的重要标志，其上、中、下三篇怎能代表墨子思想发展变化的三个阶段？第三，墨子思想有其发展过程，发展的本质是否定、是飞跃，各论中的上、中、下三篇的差异不具实质性，谈不上质的变化，它们大体上完成于同一时期。

墨子曾说："凡入国，必择务而从事焉。国家昏乱，则语之尚贤、尚同；国家贫，则语之节用、节葬；国家憙音湛湎，则语之非乐、非命；国家淫僻无礼，则语之尊天、事鬼；国家务夺侵凌，即语之兼爱、非攻。"(《墨子·鲁问》)针对当时各国的不同弊病，提出不同的救治方案和政治主张。依此类推，针对"国家昏乱"、"国家贫"、"国家憙音湛湎"、"国家淫僻无礼"、"国家务夺侵凌"的不同状况、不同程度，墨子谈论的"尚贤尚同"、"节用节葬"、"非乐非命"、"尊天事鬼"、"兼爱非攻"的侧重点以及墨子述说自己主张的方法都将有所不同。这便是陈柱所讲的墨子言谈时详时略的缘由。《墨子》成书时，墨家人物整理众多的内容基本相同的墨子演说辞，很可能是三个人同时整理，于是便各整理出一篇。这便是杨宽所说的上、中、下三篇各出一人之手的原因。

（十六）《墨子》一书引用了哪些古代典籍

先秦诸子之学万殊一本，无不归源于三代古文化。墨子学养深厚，谙熟《诗》、《书》、《春秋》，墨子创立的墨家学说承继了夏、商、周以来的文化精华，择取其中有利于墨家的成分。观《墨子》一书，其十七篇文章里引用古代典籍多达四十八处；其所引古书，有些已不可考。今按《墨子》篇目顺序，抄录被引古籍及引文于此：

《所染》引《诗》："必择所堪"。

《七患》引《夏书》："禹七年水"；《殷书》："汤五年旱"；《周书》："国无三年之食者，国非其国也；家无三年之食者，子非其子也。"

《尚贤中》引《诗》："告女忧恤，诲女子予爵，孰能执热，鲜不用濯"；《汤誓》（《尚书·商书》篇名）："聿求元圣，与之戮力同心，以治天下"；《吕刑》（《尚书·周书》篇名）："皇帝清问下民，有辞有苗。曰：'群后之肆在下，明明不常，鳏寡不盖。德威维威，德明维明'。乃名三后，恤功于民：伯夷降典，哲民维刑；禹平水土，主名山川；稷隆播种，农殖嘉谷。三后成功，维假于民"；《周颂》（《诗经》的组成部分）："圣人之德，若天之高，若地之普，其有昭于天下也；若地之固，若山之承，下坻不崩；若日之光，若月之明，与天地同常"。此外，《尚贤中》还转述了《距年》尚贤为政之本的思想。

《尚贤下》引《吕刑》："於！来！有国有土，告女讼刑。在今而安百姓，女何择言人？何敬不刑？何度不及？"引《竖年》（毕沅曰："竖，距字假音"）："晞夫圣武知人，以屏辅而耳"。

《尚同中》引《吕刑》："苗民否用练，折则刑，唯作五杀之刑，曰法"；《术令》（即《商书》《说命》篇）："唯口出好兴戎"；《周颂》："载来见辟王，

聿求厥章";《诗》:"我马维骆,六辔若丝,载驰载驱,周爰咨谋"《相年》(毕
沅曰:"'相年'当为'拒年'。"):"夫建国设都,乃作后王君公,否用泰也。
轻大夫师长,否用佚也。维辩使治天均"。

《尚同下》引《大誓》(即《尚书·周书》《泰誓》篇):"小人见奸巧,乃闻
不言也,发罪钧"。

《兼爱下》引《泰誓》:"文王若日若月乍照,光于四方,于西土";《禹
誓》(《尚书·夏书》篇目):"济济有众,咸听朕言!非惟小子,敢行称乱。
蠢兹有苗,用天之罚。若予既率尔群对诸群,以征有苗";《汤说》(疑为
《商书·汤诰》):"惟予小子履,敢用玄牡,告于上天后曰:'今天大旱,即
当朕身履,未知得罪于上下,有善不敢蔽,有罪不敢赦,简在帝心,万方有
罪,即当朕身,朕身有罪,无及万方'";《周诗》(古《诗》、《书》互称。前
四句见《周书·洪范》,后四句见《诗·小雅·大东》):"王道荡荡,不偏
不党;王道平平,不党不偏。其直若矢,其易若底。君子之所履,小人之
所视";《大雅》(《诗》的组成部分):"无言而不仇,无德而不报。投我以
桃,报之以李"。

《非攻中》引《诗》:"鱼水不务,陆将何及乎?"

《天志中》引《皇矣》(《诗·大雅》篇目):"帝谓文王,予怀明德,不大
声以色,不长夏以革,不识不知,顺帝之则";《太誓》(即《泰誓》):"纣越厥
夷居,不肯事上帝,弃厥先神祇不祀,乃曰:'吾有命。'无廖僇务天下,天亦
纵弃纣而不葆";先王之书:"明哲维天,临君下土"。

《天志下》引《大夏》(即《诗·大雅》):"帝谓文王,予怀明德,毋大声
以色,毋长夏以革,不识不知,顺帝之则"。

《明鬼下》述周之《春秋》所记周宣王杀杜伯之事,燕之《春秋》所记燕
简公杀庄子仪之事,宋之《春秋》所记厉神附于祝史身上杀观辜之事,齐之
《春秋》所记祧神杀中里徼之事。此外,《明鬼下》引《大雅》:"文王在上,
於昭于天。周虽旧邦,其命维新。有周不显,帝命不时。文王陟降,在帝左
右。穆穆文王,令问不已";《商书》:"呜呼!古者有夏,方未有祸之时,百
兽贞虫,允及飞鸟,莫不比方。矧佳人面,故敢异心?山川鬼神,亦莫敢不

宁;若能共允,佳天下之合,下土之葆";《禹誓》:"大战于甘,王乃命左右六人,下听誓于中军。曰:'有扈氏威侮五行,怠弃三正,天用剿绝其命。'有曰:'日中:今予与有扈氏争一日之命。且!尔卿、大夫、庶人。予非尔田野葆士之欲也,予共行天之罚也。左不共于左,右不共于右,若不共命;御非尔马之政,若不共命。是以赏于祖,而僇于社'";《禽艾》:"得玑无小,灭宗无大"。

《非乐》引《官刑》:"其恒舞于宫,是谓巫风。其刑:君子出丝二卫,小人否,似二佰";《黄径》:"呜呼!舞佯佯,黄言孔章,上帝弗常,九有以亡。上帝不顺,降之百殃,其家必坏丧";《武观》:"启乃淫溢康乐,野于饮食,将将铭苋磬以力。湛浊于酒,渝食于野,万舞翼翼,章闻于大,天用弗式。"

《非命上》引《仲虺之告》(《尚书·商书》篇名):"我闻于夏人矫天命,布命于下。帝伐之恶,龚丧厥师";《太誓》(即《泰誓》):"纣夷处,不肯事上帝鬼神,祸厥先神禔不祀,乃曰:'吾民有命。'无廖排漏,天亦纵弃之而弗葆。"

《非命中》引《仲虺之告》:"我闻于夏人矫天命,布命于下,帝伐是恶,龚丧厥师";《太誓》:"纣夷之居,而不肯事上帝,弃阙其先神而不礼也,曰:'我民有命。'毋廖其务,天不亦弃纵而不葆";《执令》:"具!敬哉,元天命!惟予二人,而无造言,不自降天之哉得之";商、夏之《诗》、《书》:"命者,暴王作之。"

《非命下》引《总德》:"允不著惟天,民不而葆。既防凶星,天加之咎。不慎厥德,天命焉葆";《仲虺之诰》:"我闻有夏人矫天命于下,帝式是增,用爽厥师";《太誓》:"晋乎君子!天有显祭无益,谓暴无伤。上帝不常,九有以亡;上帝不顺,祝降其丧。惟我有周,受之大帝。"

《非儒下》引《礼》:"丧,父母,三年;妻、后子,三年;伯父、叔父、弟兄、庶人,其;戚族人,五月。"

《公孟》引《子亦》(疑为《箕子》):"其傲也出,于子不祥"。

（十七） 《墨子》一书引用了哪些谚语和古人的言论

　　这对于我们从墨子著作中挖掘资料,探讨墨学源头,提供了宝贵的依据。如果说墨子援引古代书籍,表明他继承了古代有文字记载的官方文化,那么,他征引谚语和古人言论,则表明他也继承了流传于民间的大众文化。

　　观《墨子》全书,墨子在十篇文章里引用谚语和古人语达十三处(不包括公孟子所引),并有专门的表述方式:"吾闻之"、"圣人有传"、"先王之言"、"古者有语"等。现依《墨子》篇目顺序,抄录被引的谚语及古人语于此:

　　《亲士》:"吾闻之曰:'非无安居也,我无安心也;非无足财也,我无足心也'"。

　　《辞过》:"圣人有传:天地也,则曰上下;四时也,则曰阴阳;人情也,则曰男女;禽兽也,则曰牝牡雌雄也"。

　　《尚贤上》:"古者圣王之为政也,言曰:'不义不富,不义不贵,不义不亲,不义不近'"。

　　《尚贤中》:"先王言曰:'贪于政者,不能分人以事;厚于货者,不能分人以禄'";"先王之言曰:'此道也,大用之天下则不窕,小用则不困,修用之则万民被其利,终身无已'"。

　　《尚同中》:"先生之言曰:'非神也。夫唯能使人之耳目助己视听,使人之吻助己言谈,使人之心助己思虑,使人之股肱助己动作'"。

　　《尚同下》:"古者有语焉,曰:'一目之视也,不若二目之视也;一耳之听也,不若二耳之听也;一手之操也,不若二手之强也'"。

　　《非攻中》:"古者有语:'谋而不得,则以往知来,以见知隐'";"古者有语;'唇亡则齿寒'";"古者有语曰:'君子不镜于水,而镜于人。镜于水,见面之容;镜于人,则知吉与凶'"。

　　《明鬼下》:"于古曰:'吉日丁卯,周代祝社方,岁于社者考,以延年寿'"。

《耕柱》:"翟闻之:'为义非避毁就誉'"。

《贵义》:"翟闻之:'同归之物,信有误者'"。

此外,《公孟》载公孟子引谚语一条:"公孟子曰:'善!吾闻之曰:宿善者不祥'"。

（十八） 《墨子》提及哪些诸侯王

墨子考察春秋以来各诸侯国的盛衰荣辱、各诸侯王的成败沉浮,总结其中的珍贵经验和血泪教训,为墨家的政治主张提供历史根据,为当今的王公大人制定治国方案。因之,《墨子》其书提及为数不少的诸侯王。

晋文公(？—前628),名重耳,晋献公之子,曾侵略曹国、卫国,与楚国战于城濮,称霸诸侯。《亲士》载其被迫逃亡于外,后为天下盟主,赞赏其能够忍辱负耻;《兼爱》中、下载其喜欢士人穿破旧的衣服,其臣下均穿戴破旧,说明凡是君主喜爱的,众人就效仿。《所染》载其选择舅犯、高偃以协助自己,遂成霸业,赞赏其选臣得当。

齐桓公(？—前643),名小白,齐襄公之子,于公元前651年大会诸侯于葵丘,曾九合诸侯,一匡天下,系春秋五霸之首。《亲士》载其被迫离开过国家,后称雄于诸侯,赞赏其能够忍辱复仇;《所染》载其选贤臣管仲、鲍叔牙,助己成就霸业。

越王勾践(？—前465),在位三十二年,越王允常之子,重用范蠡、文种,战胜吴国。《亲士》载其初被吴王夫差战败受辱,终成妻悷中原诸国的贤君,赞扬其能够复仇雪耻;《所染》载其任用范蠡、文种,称霸中原,赞扬其擅用人才;《兼爱》中、下载其喜爱士兵勇猛,将士可赴汤蹈火,说明如果君王喜爱,士众就能做到。《非攻中》载其大败吴军、灭吴国。

吴王夫差(？—前473),姬姓,吴王阖闾之子,曾伐越、伐齐。公元前482年会诸侯于黄池,同晋国争霸,适逢越军入侵而归。公元前473年为越王勾践所败,被逼自杀。《亲士》载其曾战败越王勾践而侮辱之;《所染》载其选用王孙雒、太宰嚭等奸臣,招致国破身亡、宗庙毁灭,责其用人不当;《非攻中》载其攻伐齐、越,强盛一时,后被勾践所败,责其好战。

楚庄王(?—前591),名侣,楚威王之子,曾问周王使臣王孙满九鼎的大小轻重,曾伐陈、克郑、败晋、围宋。《所染》载其受良臣孙叔敖、沈尹茎影响,完成霸业,赞其善于用人。

吴王阖闾(?—前496),姬姓,重用伍子胥等人,数败楚、越,公元前496年伐越负伤而死。《所染》载其选拔伍子胥、文义,因此二人实现霸主梦想,赞其知人善任;《非攻中》载其战胜楚国,迫使宋、鲁朝见。

中山尚,孙诒让疑其即中山桓公,魏文侯二十年灭其国。《所染》载其用魏义、偃长而误国丧身,责其用人无当。

宋康王,即宋王偃,公元产328年即位,公元前286年被齐湣王所灭,谥康。《所染》载其误用唐鞅、佃不礼,失国亡身,斥其竟用佞臣。

楚灵王(?—前529),名围,又称公子围,楚康王之杀楚康王之子郏敖,自立为王,后为公子比、公子弃疾、公子谿所败,自缢身亡。《兼爱》中、下载其喜欢细腰之人,朝廷上下投其所好,节食束腰,饥瘦不堪,说明君之所好,臣必行之。

赵襄子(?—前432),名毋恤,曾联络韩、魏共灭智伯瑶,分其地,在位三十三年。《非攻中》载智伯瑶灭范氏、中行氏后,欲灭赵襄子,赵襄子联合韩、魏大败智伯瑶,证明好战者必败[初,晋为韩、赵、魏、智伯、中行、范氏六家所左右;后,韩、赵、魏三家分晋,公元前403年,周王室正式承认它们为诸侯。《所染》载范吉射(范氏)、中行寅(中行氏)、智伯瑶选臣不当]。

秦穆公(《墨子》本作"郑穆公",据毕沅、孙诒让校改)(?—前621)名任好,重用蹇叔、百里傒等人,长期与晋争霸,后独霸西戎。《明鬼下》载其于庙堂遇神(名句芒),证明鬼神存在。

燕简公(?—前493),姬姓,继燕平公即位,在位十二年。《明鬼下》载其枉杀庄子仪,后为化作鬼的庄子仪击杀,证明鬼神存在。

宋文君(?—前589),名鲍,一说名鲍革,宋昭公弟,礼贤下士,在位二十二年。《明鬼下》载其臣子观辜被厉神附身的祝史打死于祭坛之上,证明鬼神存在。

齐康公(? —前379),名贷,齐宣公之子,继宣公立。《非乐》载其作《万舞》乐曲,不许跳该舞的人穿粗布短衣、吃粗劣食物,控诉其劳民伤财。

齐景公(? —前490),名杵臼,又作箸臼,沉湎享乐,厚赋重刑。《非儒下》载其问孔子人品,欲封孔子,晏婴贬孔子而阻其封。

鲁哀公(? —前467),姬姓,名将。公元前467年,季孙、叔孙、孟孙(史称"三桓")攻之,逃奔卫,历经邹、越返国而死。《非儒下》载其迎接孔子,席摆得不正,肉割得不正。

楚惠王(《墨子》原作"楚献惠王",据毕沅校改)(? —前432),名章,楚昭王之五,在位五十七年。公元前479年,白公胜作乱,自立为王,后,叶公援惠王,杀白公胜,使其复位。《贵义》载其拒见墨子,让穆贺见之。

田太公和(? —前384),田庄子之子,齐康公十九年(公元前386年),被周王列为诸侯,仍袭齐国国号。《鲁问》载其欲伐鲁,被墨子劝止。

鲁穆公(《墨子》作"鲁君",孙诒让疑鲁君即穆公)(? —前377)姬姓,名显,鲁元公之子,在位二十一年。《鲁问》载其向墨子请教防备齐国入侵的方法。

(十九) 《墨子》记载了公输盘的哪些事迹

公输盘,即鲁班,姓公输,名盘(亦作般、班、斑),战国初期鲁国人,是著名的能工巧匠,相传为刨、钻、锯等工具的发明者,被历代木工尊奉为"祖师"。

墨子与公输盘同时,初为手工业者,也曾是一位能工巧匠。《墨子》载公输盘的事迹,当在情理之中。只是墨子囿于自己的学术主张,未能客观、公正地对待公输盘。

《鲁问》篇载公输盘从鲁国南游至楚,为楚国制造船战用的武器钩和拒,敌船后退可用钩钩住它,敌船进攻可用拒推拒它。楚国凭借这两种兵器,与越国战于长江,击败越国。公输盘自夸钩、拒的灵巧,问墨子鼓吹的

"义"是否也有钩、拒。墨子说他以"义"为钩、拒,以"爱"钩,以"恭敬"推拒,比船战用的钩、拒优越得多。

《鲁问》又载公输盘曾经削竹、木做成鹊,让它在天空飞三天还不下落,墨子批评他说,制作的器具有益于他人,可称为精巧;无益于他人,就是拙劣。鹊虽能飞,不如普通匠人做的车轴上的销子,削成一块三寸的木头,可以承担五十石重的东西。

《公输》载公输盘为楚国建造用来攻城的云样张。墨子认为公输盘的行为是助楚攻宋,指责他不义、不智。又载墨子为止楚攻宋,在楚王面前解下腰带围作一座城的模样,用小木片作为守城器械,抵拒公输盘的进攻,公输盘用尽攻城用的机巧多变的器械仍不能胜,于是,公输盘想叫楚王杀害墨子,使宋国没有人像墨子那样精通守御战术。墨子及时识破了公输盘的计谋,对楚王说,禽滑釐等三百名弟子早已守护在宋国的都城,守御的人是杀不尽的。楚王最后不得不放弃攻打宋国的计划。

墨子用自己的智慧说服了楚王和公输盘。《鲁问》载公输盘对墨子说:"我没见到你时,想得到宋国。自见你之后,给我宋国,假如是不义的,我不会接受。"墨子说:"我没见到你时,你想得到宋国。自我见了你之后,给你宋国,假若不符合义,你不会接受,这是我把宋国送给你了。你努力维护义,我将把天下送给你。"公输盘和墨子的这段对话,当发生在墨子止楚攻宋成功时。

从《鲁问》、《公输》对公的零散记载来看,公输盘虽然技艺超群,但是,他很可能不是一般的工匠,极有可能也扮演政治活动家的角色。他同楚王关系密切,支持楚王的战争实践,与墨子思想相去甚远。如果公输盘真的赞同战争,那么,为什么他和墨子同为手工业者出身,却一个主战,一个"非攻"? 这一点,值得我们深思。

(二十) 墨子笔下古代圣王和古代暴王的形象是怎样的

墨子历史知识丰富,他创立墨家学说,或引古代圣王之事,或用古代暴王之事,从正反两面论证或说明自己观点。但是,墨子所言古代君王事迹,有的符合历史事实,有的属改编,有的则为虚拟。在墨子笔下,尧、舜、禹、汤、文、武俨然成了墨家理想统治者的化身,桀、纣、厉、幽等便成了墨家心目中的"罪人"。现据《墨子》的有关记载,分别叙述之。

《所染》篇,墨子以染丝为喻,列举舜择许由、伯阳,禹择皋陶、伯益,汤选伊尹、仲虺,武王选太公、周公,受到积极的影响和熏陶,终至"王天下,立天子,功名蔽天地",论述选择亲信、大臣的好与坏,直接关系到事业成败、国家兴亡。此处,舜、禹、汤、武王被描绘成慧眼识珠、知人善任的明君。

《法仪》篇,墨子阐释天子、诸侯必须以"天"为法治理天下、国家的主张,把禹、汤、文、武扮装成"兼爱天下之百姓,率以尊天事鬼"者。

《尚贤》上、中、下三篇,墨子举出尧拔举舜、禹拔举益、汤拔举伊尹、文王拔举闳夭和泰颠、武丁拔举傅说,引用《汤誓》"聿求元圣,与之戮力同心,以治天下",说明尧、舜、禹、汤、文、武之所以王天下,在于尚贤使能,从而证明其"尚贤"主张。这里,三代圣王被想象成"尚贤"典范。

《尚同》上、中、下篇,墨子援引古籍,予以解说,力证"尚同"(即下级的意见应当统一于上级,并最终统一于"天")。例如,墨子曰:"先王之书《周颂》之道之曰:'载来见辟王,聿求厥章。'则此语古者国君诸侯之以春秋来朝聘天子之廷,受天子之严教,退而治国,政之所加,莫敢不宾。当此之时,本无有敢纷天子之教者。《诗》曰:'我马维络,六辔沃若,载驰载驱,周爰咨度';又曰:'我马维骐,六辔若丝,载驰载驱,周爰咨谋。'即此语也。"(《尚同中》)"《大誓》之言然,曰:'小人见奸巧,乃闻不言也,发罪钧。'此言见淫辟不以告者,其罪亦犹淫辟者也"(《尚同下》)。在此,周武王、周成王被视为以"尚同"政策治理天下者。

《兼爱》中、下篇,墨子征引大禹治水、文王治西土(指岐周)、武王将祀泰山的陈词等事迹,征引《禹誓》《汤说》《周诗》《泰誓》等古籍中禹、汤、文、武等言论,加以解释,说明"兼爱"主张取法于禹、汤、文、武等圣王的政治实践。《鲁问》篇,墨子则直言禹、汤、文、武"说忠行义,取天下",凭"兼爱"成就事业。这样,古代圣王又成了"兼爱"的始作俑者。

《非攻下》篇，为攻战辩饰的人举"禹征有苗，汤伐桀，武王伐纣"，证明攻伐是圣王所为。墨子认为禹、汤、武王征讨苗氏、桀、纣是正义的战争，是"诛"。

《节用》篇，墨子认为宫室、衣服、饮食、舟车只要适用就够了，还举出尧的饮食方式："黍稷不二，羹胾不重，饮于土塯，啜于土形，斗以酌"，即饮食没有两种，肉食不会重复，用土塯吃饭，用土铏喝汤，用木勺饮酒，来证明"节用"系古代圣王所为。如此，尧便成了墨子节用论中的节用者。

《节葬下》篇，墨子反对当时统治者耗费钱财以厚葬久丧，用尧、舜、禹等的薄葬作为依据。这里，尧、舜、禹竟然成为节葬的首倡者。

《天志》上、中、下三篇，墨子把尧、舜、禹、汤、文、武描画成顺天之意、得天之赏者，以此论证天有意志，天欲人兼相爱、交相利。

《非乐》篇，墨子引汤所作的《官刑》："其恒舞于宫，是谓巫风。其刑：君子出丝二卫，小人否，似二伯"，证汤这样的古代圣王是非乐的。

《非命》上、中、下三篇，墨子反对命定，用禹、汤、文、武为政天下时，"举孝子而劝之事亲，尊贤良之人而教之为善"，"使饥者得食，寒者得衣，劳者得息，乱者得治"（《非命下》)的强力有为；用武王作《太誓》驳斥纣的"有命"，阐述命定论的危害。

总之，在《墨子》书中，在墨子的想象中，尧、舜、禹、汤、文、武等古代圣王尚贤、尚同、兼爱、非功、节用、节葬、非乐、非命，又遵从天志，都成了典型的墨家人物。这与中国历史上真正的尧、舜、禹、汤、文、武等显然有较大距离。我们知道，尧、舜等是明君圣王，他们的业绩为后人景仰，他们有可贵的品德和超凡的才能，但他们不可能这般地完美无缺，他们的品格和统治政策不可能同墨家的理想完全一致。

桀、纣、厉、幽皆是亡国之君，据史料记录，他们又都是残暴的统治者。《墨子》一书因此对桀、纣、厉、幽指斥颇多，并把他们的残暴归结为与圣王之道背道而驰。

《所染》篇，墨子用染丝作喻，说明择选亲信、大臣的好坏，影响到事业成败、国家兴亡。他列举夏桀选干辛和推哆、商纣选崇侯和恶来、周厉王择厉公长父和荣夷终、周幽王择傅公夷和蔡公穀,导致"国残身死,为天下僇",验证其观点。此处,桀、纣、厉、幽被说成是不识忠奸的昏君。

《七患》篇,墨子又把桀、纣的败亡归结为贪图富贵、安于享乐而不顾外患:"夫桀无待汤之备,故放;纣无待武之备,故杀。

桀、纣贵为天子,富有天下,然而皆灭亡于百里之君者,何也? 有富贵而不为备也。"

《尚贤中》篇,墨子为证"尚贤为政之本",将桀、封、幽、厉描绘成不法天尚贤、违反天意的人,认为他们的亡国灭身正在于此:"其为政乎天下也,兼而憎之,从而贼之,又率天下之民以诟天侮鬼,贼傲万民。是故天、鬼罚之,使身死而为刑戮,子孙离散,室家丧灭,绝无后世。"

《节葬下》篇,墨子坚决反对厚葬久丧,认为厚葬久丧系桀、纣、幽、厉所为,不合圣王之道,且有害无益:"求以富国家,甚得贫焉;欲以众人民,甚得寡焉;欲以治刑政,甚得乱焉;求以禁止大国攻小国也,而既已不可矣;欲以干上帝鬼神,又得祸焉。"这里,桀、纣、幽、厉被看作厚葬久丧的典型。

《天志》中、下篇,墨子以为桀、纣、幽、厉背叛天意:"昔也三代之暴王,桀、纣、幽、厉之兼恶天下也,从而贼之,移其百姓之意焉,率以诟侮上帝、山川、鬼神"(《天志下》),断定他们的败亡原因是"得天之罚":"夫憎人、贼人,反天之意,得天之罚者,谁也? 曰:若昔者三代暴王桀、纣、幽、厉是也"(《天志中》)。此外,墨子还引《泰誓》,特别指出纣以"命"抗"天"的惨败结局:"《太誓》之道之曰:'纣越厥夷居,不肯事上帝,弃厥先神祇不祀,乃曰:吾有命。无廖僇务天下,天亦纵弃纣而不葆'。"这样,桀、纣、幽、厉便成了反"天志"者。

《非命上》篇,墨子引《仲虺之告》和《泰誓》,并予以解释,证明桀、纣都是命定论者:"于《仲虺之告》曰:'我闻于夏人矫天命,布命于下。帝伐之恶,龚丧厥师。'此言汤之所以非桀之执有命也。于《太誓》曰:'纣夷处,不肯事上帝鬼神,祸厥先神提不祀,乃曰吾民有命。无廖排漏,天亦纵弃之而弗葆。'此言武王所以非纣执有命也。"

《非命下》篇,墨子批判桀、纣、幽、厉坚持"有命"的同时,揭露他们腐

传记读库

朽的政治统治和生活方式："昔三代暴王桀、纣、幽、厉，贵为天子，富有天下，于此乎不而矫其耳目之欲，而从其心意之辟，外之驱骋田猎毕戈，内湛于酒乐，而不顾其国家百姓之政，繁为无用，暴逆百姓，遂失其宗庙。"在此，桀、纣、幽、厉成为丑恶、凶残的象征。

总之，在墨子心目中，三代暴王桀、纣、厉、幽是墨家理想人物的对立面。这可能与桀、纣、厉、幽的真实面目不符。诚然，桀、纣、厉、幽是亡国之君，但是，亡国的因素是多方面的，从某种程度上，我们甚至可以说，他们恰是夏、商、周三代衰亡的牺牲品，而不是主要责任者。再说，桀、纣、厉、幽统治时期的残暴、野蛮为世人所共知，但是，他们的残暴不一定就是墨子指出的那些。不过，不管怎么说，墨子为我们勾画了三代暴王的比较丰满的形象，给我们认识和批判桀、纣、厉、幽，分析夏、商、周三代败亡的诸多原因，提供了最初的感性的印象。

（二十一） 墨子提及哪几位著名哲学家

墨学渊源绵长、丰厚。墨子建构墨学体系，除了极力吸纳古代文献、采集民间传说和谚语，还广采博收春秋以来的诸子之学。《墨子》一书提及的著名哲学家有管仲、晏婴、孔丘、范蠡。墨子对他们的评价不尽相同，崇管、范，非孔丘，但是，毋庸置疑，墨学涵容了他们的学术精华。

管仲(？—前645)，名夷吾，字仲，春秋初期颍上人。经鲍叔牙推荐，相齐桓公，协助齐桓公在"尊王攘夷"的旗号下，"九合诸侯，一匡天下"，成为春秋五霸之一。在哲学上，管仲的重要贡献表现在天人观、历史观方面。他的"欲王天下而失天之道，天下不可得而王也。得天之道，其事若自然；失天之道，虽立不安"(《管子·形势》)，认为天道自然，人类必须服从客观规律；他的"仓廪实则知礼节，衣食足则知荣辱"(《管子·牧民》)，认为社会物质生活条件决定道德、法律等意识形态；他把"礼、义、廉、耻"看作国之"四维"，认为伦理道德对社会治乱有反作用。墨子在《所染》篇赞管仲是齐桓公的贤臣，是齐桓公建立霸业的主要助手。

晏婴(？—前550)，字平仲(一说谥平，字仲)，夷维人，春秋时齐国大夫，以节俭名世。哲学上，他提出"天道不谄，不贰其命"(《左传·昭公二十六年》)，认为自然界的运行有其不可改变的规律；提出"礼之可以为国也久矣，与天地并"(《左传·昭公二十六年》)，提升"礼"至天地的高度，强调"礼"对于治国的重要性。墨子在《非儒下》篇，引晏婴与齐景公事，批判孔子：齐景公问晏婴对孔子的看法，晏婴认为孔子如同白公一样，是不贤不肖的小人；齐景公欲将尼溪封给孔子，晏婴通过攻击儒家思想，阻止了齐景公的想法。

孔丘(前551—前479)，名丘，字仲尼，鲁国陬邑人。曾任职于鲁国，问礼于老聃，周游卫、宋、陈、蔡、齐、楚等国，晚年致力于文化教育，是儒家的创始人。哲学上，孔子独创仁学体系，用"孝弟也者，其为仁之本与"(《论语·学而》)，为仁设立宗法根基；用"克己复礼为仁"(《论语·颜渊》)，说明仁的礼本质；用仁者"爱人"(《论语·颜渊》)，阐述仁的泛爱精神；用"为仁由己"(《论语·颜渊》)，倡导主体的道德自觉。此外孔丘仁学还有人格"天"和自然"天"的矛盾："获罪于天，无所祷也"(《论语·八佾》)"天何言哉？四时行焉，百物生焉，天何言哉"(《论语·阳货》)。墨子在《非儒下》篇引晏婴对孔丘的评价，批判孔丘；引齐景公欲封尼溪于孔丘，终因晏婴劝阻而未封，嘲弄孔丘。在《公孟》篇，墨子与程子辩论，又称赞孔丘的儒学有合理性。

范蠡，字少伯，楚国宛人，生卒年月不可考，春秋时人。曾为越国大夫，助越王勾践灭吴，后隐居于陶。哲学上，范蠡提出"天道皇皇，日月以为常。明者以为法，微者则是行"(《国语·越语下》)的天道自然观，提出"阳至而阴，阴至而阳；日困而还，月盈而匡"(《国语·越语下》)的变化发展观，有"天节不远，五年复反"(《国语·越语下》)的循环论思想。墨子在《所染》篇赞扬范蠡是越王勾践打败吴王夫差、称霸诸侯的主要功臣。另外，墨子在《非儒下》篇记孔丘得不到封地，迁怒齐景公、晏婴，把范蠡举荐给田常，助田常叛乱，这与史实不符。斯时的范蠡正事越王勾践。

（二十二） 墨子有哪些姓名可考的弟子

儒墨入世，积极干预社会，顺乎君主思贤如渴、民众求安求治的战国时代，为显学，故儒墨弟子徒属散布各国，充盈天下。墨家创立者墨子一方面周旋于各诸侯国，充当政治家的角色；另一方面聚徒讲学，扮演教育家的角色。作为教育家，墨子弟子众多，为了止楚攻宋，竟能召集禽滑釐等三百人守宋城之上。

汉代，儒兴墨绝，墨家史料无存。司马迁著《史记》，尽览秘书，连墨子生平及著述已不甚了解，更何况墨子弟子。晚清，孙诒让查阅《墨子》本书和其他古籍，反复稽考，仅得姓名可考的弟子十五人（附存三人）。孙氏以后，治墨者继续穷搜冥索，都不能增列一人。

现分述墨子弟子如下：

禽滑釐，魏国人。先从孔子弟子子夏学儒，后从墨子学墨，尽得墨子学说之精髓，与墨子并称于后世。因精通攻守战术，在墨子止楚攻宋事件中任重要角色，率墨家弟子三百人守卫宋城。《墨子》、《庄子》、《吕氏春秋》、《说苑》、《史记》、《列子》（伪）、《太白阴经》载其事。

高石子，曾任职于卫国，卫君给予其高官厚禄，不采纳其主张。于是，辞职往齐，回报墨子。墨子赞扬他背禄向义，为义不避毁就誉（参见《墨子·耕柱》）。

高何，齐国人。起初横行乡里，为人不齿，后学于墨子，成为天下名士显人（参见《吕氏春秋·尊师》）。

县子硕，齐国人。起初同高何一样无恶不作，后师从墨子，成名于天下。曾问墨子行义的关键，墨子告诉他："能谈辩者谈辩，能说书者说书，能从事者从事，然后义事成也。"（参见《墨子·耕柱》、《吕氏春秋·尊师》）。

公尚过，曾仕于越，用墨子学说游说越王，越王欲以五百里故吴之地封墨子，请其迎接墨子，未果（参见《墨子》《贵义》、《鲁问》，《吕氏春秋·高义》）。

耕柱子,墨子非常器重的弟子,被比作上太行山所用的骏马。曾到楚国做官,一次送给墨子"十金"(参见《墨子·耕柱》)。

魏越,墨子出游,魏越问墨子见到各地诸侯时,先说什么,墨子回答他:"必择务而从事焉。"即选择最重要的事情进行劝导(参见《墨子·鲁问》)。

随巢子,学墨子尚俭之术,并传授之。著《随巢子》六篇,今佚(参见《汉书·艺文志》、《史记·太史公自序》《正义》引韦昭语)。

胡非子,著《胡非子》三篇(参见《汉书·艺文志》)。

管黔澈,墨子曾让他去卫国赞扬高石子,使高石子得以仕于卫(参见《墨子·耕柱》)。

高孙子,胜绰随项子牛三次攻打鲁国,违背墨家精神,墨子派他前去交涉,表明墨子观点,请项子牛辞退胜绰(参见《墨子·鲁问》)。

治徒娱,与墨子另一弟子同问墨子:"为义孰为大务",墨子答之:"能谈辩者谈辩,能说书者说书,能从事者从事,然后义事成也。"(参见《墨子·耕柱》)。

跌鼻,墨子生病,跌鼻问病因,怀疑墨子学说,怀疑鬼神不能赏善罚恶。墨子释疑:"人之所得于病者多方,有得之寒暑,有得之劳苦。百门而闭一门焉,则盗何遽无从入。"(参见《墨子·公孟》)

曹公子,曾为官于宋国,三年而返,疑墨子之道,墨子责备他"处高爵禄而不以让贤","多财而不以分贫","事鬼神,唯祭而已"(参见《墨子·鲁问》)。

胜绰,曾任职于齐大夫项子牛门下,项子牛三次侵鲁,不但不劝阻,反而积极参与,墨子派高孙子传达己意,请项子牛辞退他(参见《墨子·鲁问》)。

孙诒让附存的三人:

彭轻生子,曾在墨子面前言:"往者可知,来者不可知",墨子举例批驳他(参见《墨子·鲁问》)。

孟山,曾赞扬王子闾,认为王子闾坚贞不屈,不做楚王,达到了"仁"。墨子批评他,认为王子闾的行为虽难能可贵,尚未达至仁的境界(参见《墨子·鲁问》)。

弦唐子,墨子南游于卫,车中装载许多书,他很奇怪,问墨子装载这么多书有何用,墨子回答了他。

除上列及门弟子(附存三人)外,墨子姓名可考的再传弟子有许犯、索卢参、屈将子,三传弟子有田系。

(二十三) 墨者集团是怎样的一个团体

墨家弟子徒属为数甚众,组成一个民间的政治团体——墨者集团。

墨者集团的成员众多。《吕氏春秋》言墨子门徒"充满天下"(《当染》《有度》),墨家后学"显荣于天下者众矣,不可胜数"(《当染》),恐因墨家显赫于战国中后期,有意夸张。但墨子自称有"弟子禽滑釐等三百人"(《墨子·公输》);《淮南子》称"墨子服役者百八十人"(《泰族训》);《吕氏春秋》称孟胜以死殉阳城君时,"弟子死之者百八十三人"(《上德》),当是事实。可见,墨家的人数自始至终有数百人。

墨者集团的首领叫作"巨子"。巨子具有至高无上的权威,有权派遣弟子任职于各诸侯国,做官的弟子若背弃墨家理论,巨子可随时召之回来。例如墨子曾派耕柱子、高石子、公尚过、曹公子分别去楚、卫、越、宋等国做官(参《墨子》《耕柱》篇、《鲁问》篇)胜绰供职于齐国,随项子牛攻打鲁国,违背"兼爱"、"非攻",被墨子召回。巨子传承,采用任命制,后一任巨子由前一任巨子指派。例如,田襄子的"巨子"之职,由孟胜任命。

墨者集团有人人遵守的法律:"墨者之法"。墨者之法超越于各诸侯国法律之上。例如:巨子腹䵍的儿子杀人,秦惠王意欲免其一死,腹䵍根据"杀人者死,伤人者刑"的墨家法律条文,大义灭亲。

墨者集团纪律严明。《淮南子·泰族训》说墨子弟子"皆可使赴火蹈刃,死不还踵"。孟胜为阳城君守城,与孟胜同时殉难的弟子多达一百八十三人。

墨者集团内部有初步的分工。分工的原则是各尽所能,扬长避短。例如,行义犹如筑墙,筑墙时,"能筑者筑,能实壤者实壤,能欣者欣";行义时,墨家成员"能谈辩者谈辩,能说书者说书,能从事者从事"(《耕柱》)。

墨者集团贯彻实施"兼爱"精神。墨家成员"有力相营,有道相教,有财相分"(《墨子·天志》中)。出仕的墨家成员有义务缴纳部分薪俸给自己的集体。例如,耕柱子仕楚,一次捐献"十金",并对墨子说:"后生不敢死,有十金于此,愿夫子之用也。"(《耕柱》)

墨者集团的所有成员,生活清苦,劳作不休,崇拜"禹"。他们"以裘褐为衣,以跂蹻为服,日夜不休,以自苦为极",认为"不能如此,非禹之道也,不足谓墨"(《庄子·天下》)。

针对墨者集团的如上特征,周继旨先生指出:"墨翟所创立的墨者集团的确是一个有严密组织纪律的政治的结社,而不仅仅是一个思想上的学派。墨者集团的这些特征,从实践活动的方面展现了墨翟和前期墨家思想体系的风格面貌。"(《中国古代著名哲学家评传·墨翟》)

周先生的见解十分正确。我们以为墨者集团兼具学术团体与政治团体双重性质,有宗教色彩。它是墨家政治方略的实践主体,是施行墨家社会理想、人格理想的"试验田",是小生产者建立在人间的"乌托邦"。墨者集团对于宣扬墨家思想,扩展墨家的政治影响,影响当时的社会思潮,起到了不可估量的巨大作用。甚至可以说,墨学当时成为显学,更主要的是通过墨者集团的模范实践实现的。

墨者集团迥异于先秦各家,它的组织性、纪律性、实践性远非各家各派松散的团体结构所能比拟,这在中国古代思想史上堪称奇迹。

(二十四) 如何理解先秦墨家的分化

伴随学术的发展,常常有学派的分化。墨子死后,先秦墨学发生分化。《庄子·天下》、《韩非子·显学》为我们记下了这方面的珍贵史料。

《天下》篇站在道家立场评墨学得失,也记录了当时墨家内部的重大事件:"相里勤之弟子,五侯之徒,南方之墨者若获、已齿、邓陵子之属,俱诵

《墨经》而倍谲不同，相谓别墨。以坚白同异之辩相訾，以觭偶不仵之辞相应，以巨子为圣人。皆愿为之尸，冀得为其后世，至今不决"。

古代典籍载墨家巨子有三：孟胜、田襄子、腹䩱。墨家最初的分化应在腹䩱之后，而腹䩱活动于秦惠文王（前337年—前311年在位）时，概与庄子同时，或略长于庄子。《天下》篇所记正是腹䩱后事——墨家成员解读《墨经》有异，坚白、同异、觭偶观不同，均以正统自居，排斥异己，从而导致墨学的逐渐分化。分化出来的派别各有其代表人物。

腹䩱之后，墨者集团不再有公认的巨子（要么是腹䩱未来得及指定下一任巨子便辞世，要么是腹䩱指定的巨子不被承认）。这种长时间分而不合、各自独立的现象一直持续到战国末期，所以韩非划分墨家为三大派系。

《显学》篇开首便曰："世之显学，儒、墨也。儒之所至，孔丘也。墨之所至，墨翟也。自孔子之死也，有子张之儒，有子思之儒，有颜氏之儒，有孟氏之儒，有漆雕氏之儒，有仲良氏之儒，有孙氏之儒，有乐正氏之儒。自墨子之死也，有相里氏之墨，有相夫氏之墨，有邓陵氏之墨。故孔、墨之后，儒分为八，墨离为三，取舍相反不同，皆自谓真孔、墨。"子张、子思、孟子等分属不同时期，韩非"儒分为八"当概指先秦儒家发展的总貌。据此解析"墨离为三"，应指先秦墨家变化的总体情况。这样，所谓三家之墨很可能不同时形成，三派辩难也有其历史过程。

庄子以具体人物的姓名分述墨家各派，韩非以姓氏为墨家三派命名。庄、韩二人的记录明显不同：庄子记事件，韩非述派别；庄子时，学派分化初现雏形，韩非时，墨家分化早已定型。多数学者认为庄、韩所记为一事，笔者不敢苟同。

庄子的"别墨"和韩非的"墨离为三"曾引起学术界广泛而持久的争论，现分别略述如下：

"别墨"本是墨家各派相互称呼用语，意谓墨家异端，或非正统墨家，含有贬义。这是绝大多数学者的看法。胡适等却认为"别墨"是墨家的一个派别："墨家的后人于'宗教的墨学'之外，另分出一派'科学的墨学这一派科学的墨家所研究讨论的，有'坚白同异'、'觭偶不仵'等等问题。这一派的墨学与宗教的墨学自然'倍谲不同',了,于是他们自己相称为'别墨'（别墨犹言'新墨',柏拉图之后有'新柏拉图学派',近世有'新康德派',有'新海智尔派'）,'别墨'即是那一派科学的墨学"（《中国哲学史大纲》）。胡适等错在误读《天下》篇原文。

有的学者认为"墨离为三"不是指墨学分化,"墨离为三系指分为三科言","墨学分科之法:《尚贤》《尚同》以下诸篇说书之科也,《经说》上下、大小《取》谈辩之科也,《备城门》诸篇从事之科也"（《墨经诂义·墨子大谊考》,叶翰著）。墨子"说书"、"谈辩"、"从事"是"为义"时的分工,犹筑墙时的捣土、填土、挖土等。"墨离为三"则已是学术观点上的"取舍相反不同"。用同一学派内部的分工曲解原有学派的分化、新学派的产生,这种失误是显而易见的。

（二十五）　墨学为什么会衰亡

战国时期,儒、墨同为显学,风行天下。秦时,儒、墨同遭焚书之祸,骤然衰落。不同的是,儒于汉武帝时,因"罢黜百家,独尊儒术",一跃而为官方哲学,统治中华民族两千余年;墨于汉初由衰而亡,成为"绝学"。

墨学迅速衰亡的原因是什么?

东汉的王充始探讨之:"墨家薄葬右鬼,道乖相反,违其实,宜以难从也。"（《论衡·案书》）

现代的胡适、梁启超、钱穆、郭沫若、范文澜、方授楚等继续探缘索因,归纳墨学中绝不传的原因如下:由于儒家反对,遭政客猜忌,墨家后学的"诡辩"太微妙,如《庄子·天下》所云:"其道大觳,使人忧,使人悲,其行难为也。……反天下之心,天下不堪,墨子虽能独任,奈天下何"（胡适、梁启超）;秦朝统一天下,贵族世袭制消失,不再有贵族和平民这两个绝对悬殊的阶级,墨子学说完成使命,功成身退（钱穆）;墨家后学失却墨子精神,逃向儒家、道家,墨家后学过分接近王公大人而失掉人民大众这个基础（郭沫若）;墨家不符合统治者的需要（范文澜）;墨学自身有矛盾,墨家理想过高,墨家组织经过分裂受到破坏,墨家有拥秦的嫌疑(方授楚)。

上述各家的研究成果都有其根据和道理,它们虽然或失之片面,或失之牵强,又都为当代学者进一步研讨墨学丧亡的深层原因提供了思路,准备了材料。在前人辛勤耕耘的基础上,杨俊光(《墨子新论·墨学流布兴衰考略》,江苏教育出版社)、郭墨兰(《墨学骤衰探因兼及儒墨比较》,载《石油大学学报》,1994 年第 2 期)、周才珠(《墨学中绝探微》,载《贵州大学学报》,1994 年第 4 期)等从内因和外因、社会环境和墨学(学派和学说)自身等方面,探明了墨学骤亡的真正根源。

杨、郭、周三人的观点相似。周才珠的观点全面且详细,现介绍于此:

1.任何学术的兴衰无不决定于经济基础。墨学代表劳动人民的利益,为"农与工肆之人"呼喊,被称为"役夫之学"。秦汉以后,地主政权确立并巩固,地主不仅战胜了贵族,也要求统治庶民,不允许反映劳动者愿望的墨学存在。简言之,墨学为剧变后的封建统治者——地主阶级的经济基础所不容。

2.墨学过于贴近政治,易炽骤烬。墨学内容政治化,其尚同、尚贤等政治理想和政治主张与剥削阶级执政的政治理想、政治实践背道而驰,必然被新兴的统治阶级所扼杀。墨家组织政治化,墨者集团超出学术范围,俨然是一个武装起来的政治集团,它严重地威胁统治阶级的统治,必然被铲除。墨学组织纪律过严过苛,墨家之法大于王法,墨家团体绝对服从巨子(首领);墨家要求弟子刻苦生活,麻衣草鞋,舍命行道,以自苦为极,没有自我,这使墨家难以后继有人。

3.墨学重口述不重著书,贵实行不贵文采。《墨子》多是墨子弟子的记录,错漏颇多,文句不一;《墨子》多用庶民语言,不加修饰,不似儒学文质彬彬,而"言之无文,行而不远"(《左传·襄公二十五年》)。这些也是墨学不易流传的一个原因。

周才珠认为墨学中绝的原因是多方面的,以上四个原因也不是等量齐观的,最为根本的是第一、第二条。

近来,有的学者因儒家在孔子之后有孟子、荀子、董仲舒,道家在老子之后有庄子、《吕氏春秋》的作者;《淮南子》的作者,断定墨学绝亡的根本原因是墨子之后没有继往开来的发扬光大者。我们以为这恰恰是墨学衰落不传的结果,原因和结果、现象和本质不可混淆、颠倒。

二　墨子学说及与儒、道

（二十六）　墨子思想的渊源有哪些

墨子是一位具有开拓精神的思想家,墨子学说是先秦乃至中国古代最富个性特征的学说。墨子博学多识,广泛吸取夏、商、周文化和当时的各地域文化,在这些历史的、现实的文化滋养下,开宗立派,建立墨家独特的思想体系。

三代文化和区域文化影响墨子,成为墨子思想的理论渊源。具体说来,可分为以下几点:

第一,《吕氏春秋·当染》说:"鲁惠公使宰让请郊庙之礼于天子,桓王使史角往,惠公止之,其后在于鲁,墨子学焉"。墨子年幼时师从周史官史角的后代,学习以周礼为核心的周文化,深受周文化的熏陶。由于三代之礼相因,损益可知,墨子通晓周礼,想必熟悉夏礼、商礼,同样受夏、商之礼的影响。

第二,古籍记载和民间传说中的三代圣王尧、舜、禹等的形象,深深地吸引墨子。其中,热心救世的禹的形象,是墨子和墨家效法的榜样。《庄子·天下》说："墨子称道曰：'昔禹之湮洪水，决江河而通四夷九州也。名川三百，支川三千，小者无数。禹亲自操橐耜而九杂天下之川。腓无胈，胫无毛，沐甚雨，栉疾风，置万国。禹大圣也，而形劳天下也如此'。使后世之墨者，多以裘褐为衣，以跂蹻为服，日夜不休，以自苦为极，曰：'不能如此，非禹之道也，不足谓墨'。"墨子的言行再现了他心目中的"禹之道"。

第三，夏、商、周三代崇天信鬼，尤以夏、商两代的鬼神迷信为甚。墨子天志、明鬼之论源于此。墨子言天志明显以周代之天为本："《太誓》之道之曰：'纣越厥夷居，不肯事上帝，弃厥先神祇不祀，乃曰：吾有命。无廖僇务天下，天亦纵弃纣而不葆'。察天以纵弃纣而不葆者，反天之意也。故夫憎人、贼人，反天之意，得天之罚者，既可得而知也"（《墨子·天志中》）。"非独子墨子以天之志为法也，于先王之书《大夏》之道之然：'帝谓文王，予怀明德，毋大声以色，毋长夏以革，不识不知，顺帝之则'。此诰文王之以天志为法也，而顺帝之则也"（《墨子·天志下》）。墨子《明鬼下》直言鬼神思想源于夏、商、周："故尚者《夏书》，其次商、周之书，语数鬼神之有也，重有重之。……以若书之说观之，则鬼神之有，岂可疑哉！"

第四，《淮南子·要略》说："墨子学儒者之业，受孔子之术。"墨子讲仁、义、忠、孝，引儒家典籍《诗》、《书》等，这是利用儒家资料，借鉴儒家某些思想的反映。

第五，老子创立的道家流行于宋、楚之地，墨子奔波于各国，历宋经楚，受其影响应在情理之中。墨子非乐、非攻、非儒等所用的批判武器，与老子"五色令人目盲，五音令人耳聋，五味令人口爽"（《老子·十二章》）、"师之所处，荆棘生焉，大军之后，必有凶年"（《三十章》）、"兵者不祥之器"（《三十一章》）、"朝其除，田甚芜，仓甚虚，服文彩，带利剑，厌饮食，财货有余，是谓盗竽"（《五十三章》）等语，何其相似！

第六，墨子对齐、晋文化有所吸收。齐文化的富国利民思想、三晋文化尚实重功和按功论爵的主张直接影响墨子思想，有的融入其中，成为墨子学说的重要组成部分。例如，《管子·牧民》里的"仓廪实则知礼节，衣食足则知荣辱"，在《墨子·七患》中变为"时年岁善，则民仁且良；时年岁凶，则民齐且恶"。

汉代班固归墨子思想渊源于"清庙之守"："墨家者流,盖出于清庙之守。茅屋采椽,是以贵俭;养三老五更,是以兼爱;选士大射,是以上贤;宗祀严父,是以右鬼;顺四时而行,是以非命;以孝视天下,是以尚同。"(《汉书·艺文志》)这种解释十分勉强。贵俭、尚贤非墨子独有,老子贵俭、孔子尚贤是不争的公论。孔子以孝悌为仁之本,何尝不是以孝视天下! 宗教不等于信鬼,成熟的宗教反而否认鬼的存在,并且,先秦诸子之学同宗教都有千丝万缕、或多或少的联系。

《淮南子·要略》说墨子"背周道而用夏政",后人引述之,称墨学源自夏朝的政治与文化。这种观点缩小了墨子思想的渊源,又把周道和夏政对立,不符合史实。

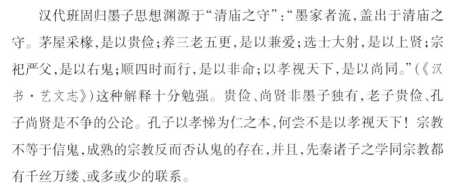
(二十七) 墨子学说的核心是什么

墨子热心救世,其学说的基本内容尚贤、尚同、兼爱、非攻、节用、节葬、天志、明鬼、非乐、非命,皆为救世术。墨子围绕救世这一目标而阐发的尚贤、尚同等相互关联,不可分割、替代,给我们认识其理论体系的核心带来了巨大困难。学者们见仁见智,观点各异。

张尔田、郭沫若等认为墨子学术的宗旨是天志,天志是墨子的规矩,墨子的其他思想都由天志推衍而来。这种观点强调墨子学说的宗教色彩、神学气息,影响较大。

孟子说:"墨氏兼爱",尸子说"墨子贵兼",《吕氏春秋》亦云"墨翟贵兼(原作'廉')"。梁启超、伍非百等便认为墨子思想的根本是"兼爱"(或"兼"、"爱"),非攻、节用、节葬、非乐、非命出自兼爱,天志、明鬼是借宗教迷信推行兼爱,尚贤、尚同是兼爱社会的"组织法"(详见梁启超《墨子学案》)。这种观点祖先秦诸子之言,注意到墨学和儒、道的旨趣不同,影响较为广泛。

梁启超又认为"利之一字,实墨子学说全体之纲领"(《子墨子学说》),

从之者有张岱年、周继旨等人。周继旨指出:墨子思想体系的核心和出发点是"利",墨子正是"以'利'为出发点建立起一套关于道德、宗教、哲理、政治观点,并且在'利'的基础上对孔丘和儒家的仁、义、忠、孝观念作了新的解释";"利"贯串一切,天、鬼、人同利,"王公大人"和"农与工肆之人"也同利(参见《中国古代著名哲学家评传·墨翟》)。这种观点重视儒、墨义利观的本质差异,影响不大。

杨俊光认为墨子学说主要由尚同、尚贤、非攻的政治思想,兼爱的伦理思想,节用、节葬、非乐的经济思想,非命、天志、明鬼的哲学思想所组成;"政治思想是他的救世主义理论的核心,伦理、哲学思想是他的观点和方法,经济思想则是一些具体的政策。三者之中,实以政治思想为主体。在政治思想中,又以'尚同'为第一义,'尚贤'、'非攻'都是它的推衍"(《墨子新论》)。这种观点认为政治思想,尤其是尚同,是墨子学说之根本。影响如何,有待时间检验。

以上诸家看法,都言之有理,持之有故,又都有缺憾。天志说视墨学为宗教、墨子为宗教家,与事实不符。郭沫若凭依的"我有天志,譬若轮人之有规,匠人之有矩"(《墨子·天志上》),仅指依天志判定仁义,顺从天意才算仁义,非若郭氏云:天志"是他的规矩。这正是墨子思想的一条脊梁"(《孔墨的批判》)。兼爱说有孟、尸、吕的言论支撑,又有墨子政治理想"兼相爱,交相利"支持,但孟子"墨氏兼爱"与"杨氏为我"相对;尸子"墨子贵兼"与"孔子贵公,皇子贵衷,田子贵均,列子贵虚,料子贵别囿"(《尸子·广泽篇》)相对;《吕氏春秋·不二》"墨翟贵兼"与"老耽贵柔,孔子贵仁,……关尹贵清"相对,均谓墨子与诸子学术上的差别,非言墨子主旨。墨子理想未必是核心,况且,理想中"兼相爱"与"交相利"并列。"利"说抓住墨子"交相利",看出墨子重利思想表现于政治、哲学、道德、宗教诸方面,

同兼爱说陷入同样的误区:重利意在反对孔子的轻利,标识儒墨思想,尤其是义利观的分歧;墨子处处言利,亦时时言爱,"爱"也贯穿于墨子学说的每一个方面。墨子是一位政治家,他的学说本质上是政治学说,他的哲学观、伦理观、经济观立足于政治,可以而且应该纳入政治思想的范畴。

这样,就不必说墨子学说的核心是政治思想,因为政治思想就是墨子学说的基本内容。尚同说以"尚同,为政之本而治要也"(《墨子·尚同下》)为证,我们也可以"尚贤,政之本也"(《墨子·尚贤上》),论证尚贤是墨子思想的根本。其实,墨子所言"政之本"指政治之根本,绝不是杨俊光先生所理解的学说之根本。

墨子学说的核心到底是什么,现有的各家说法都不能令人满意,很难从中做出选择。我们相信,随着学术界对此研究的进一步深入,会有一个公认的结论出现。

(二十八) 为什么说墨子的认识论属唯物主义经验论

墨子在哲学上的突出贡献主要在认识论领域,他是中国哲学史上第一个运用唯物主义经验论反对唯心主义先验论的著名哲学家。

首先,墨子肯定人具备认识事物的能力,明确区分主体和客体,指出认识是主体作用于客体的过程和结果:"知,材也";"知,接也"(《经上》)。在认识来源问题上,墨子坚持唯物主义反映论,认为知识源于人的感觉器官所能感知到的客观实际:"天下之所以察知有与无之道者,必以众之耳目之实,知有与亡为仪者也。请惑闻之见之,则必以为有,莫见莫闻,则必以为无"(《明鬼下》)。这是说,判断有、无,以众人耳闻目见为据。但墨子用经验论否定"生而知之"的先验论的同时,不自觉地用感性否定理性,用感性认识拒斥理性认识。

其次,墨子提出检验认识真理性的标准,称其为"仪",具体则为"三表":"何谓三表?子墨子言曰:有本之者,有原之者,有用之者。于何本之?上本之于古者圣王之事。于何原之?下原察百姓耳目之实。于何用之?废以为刑政,观其中国家百姓人民之利。此所谓言有三表也"(《非命上》)。这是说,判断是非真假应从历史、现实和未来三个向度,以直接经验、间接经验、实际效果做准绳。这里,三表之间存在着内在的逻辑联系,它们是统一的。但"三表"的检验标准囿于经验,不属实践标准。

再次,在知行观上,墨子主张"行为本"(《修身》),反对理论与实践相脱离。他举例说:"政者,口言之,身必行之"(《公孟》)。"古者有语焉,曰:'一目之视也,不若二目之视也;一耳之听也,不若二耳之听也;一手之操也,不若二手之强也夫唯能信身而从事,故利若此"(《尚同下》)。这是说,为政者须体察民情,以诚信行事,才能治理好天下。墨子这种"重行"思想,揭示了认识的目的和归宿是实践,明确了理论对实践的指导意义。不过,墨子所讲的"行"基本上指个人实践,不是社会实践。

　　最后,墨子针对孔子"名不正则言不顺,言不顺则事不成"(《论语·子路》)的"正名"主张,提出"取实予名"的名实学说。他说:"今瞽者曰:巨(皓)者,白也;黔者,黑也。虽明目者无以易之。兼白黑,使瞽取焉,不能知也。故我曰:瞽不知白黑者,非以其名也,以其取也"(《贵义》)。这是说,对待任何事物,要知其名且知其实,真正的知必须是名实相符。此处,墨子用"实"定"名",以"取"验"名",坚持"实"先"名"后,"实"是第一性的,"名"是"实"的反映,把唯物主义贯彻到名实论中。

　　由认的来源、检验认识真理性的标准、知行观、名实论这四个方面,我们可以看出墨子认识论属唯物主义经验论。但我们不排除其有理性因素和唯心主义成分。例如,墨子"谋而不得,则以往知来,以见知隐;谋若此,可得而知矣"(《非攻中》)之语,言及由此及彼的逻辑推理;墨子"知:闻、说、亲"(《经上》)的知识分类,分知识为闻知(从别人那里得到的间接知识)、亲知(亲身感知到的知识)、说知(由逻辑推理得来的知识),探讨了理性和理性认识。再如,墨子"三表"有唯心主义杂质,他用"三表"批评天命论,否认"命"的存在,又用"三表"证明鬼神实有:乡里人、众人都曾见到鬼神形状、听过鬼神声音,古籍中有关于鬼神的记载。

　　墨子认识论之所以有唯心主义成分,是因为其唯物主义的认识论本质上是经验论,缺乏应有的理性思维的指导。

（二十九） 墨子"三表"是唯物的还是唯心的

"三表"是墨子认识论的重要组成部分,是墨子制定的检验认识真理性的三条标准。

墨子有感于"言而毋仪,譬犹运钧之上而立朝夕者也,是非利害之辨,不可得而明知也"(《非命上》),率先提出"言必立仪"。他的"仪",就是人类认识史上著名的"三表"(或曰"三法"):

"何谓三表? 子墨子言曰:有本之者,有原之者,有用之者。于何本之? 上本之于古者圣王之事;于何原之? 下原察百姓耳目之实;于何用之? 废以为刑政,观其中国家百姓人民之利。此所谓言有三表也"(《非命上》)。

"言有三法。三法者何也? 有本之者,有原之者,有用之者。于其本之也? 考之天鬼之志,圣王之事;于其原之也? 征以先王之书;用之奈何? 发而为刑政("政"为毕沅校增)。此言之三法也"(《非命中》)。

"何谓三法? 曰:有考之者,有原之者,有用之者。恶乎考之?

考先圣大王之事;恶乎原之? 察众之耳目之请;恶乎用之? 发而为政乎国,察万民而观之。此谓三法也"(《非命下》)。

"三表"的上面三处说法,大同小异。第二处说法多"天鬼之志"和"先王之书",少"百姓耳目之实",是墨子天志、明鬼的一贯主张在"三表"中的折射。学界讨论"三表"多以第一处说法为基本史料。

20世纪七八十年代,围绕"三表"内容的不同诠释,学者们展开了争论,分别得出"三表"是唯物主义的和"三表"是唯心主义的这两种完全对立的结论。阳正太先生说:"墨子'三表'说,是以客观事实和客观效果为出发点的,他虽然没有能够(而且也不可能在那么早)直接提出实践是检验真理的标准,但以朴素唯物主义的直观的方式接触到了这个认识论中的重大问题。"(《墨子"三表"说初探》,《社会科学研究》,1979年第1期)阳先生肯定"三表"的唯物主义性质,在《墨子"三表"说再探》(《湘潭大学学报》,1984年第1期)中,再次重申、论述自己的观点,进而指出不能用《墨子》的个别字句注释"三表"，要用墨子整个思想体系的基本观念注解"三表"。卢枫提出"以墨子注墨子"，认为"三表"法不是以"客观事实和客观效果为出发点"，"而是以'先王之书'，人们的主观经验和人们对利益的需要为出发点的。这些都不是检验真理的客观标准"，其哲学性质属唯心主义（详见《墨子的"三表法"是唯物主义的吗》，《湘潭大学学报》，1980年第1期）。参与"三表"法哲学性质讨论的，还有刘树勋、刘邦富、张立文、方立天等学者。

下面，略谈我们的看法。

"三表"第一表是"上本之古者圣王之事"。圣王之事，墨子有明确表述："仁人之所以为事者，必兴天下之利，除去天下之害，以此为事者也"（《兼爱中》）。"天下贫，则从事乎富之；人民寡，则从事乎众之；众而乱，则从事乎治之"（《节葬下》）。这表明，圣王之事既指圣王的实践，也指圣王实践的结果。因此，第一表是说以古代圣王的实践以及实践的效果作为判断认识真理性的标准。这个标准是朴素的、唯物的。但历史的经验教训只具借鉴意义，用它来要求现实，判断成败对错，从而夸大它的作用，又是错误的。

"三表"第二表是"下原察百姓耳目之实"，意即以百姓的经验事实为评判是非的标准。这里，经验事实是客观的，但又是狭隘而肤浅的。况且，耳目感知到的"实"常常是事物的表面现象，不是现象背后的本质。单纯的经验论容易滑入唯心主义的泥坑。

"三表"第三表是"废以为刑政，观其中国家百姓人民之利"，即运用理论于社会政治，看其实施效果如何。这是墨子尚实际、重功用思想在认识论中的显现。通过统治者的政治实践判别理论正确与否，就其实践标准来说，是唯物的；就其有利即是真理的是非观来说，是主观的。

"三表"共同构成验证认识真理性的标准，唯物和唯心的性质兼而有之，其中朴素唯物主义性质是其基本的、主导的方面。在人类认识史上，"三表"法具有重大的理论意义和时代意义。它首次提出了认识正误的标准性问题；它从认识外部世界介入到认知认识自身；它的"事"、"实"、"利"

相结合,从历史、现实、未来三个维度判断真理,涉及了真理的永恒性问题;它以经验论反对儒家以名正实的"正名"思想,极具批判精神。所有这些,都是墨子"三表"的意义和贡献。

（三十） 墨子的辩证法思想是怎样的

墨子的辩证法思想相当丰富。

墨子认为世界是充满矛盾的世界,任何事物都处于矛盾对立中。墨子说:"凡回于天地之间,包于四海之内,天壤之情,阴阳之和,莫不有也。虽至圣不能更也。……天地也,则曰上下;四时也,则曰阴阳;人情也,则曰男女;禽兽也,则曰牡牝、雄雌也。真天壤之情,虽有先王,不能更也。"(《辞过》)肯定矛盾的客观性、绝对性和普遍性,不以人的主观意志为转移。《墨子》一书列举了有无、阴阳、同异、上下、生死、古今、治乱、利害、贵贱、兼别、强弱、众寡、智愚、贫富、赏罚等一系列对立范畴,这些成对的范畴包容了自然、社会、人事等众多方面的矛盾以及矛盾双方的对立和统一。

墨子对事物由量变到质变的过程有深刻认识,充分注意到质变前量的积累。他说:"江河不恶小谷之满己也,故能大";"江河之水,非一源之水也;千镒之裘,非一狐之白也。"(《亲士》)事物的发展过程本质上就是通过量变实现质变的过程。

墨子对矛盾的特殊性有所认识。他说:"凡入国,必择务而从事焉:国家昏乱,则语之尚贤尚同;国家贫,则语之节用节葬;国家患音湛湎,则语之非乐非命;国家淫僻无礼,则语之尊天事鬼;国家务夺侵凌,即语之兼爱非攻。"(《鲁问》)这是在复杂的矛盾系统中、在某一矛盾的双方中,分清主要矛盾和次要矛盾、矛盾的主要方面和次要方面,抓住主要矛盾和矛盾的主要方面,研究、解决之,避免不分主次、轻重的均衡用力。

墨子对事物的两重性也有所认识。他说:"良弓难张,然可以及高入深;良马难乘,然可以任重致远;良才难令,然可以致君见尊"(《亲士》)。这是说,事物具有两面性,优秀的事物不是对于人有利无弊,而是利大弊小,我们看待问题切忌以偏概全。

墨子从对立面的转化、量变到质变的飞跃,模糊地猜测到了"度"的客观存在。他在《亲士》篇里提出的"太盛难守"恰好与辩证法所讲的适度原则有惊人的一致性。虽然他论证"太盛难守"的论据和方法不一定恰当。

墨子的辩证法主要论述矛盾观、量变与质变关系,对世界的普遍联系和永恒发展、对否定之否定规律几乎没有论及。这是因为墨子思想以政治思想为主,墨子辩证法直接服务于政治观,而墨子政治学说的最主要任务是解决纷争、矛盾,变乱为治。因为墨子面临的社会现实是朝夕变幻的诸侯争霸。

（三十一） 墨子的历史观是进化的还是退化的

人类的历史是进化的还是退化的,墨子始终没有明确地说过,但墨子的一些政治言论包含了对历史发展的看法。

人类初始,未有刑政,"无君臣上下长幼之节、父子兄弟之礼"(《尚同中》),"天下之乱,若禽兽然"(《尚同上》)。即是说,社会历史是从混乱、野蛮的状态下开始的,那时,人类与动物界几无区别。后来,民众才选择贤者立为天子,天子等按"尚贤"原则选择三公、国君、大夫、乡长、里长;各级政长又按"尚同"原则上同于天子直至天,使天下得治。这样,在墨子看来,从无政长到有政长,历史是进化的。

有了政长以后,历史是否继续进化？墨子对古代圣王,即夏、商、周以来的尧、舜、禹、汤、文、武、周公赞不绝口,向往、崇敬三代之治,希望当今君王"祖述尧、舜、禹、汤之道"(《尚贤上》),列"古者圣王之事"(《非命上》),为"三表"之一,惯于引所谓"先王之书"作为论辩的根据。就这些而言,墨子是肯定从有政长到三代圣王这一阶段的历史发展,认为这一阶段的历史仍然是进化的。

那么,从三代圣王而下,历史究竟是怎样的呢？墨子说:"逮至昔三代圣王既没,天下失义,诸侯力正,是以存夫为人君臣上下者之不惠忠也,父子弟兄之不慈孝弟长贞良也,正长之不强于听治,贱人之不强于从事也,民之为淫暴寇乱盗贼,以兵刃、毒药、水火,迋无罪人乎道路率径,夺人车马、衣裘以自利者并作,由此始,是以天下乱。"(《明鬼下》)这是说,三代圣王之后,天下失义,诸侯相互征伐,君臣上下、父子弟兄之间不再有道德约束。官吏不忠于职守,民众不勤勉耕作,小人为非作歹,扰乱天下。天下由治而乱,墨子认为这一段的历史是退化的。正是基于这种看法,墨子褒扬三代圣王,把墨家崇尚的一切政治主张和道德品质加诸他们身上,并反过来,用圣王之事、圣王之德要求当今的王公大人,批评当今的王公大人的德行。

客观上讲,人类的物质文明是发展的。墨子本人对此也有所认识。上古之人住洞穴,穿兽皮,吃素食,不知舟车为何物。后来,圣王作宫室,教农妇治丝麻,教农夫耕稼栽种,制造舟车。

"当今"的君王在宫室上营造台榭曲折的景观,讲究雕刻、颜色的装饰;穿锦绣之衣,以黄金作衣带钩,以珠玉作佩饰;享用牛羊鱼鳖,山珍海味;乘雕刻精细的舟车。这是物质文明进步的结果。从物质文明的进步这个角度来说,从圣王到当今君王,历史应该是进化的。墨子之所以否认这种进化,主要有两个原因:

其一,圣王为天下万民造宫室、造舟车,教农夫农妇耕种纺织,改变人类的生存环境、生活状况,这是圣王治理天下的"政绩"。当今王公大人修饰宫室舟车,穿丝着绸,追逐奇珍异物,这是王公大人暴夺民财、奢侈浪费、生活腐朽的写照,它违背圣王制定的"节用"原则。

其二,墨子判定社会历史前进抑或后退的标准是政治标准,这个标准关注的是天下治乱,是统治考的治国方略。物质文明只有同政治相联系,作为某种政治效果,才具有价值和意义。

墨子如上的历史观耐人寻味。他不像其他思想家那样,要么认为历史是进化的,要么认为历史是退化的。他把人类历史划分成三个阶段,具体分析,不自觉地避免了抽象地谈论历史的缺陷。但是,墨子笔下的上古时期、三代圣王时期是主观的,不符合历史事实,判断历史进步与退步的标准又是单一的、肤浅的。

（三十二） 墨子是如何论述"尚贤"主张的

　　"尚贤"是墨子十大政治主张之一。"尚贤"一般地指统治者任用"贤人"、"能士"为官当政。春秋时子产的"择能而使之"(《左传·襄公三十一年》)、孔子的"举贤才"(《论语·子路》)虽已论及之,但是,系统论述"尚贤"思想的,墨子是第一人。在《尚贤》上、中、下三篇里,墨子表达了自己的看法。

　　面对王公大人治理国家,不能使国家富强、百姓众多、刑政清明,反而使国家贫困、百姓减少、刑政混乱的社会现实,墨子分析其原因:"是在王公大人为政于国家者,不能以尚贤事能为政也"(《尚贤上》)。

　　为什么说统治者不能尚贤事能是其统治失败的根本原因? 在墨子看来,这是因为"尚贤"是政治之本:"夫尚贤者,政之本也"(《尚贤上》);"尚贤为政之本"(《尚贤中》);"尚贤者,天、鬼、百姓之利而政事之本也"(《尚贤下》)。

　　为什么说尚贤是政治之本,是施政的首要原则? 墨子的根据是尚贤,用高贵而且聪明的人去统治愚蠢而低贱的人,国家便能治理得好;不尚贤,用愚蠢而低贱的人去统治高贵而且聪明的人,国家就会混乱。再说,从天子、王公、正长等最初的产生来看,天子是人们所选的天下之贤人,三公是天子所选的贤人,正长是国君所选的贤人(参《尚同》上、中、下),选贤任能自古而然。

　　既然"尚贤"是治国的基本纲领,如何"尚贤"呢? 墨子对此有多处阐述:"虽在农与工肆之人,有能则举之。高予之爵,重予之禄,任之以事,断予之令","以德就列,以官服事,以劳殿赏,量功而分禄"(《尚贤上》);"尊尚贤而任使能,不党父兄,不偏富贵,不嬖颜色。贤者举而上之,富而贵之,以为官长;不肖者,抑而废之,贫而贱之,以为徒役","可使治国者使治国,可使长官者使长官,可使治邑者使治邑"(《尚贤中》)。这是说,"尚贤"面向贵族和平民,不局限于统治者和士阶层;"尚贤"唯贤是举,破除传统的宗法等级；"尚贤"量才授职，按功论赏。

从墨子"尚贤"的上述措施，我们可知："尚贤"不是完全废除等级制，而是要求用"贤"作标准，重新划定等级、确立上下和尊卑秩序；"尚贤"，德、才并重，所谓"尚贤使能"，已内在地包含"能"，也即"才"。另外，我们从墨子谈到的"为贤"方法，也可知"贤"中有"才"："为贤之道将奈何？曰：有力者疾以助人，有财者勉以分人，有道者劝以教人"（《尚贤下》）。

为了给"尚贤"以理论上的证明，墨子搬出上帝之"天"，以人法于天、天本尚贤为证："审以尚贤使能为政，而取法于天。虽天亦不辩贫富、贵贱、远迩、亲疏，贤者举而尚之，不肖者抑而废之"（《尚贤中》）。这里，我们清楚地看到了墨子的政治主张是怎样披上神学外衣的。

墨子把"尚贤"提到国家政治生活的最高度，看作国家治乱贫富的关键。近现代墨学研究者讨论墨子和墨学的阶级性，由之多从解析和评价"尚贤"入手。总的说来，关于"尚贤"的评价有三种基本观点：反对王公大人，为人民群众呼喊；表面上反对王公大人，实际上替王公大人服务，为王公大人说话；既反对王公大人，又寄希望于王公大人，革命性和妥协性兼而有之。我们倾向于第三种观点，理由是：墨子"尚贤"批判王公大人"不知使能以治之，亲戚则使之，无故富贵，面目佼好则使之"（《尚贤中》），任人唯亲，喊出"官无常贵而民无终贱，有能则举之，无能则下之"（《尚贤上》）的口号，以对抗当时的世卿世禄的宗法世袭制度，这些充满了革命性、战斗性。然而，墨子将"尚贤"说成是古圣王之道，是三代明君的治世之本，将"尚贤"的阶级力量归为上层统治者，将"尚贤"的实践寄托于王公大人的自我觉醒及自上而下的改革，这些又是妥协的、盲目的、软弱的。就墨子"尚贤"的意图而言，它不反对统治者的统治，不反对等级制的存在，它只渴求统治的合理性、等级的合理性，期望统治者能给贤者一条出仕的途径，期望统治者在风云变幻的乱世，从长计议，立于不败，并多为民众着想。

（三十三） 墨子是怎样阐述"尚同"主张的

尚同即上同,指人们的是非观念必须统一于上级,并最终统一于天。这是墨子分析天下乱而不治的原因后,提出的一项政治主张。《尚同》上、中、下三篇集中表述了这一思想。

墨子认为:天下大乱,犹如禽兽状的原因是人们有余力不助人,有余财不予人,有道理不教人;人们有余力、余财、道理不助人、予人、教人的原因是父子兄弟怨恨而不和睦,天下百姓相残相害而不相爱;父子兄弟、天下百姓彼此怨恨、相互残害的原因是"人是其义,以非人之义","一人则一义,二人则二义,十人则十义"(《尚同上》),即人类初期没有刑政,社会因之没有为所有人认可的共同的是非标准("义")。

找出天下混乱的最初原因后,墨子便为天子、三公等政长的产生找寻理由:平民百姓"明虖天下之所以乱者,生于无政长"(《尚同上》),"明乎民之无正长以一同天下之义,而天下乱也"(《尚同中》)于是按照"尚贤"族则选择贤良、圣知、辩慧之人为天子,天子按照"尚贤"原则选择贤可者为三公、国君,国君按照"尚贤"原则选择贤者为左右将军大夫、乡长、里长。

各级行政官吏产生之后,墨子认为通过天子发布政令,即可实现尚同:"正长既已具,天子发政于天下之百姓,言曰:'闻善而不善,皆以告其上。上之所是,必皆是之;所非,必皆非之。上有过则规谏之,下有善则傍荐之。上同而不下比者,此上之所赏而下之所誉也。意若闻善而不善,不以告其上,上之所是弗能是,上之所非弗能非,上有过弗规谏,下有善弗傍荐,下比不能上同者,此上之所罚而百姓所毁也'。"(《尚同上》)这是说,一方面,下情要上达,另一方面,下级要与上级保持一致。具体则是:百姓服从里长,里长和百姓服从乡长,乡长、里长和百姓服从国君,国君、乡长、里长和百姓服从天子。

天下之人服从天子、尚同于天子,这在墨子看来,还远远不够。由于

传记读库

"天之贵且知于天子"，"义果自天出"（《天志中》），墨子认为天子还须率天下之人，"总天下之义，以尚同于天"（《尚同下》）。否则，天将降下灾祸处罚抗天之意者："天降寒热不节，雪霜雨露不时，五谷不熟，六畜不遂，疾灾戾疫，飘风苦雨，荐臻而至者，此天之降罚也，将以罚下人之不尚同乎天者也"（《尚同中》）。

说明尚同的上述方法后，墨子最后指出尚同的意义和地位："尚同之为说也，尚用之天子，可以治天下矣；中用之诸侯，可而治其国矣；小用之家君，可而治其家矣"；"尚同，为政之本而治要也"（《尚同下》）。这是说，"尚同"可以用来治理天下、国、家，"尚同"是施政的根本和治世的关键。

此外，墨子为了反对王公大人们的施政方针，增强尚同主张的权威性和说服力，不但引用了古代先王之书中的某些相关内容，而且把古代圣王描绘成尚同的典型代表，并将其与王公大人相比较。

从墨子对尚同的如上论述，可知尚同是在"尚贤"的前提条件下，承认等级，承认在上者的绝对权威。它反映了墨子希望通过明君贤臣统一天下、削除纷争的幻想。

（三十四） 墨子"兼爱"包括哪些基本内容

"兼爱"是墨子政治主张之一，有人认为它是墨子思想体系的核心和根本特征。《墨子》中专门讨论"兼爱"的有《兼爱》上、中、下三篇。

墨子考察家、国、天下动荡不安的局面，认为造成社会混乱的根源是人人不相爱，彼此憎恶、残害。欲变乱为治，唯有实行"兼爱"："若使天下兼相爱，国与国不相攻，家与家不相乱，盗贼无有，君臣父子皆能孝慈。若此，则天下治"（《兼爱中》）。

何谓"兼爱"？

第一，"视人之国，若视其国；视人之家，若视其家；视人之身，若视其身"（《兼爱中》），一言以蔽之，"为彼犹为己也"。国与国相爱，家与家相爱，人与人相爱，不分彼此、你我。

第二，"兼相爱，交相利"（《兼爱中》）。道德上的相爱与物质上的相利紧密相连，互爱意味互惠互利。在互爱互利前提下，"兼爱"就是爱天下、爱他国、爱他人，爱天下、爱他国、爱他人就是利天下、利他国、利他人。

第三，"爱人者，人必从而爱之；利人者，人必从而利之"；"爱人者，必见爱也"（《兼爱中》）。表面上，爱与被爱是互相的，互为因果的；实质上，爱人是因，被爱是果。所以，墨子说："必吾先从事乎爱利人之亲，然后人报我以爱利吾亲也。"（《兼爱下》）执政者"必先万民之身，后其身"（《兼爱下》）。

第四，"兼爱"的主体是人，但人的"兼爱"源于"天"。"今夫天，兼天下而爱之，遂万物以利之"；天"欲人之有力相营，有道相教，有财相分也"（《天志中》）。在这个意义上，贯彻实施"兼爱"原则，只是顺从天意而已。

第五，"兼爱"的反面是"别相恶，交相贼"（《天志上》），即道德上的相互憎恨，物质上的彼此损害。自私自利占据人们的心灵，指导人们的行为。

第六，"兼爱"易行，古代圣王禹、汤、文、武等都实行过。行"兼爱"的方法是："为人君必惠，为人臣必忠；为人父必慈，为人子必孝；为人兄必友，为人弟必悌。故君子莫若欲为惠君、忠臣、慈父、孝子、友兄、悌弟，当若兼之不可不行也"（《兼爱下》）。一句话，做到君惠臣忠、父慈子孝、兄友弟悌，就是奉行："兼爱"。

第七，"兼相爱，交相利，此圣王之法，天下之治道"（《兼爱中》）"故兼者，圣王之道也，王公大人之所以安也，万民衣食之所以足也"（《兼爱下》）。"兼爱"不仅是普遍的道德原则，而且是治理天下的根本法则。

墨子"兼爱"主张，揭露和抨击了当时国相攻、家相篡、人相贼，强执弱、众暴寡、富侮贫、贵傲贱、智诈愚的社会现实，表达了广大人民渴望安居乐业、幸福生活的美好而善良的愿望。同时，墨子的"兼爱"主张还以其普遍性、平等性，批判了儒家"仁爱"的狭隘性、等级性，并用"兼即仁矣，义矣"（《兼爱下》）改造了孔子学说的核心"仁"。

此外，由于墨子所代表的小生产者的软弱性，由于墨子所处时代的制约性，"兼爱"的局限性在所难免："兼爱"反对等级制度，试图冲破血缘纽带，又漠视阶级差别和阶级利益的根本对立，具有浓厚的阶级调和色彩；"兼爱"本属劳动人民互助互爱的道德情操，它是劳动人民所特有的道德，把它普遍化为全人类的共同道德，这是荒谬的；"兼爱"的实施有赖于圣王、王公大人的道德自觉，这是幼稚的幻想；把人间的"兼爱"归结为"天"的属性，这一方面欺骗、麻醉了人民，使其丧失理性的反思，另一方面将政治主张、政治理想引向宗教的深渊，削弱了"兼爱"的批判锋芒。

（三十五） 墨子为什么主张"非攻"

战国初期，战争频仍，下层民众深受其害。墨子"非攻"表达了人民对战争的态度，对宁静生活的憧憬，主观上亦为王公大人的政治统治总结了经验教训。

"非攻"是墨子最重要的军事思想，它存于《非攻》上、中、下三篇中。

墨子从兼爱交利的伦理观出发，认为"亏人自利"不符合"义"，而且，"亏人愈多，其不仁兹甚，罪益厚"（《非攻上》），离义愈远，攻打、侵略无罪之国则是最大的不义。他历数攻伐的危害：

其一，对被侵略国家的危害："攻伐无罪之国，入其国家边境，芟刈其禾稼，斩其树木，堕其城郭，以湮其沟池，攘杀其牲牷，燔溃其祖庙，劲杀其万民，覆其老弱，迁其重器"（《非攻下》），以至灭其国。这是说，侵略者割掉庄稼，砍伐树木，摧毁城郭，填塞沟池，夺杀牲畜，烧毁祖庙，屠杀人民，搬走贵重物品，消灭其国。

其二，对本国的危害："春则废民耕稼树艺，秋则废民获敛"；"百姓饥寒冻馁而死者，不可胜数"；竹箭、羽旄、幄幕、甲盾、拨劫、矛、戟、戈、剑、乘车等，毁坏者不可胜数；牛马由肥壮至瘦弱、死亡者，不可胜数；"居处之不安，食饭之不时，饥饱之不节，百姓之道疾病而死者，不可胜数；丧师多不可胜数，丧师尽不可胜计"（《非攻中》）。这是说，发动战争，必然妨碍农业生产，使百姓死于饥寒流离，使士兵死于战场，从而削弱国家的综合国力。

其三，对本国统治者的危害："土地者，所有余也；王民者，所不足也。

今尽王民之死,严上下之患,以争虚城,则是弃所不足,而重所有余也"(《非攻中》)。这是说,统治阶级拥有空旷的土地,缺少耕耘的民众,其争城夺地,损兵折将,取其有余,弃其不足,得不偿失。至于侵略的最后结果,则是自取灭亡。历史上的吴王夫差、智伯都因此而国破身亡:"诸侯报其仇,百姓苦其劳而弗为用,是以国为虚戾,身为刑戮"(《鲁问》)。

其四,违背天、鬼之利:"夫取天之人,以攻天之邑,此刺杀天民,剥振神之位,倾覆社稷,攘杀其牺牲,则此上不中天之利矣";"夫杀之人,灭鬼神之主,废灭先王,贼虐万民,百姓离散,则此中不中鬼之利矣"(《非攻下》)。这是说,攻天邑,杀天民,毁神位,覆社稷,损坏天的利益;灭鬼神祭主,废先王祭祀,残害万民,损坏鬼的利益。这是墨子天志、明鬼观念在军事思想中的体现。

攻伐有害,但墨子以为正义的战争——"诛"却有益。像"禹征有苗,汤伐桀,武王伐纣"(《非攻下》)之类,都是顺应天意,替天行道的正义之举,符合天、鬼、人之利,所以,禹、汤、武王成为受人民拥戴的圣王。

最后,墨子把"非攻"主张设计成古代圣王之道:"古之仁人有天下者,必反大国之说,一天下之和,总四海之内,焉率天下之百姓以农,臣事上帝、山川、鬼神。利人多,功故又大,是以天赏之,鬼富之,人誉之,使贵为天子,富有天下,名参乎天地,至今不废。此则知者之道也,先王之所以有天下者也。"(《非攻下》)这是说,先王反对大国攻伐的观点,致力于天下和睦,率百姓务农,祀奉上帝、山川、鬼神,享有天下。

墨子"非攻"是当时普通百姓厌战、反战,渴望和平、安宁的愿望的反映,它喊出了侵略和被侵略国家所有民众的呼声。同时,"非攻"揭露了战争的危害性,区分了战争的正义和非正义性质。这些都是进步的、正确的。然而,在阶级社会里,战争有其必然性,侵略战争固然应该批判,新生力量反抗、取代保守、落后势力的战争,则应该具体对待,不可一味斥之为"侵略"。

（三十六） 墨子"节用"的内容是什么

"节用"是墨子的政治主张之一，是针对统治者奢靡浪费而提出的生活方案和标准。

墨子认为圣人治理一国或天下，一国和天下的财富可以加倍增长，这种增长不靠向外扩展、掠夺土地，而靠省去无用之费，即"节用"。为此，他假借古代圣王名义，制定了节用的法则：

"古者圣王制为节用之法，曰：'凡天下群百工，轮车鞼匏，陶冶梓匠，使各从事其所能，曰：凡足以奉给民用，则止'。诸加费不加于民利者，圣王弗为"（《节用中》）。这是说，天下各行各业的人从事生产劳动，创造的财富足以供给人民消费就行了，圣王不可做超越人民需求而无益于民的事。

"节用"的原则是"有用"、实用，否则就是"无用"、浪费。因此，墨子的"节用"详细规定了生活消费的最高标准：

饮食之法是："足以充虚继气，强股肱，耳目聪明，则止。不极五味之调，芳香之和，不致远国珍怪异物"（《节用中》）。饮食只需充饥补气，强壮手脚，聪耳明目，不必五味调和，气味芳香，食物珍贵奇怪。

衣服之法是："冬服绀缎之衣，轻且暖；夏服絺绤之衣，轻且隋，则止"（《节用中》）。冬穿轻便且暖和的天青色衣服，夏穿轻便且凉爽的细葛或粗葛布衣服。

宫室之法是："其旁可以圉风寒，上可以圉雪霜雨露，其中蠲洁，可以祭祀，宫墙足以为男女之别，则止"（《节用中》）。建造房屋用来抵御风寒，防御雪霜雨露，祭祀祖先、鬼神，分别男女，不可豪华，不必追求刻镂修饰之美。

舟车之法是："加轻以利者，芊蛆；不加者，去之"（《节用上》）。增益车船轻快便利的功能，去掉其他与此无关的装饰。

甲盾五兵之法："加轻以利、坚而难折者，芊蛆；不加者，去之"（《节用上》）。增加铠甲、盾牌以及弓矢、殳、矛、戈、戟等五种兵器的轻便锋利、坚而难折的功用,去掉与以上功用无关的华丽装饰。

节葬之法:"衣三领,足以朽肉;棺三寸,足以朽骸,堀穴,深不通于泉,流不发泄,则止。死者既葬,生者毋久丧用哀"(《节用中》)。死者衣三件,棺木厚三寸;掘墓深不及泉水,又不使腐气散发至地面;生者不必长久服丧哀悼。

灾荒年景的节用措施:"岁馑,则仕者大夫以下皆损禄五分之一;旱,则损五分之二;凶,则损五分之三;馈,则损五分之四;饥,则尽无禄,禀食而已矣。故凶饥存乎国,人君彻鼎食五分之三('三'原作'五',据孙诒让改),大夫彻县,士不入学,君朝之衣不革制;诸侯之客,四邻之使,雍食而不盛;彻骖騑,涂不芸,马不食粟,婢妾不衣帛,此告不足之至也"(《七患》)。饥荒之年,官员俸禄缩损,国君食物减少,不制新朝服,大夫不听音乐,读书人去种地,诸侯之客和邻国使者的饮食不丰盛;驷马撤去左右两匹,道路不修,马不吃粮,婢妾不穿丝织品。

墨子把"节用"看作是圣王的为政之道和天下大利之法,以此批判王公大人的挥霍荒淫,同情、控诉下层民众寒不得衣、饥不得食的痛苦生活,企图通过限定统治阶级消费的质量、数量来谋求劳动人民的生存条件的提高和生活状况的改善。有人把"节用"认作《庄子·天下》里的"以自苦为极",其错误是明显的:"节用"就统治阶级而言,是对统治阶级的要求;"以自苦为极"就后世之墨者而言,是墨家后学所刻意追求的人生理想。

最后,墨子的"节用"还有发展生产、增加财富、维持社会安定等目的。"用财不费,民德不劳,其兴利多矣"(《节用上》);"城郭沟池不可守而治宫室","民力尽于无用"(《七患》),这些是国家大患。此类言论透露了这一点。

(三十七)　墨子是如何批判厚葬久丧的

墨子之时,对待葬丧有两种截然相反的观点,一种是厚葬久丧,一种是薄葬短丧。持这两种观点的人都认为自己是效法尧、舜、禹、汤、文、武之道。墨子支持后者，反对前者，用墨家的为政目标为武器，用尧、舜、禹的事迹（很可能是传说）为实例，对厚葬久丧论者作了全面深入的批判，并在引用古圣王葬埋之法的基础之上，提出了"节葬"法则。

墨家为政目标是："天下贫，则从事乎富之；人民寡，则从事乎众之；众而乱，则从事乎治之"（《节葬下》）。厚葬久丧与此背道而驰。

厚葬，棺木多层，葬埋深厚，葬品繁富，坟墓高大。诸侯厚葬，金玉珠宝装饰于死者身上，车马埋藏于墓穴，帷幕帐幔、钟鼎、鼓、酒壶、镜子、戈、剑、象牙、皮革等等置于寝宫，使府库贮藏之财耗费一空。匹夫贱民厚葬，必定倾家荡产。居丧，三年之内，披缞系绖，哭泣无时，睡草垫，枕土块，忍饥挨饿，穿着单薄，致使面黄肌瘦，耳聋目昏，手足无力。这样，王公大人不能早朝，士大夫不能治政，农夫不能耕种，工匠不能制作，妇女不能纺织。厚葬埋掉大量钱财，久丧又阻碍做事生财，天下不得富而得贫。

厚葬最残酷的一面是杀人以殉。天子、诸侯死后，殉葬者少则数十，多则数百；将军、士大夫死后，殉葬者少则数人，多则数十。久丧，"君死，丧之三年；父母死，丧之三年；妻与后子死者，五皆丧之三年。然后伯父、叔父、兄弟、孽子其；族人五月；姑姊甥舅皆有月数"（《节葬下》）。守丧期间，面目干瘦，颜色黝黑，耳目不聪明，手足不劲强。这样，人们冬天抵不住寒冷，夏天抗不住炎热，生病而死的，不计其数。至于男女之间，也不能进行正常的交媾。厚葬久丧，减损人口数量，妨害人口增长，使人民越来越少。

厚葬久丧，居上位的人不能听政治国，刑事政务混乱；居下位的人不能从事生产，衣食钱财不足。财用不足，弟怨兄，子怨父母，臣叛君，邪恶暴虐之事无法禁止，社会乱而不可治。

墨子进一步指出，厚葬久丧不仅仅导致上面所列的国贫、人少、政乱，还会导致亡国的危险。在诸侯争霸、征伐盛行的形势下，国家贫穷，无以积贮；人口减少，城郭、沟池失修；刑政混乱，上下不同心，大国的入侵随时会到来。再说，国家贫穷，祭祀用的祭品不能洁净；人口减少，敬拜上帝、鬼神的人数相应减少；刑政混乱，祭祀不能准时，上帝、鬼神将降下灾祸。

针对厚葬久丧论者认为厚葬久丧是圣王之道，墨子举出尧、舜、禹这类圣王的薄葬,予以批驳。墨子说,尧之葬,衣衾三件,楮木为棺,葛藤束棺,棺材入土后哭丧,墓穴填平后可放牛牧马;舜之葬,衣衾三件,楮木为棺,葛藤束棺,葬毕,市人可往来于上;禹之葬,衣衾三件,桐棺三寸,葛藤束棺,墓道深不及泉,葬毕,剩余的泥土堆成坟头,约三尺宽。由此可证,圣王之道是薄葬短丧,而不是厚葬久丧。

为了更有力地批判厚葬久丧,墨子引用了古代圣王制定的葬埋之法:"棺三寸,足以朽体;衣衾三领,足以覆恶。以及其葬也,下毋及泉,上毋通臭,垄若参耕之亩,则止也"(《节葬下》)在此基础之上,墨子制定了墨家的葬埋之法:"棺三寸,足以朽骨;衣三领,足以朽肉。掘地之深,下无菹漏,气无发泄于上,垄足以期其所,则止矣。哭往哭来,反,从事乎衣食之财,佴乎祭祀,以致孝于亲"(《节葬下》)。这是说,棺材厚三寸,衣衾三件,掘地的深浅,以下无湿漏、上无腐气为度,坟堆可以辨认即可;哭着送葬,哭着回来,回来以后就从事生产,以助祭祀之用,向双亲尽孝。

墨子对厚葬久丧的批判,表面是对当时葬丧观点的批判,实质是对王公大人腐朽统治的批判。他从葬丧的角度,揭露了王公大人生前死后的荒淫生活。这无疑是进步的。

（三十八） 墨子是如何论述"天志"的

"天志"即天的意志。墨子以为天有意志、欲恶,人们顺天意得赏,逆天意得罚。关于"天志"的论述,贯穿于墨子的政论中,主要集中于《天志》上、中、下三篇。

首先,墨子肯定天意的客观存在,认为天喜欢义、兼爱、非攻、强力,憎恶不义、相恶、好战、信命。他说:"天欲义而恶不义","天之爱天下之百姓"(《天志上》);"天之意,不欲大国之攻小国也,大家之乱小家也。强之暴寡,诈之谋愚,贵之傲贱,此天之所不欲也。不止此而已,欲人之有力相营,有道相教,有财相分也。又欲上之强听治也,下之强从事也"(《天志中》)。

其次，墨子论证天意存在的原因。他举例说："天下有义则生，无义则死；有义则富，无义则贫；有义则治，无义则乱。然则天欲其生而恶其死，欲其富而恶其贫，欲其治而恶其乱。此我所以知天欲义而恶不义也"（《天志上》）。这是说，天下有义则生、则富、则治，无义则死、则贫、则乱，而天喜人之生、富、治，恶人之死、贫、乱，所以，"天欲义而恶不义"。这是对天喜欢"义"的证明。至于天之爱民，墨子亦作论证。天分离日月星辰，照耀天下；制定四季春夏秋冬，以为纪纲；降下霜雪雨露，以生长五谷丝麻；设立王、公、侯、伯，使其赏贤罚暴；人杀无辜，则予之不祥；爱人利人则赏赐之，憎人恶人则惩罚之等等，就是证据。

再次，天有意志，人为什么要遵从而不能违抗？这是因为诸侯比大夫高贵，天子比诸侯高贵，天又比天子高贵："天之贵且知于天子也"（《天志中》）。墨子证明道："天子为善，天能赏之；天子为暴，天能罚之；天子有疾病祸祟，必斋戒沐浴，洁为酒醴粢盛，以祭祀天鬼，则天能除去之。然吾未知天之祈福于天子也。此吾所以知天之贵且知于天子者。不止此而已矣，又以先王之书驯天明不解之道也知之。曰：'明哲维天，临君下土。'则语天之贵且知于天子。不知亦有贵、知夫天者乎？曰：天为贵、天为知而已矣"（《天志中》）。这是说，天可以赏罚天子；天子消灾除病需祭祀天、鬼，祈福于天；天不曾祈福于天子；先王之书说，只有天称得上高明智慧，君临天下；没有比天尊贵、聪明的。所以，天比人间的最高统治者天子更高贵、更聪慧。

既然天贵、智于天子，那么，天意不可不顺，"顺天意者，兼相爱，交相利，必得赏；反天意者，别相恶，交相贼，必得罚"（《天志上》）。为了说明这一点，墨子列举三代天子，认为禹、汤、文、武等三代圣王是顺天意而得赏者，桀、纣、幽、厉等三代暴王是反天意而得罚者。进一步，墨子要求当今的王公大人以三代君王为鉴，顺应天意。

最后，墨子道出了论证天志存在、天比天子尊贵的目的是，用"天志"作标准判定王公大人的刑政是否善，王公大人、卿、大夫是否仁，天下人的言行是否善："我有天志，譬犹轮人之有规，匠人之有矩"（《天志上》）；"子墨子之有天之意也,上将以度天下之王公大人为刑政也,下将以量天下之万民为文学、出言谈也";"置此以为法,立此以为仪,将以量度天下之王公大人、卿、大夫之仁与不仁,譬之犹分墨白也"(《天志中》)。

从墨子论"天志"的目的,我们不难看出,墨子其实并不相信天有所谓意志,仅仅是出于论战和宣扬墨家政治主张的需要。不然,天之意为什么恰好正是墨子之意?

(三十九) 墨子是怎样论证鬼神存在的

鬼神观念本于原始社会的祖先崇拜。《墨子·明鬼》把鬼神分为天鬼、山水鬼神、人死而为鬼者三类,用"三表"法等证明鬼神存在,能赏善罚恶。

为了证明鬼神确实存在,墨子用众人耳目的所见所闻作为判断鬼神有无的标准:"天下之所以察知有与无之道者,必以众之耳目之实知有与亡为仪者也。请惑闻之见之,则必以为有;莫闻莫见,则必以为无"(《明鬼下》)。然后,举周之《春秋》记载的杜伯事迹(周宣王枉杀杜伯,杜伯化为鬼,用箭射死周宣王。当时,跟从的人都看见,远处的人都听见),举秦穆公见到句芒(神名),举燕之《春秋》记载的庄子仪事迹(燕简公枉杀庄子仪,庄子仪化为鬼,用红木杖击杀燕简公。当时,跟从的人都看见,远处的人都听见],举宋之《春秋》记载的观辜事迹(厉神因观辜从事祭祀时礼制不合规格、祭品不洁净、祭献不按时,附在祝史身上,用木杖击杀观辜。当时,周围的人都看见,远处的人都听见),举齐之《春秋》记载的中里徼事迹(中里徼有罪,在誓言里说自己无罪,被祧神杀死。当时,周围的人都看见,远处的人都听见),论证鬼神存在。这是用三表的第二表作证。

有人认为众人耳目所闻见的实情不足以取信,不足以断疑。墨子又以三代圣王之事证明有鬼:周武王诛杀纣王后,使诸侯分掌诸神的祭祀曰:"使亲者受内祀,疏者受外祀"(《明鬼下》);古代圣王治理天下,先鬼神而后人,他们立宗庙,建丛社,选太祝和宗伯,择牺牲和酒醴粢盛等祭品;古代圣王赏在祖庙,罚在社庙,报告行赏均平,断狱公允。这是用三表的第一表作证。

三代圣王尊奉鬼神,他们的书籍和言论多次说到鬼神的存在。墨子由圣王之事转向圣王之书、之言,引《大雅》、《商书》、《禹誓》、《禽艾》中有关文字(引文详见"《墨子》一书引用了哪些古代典籍"),以及古时的记载:"吉日丁卯,周代祝社方,岁于社者考,以延年寿"(《明鬼》),并加以解释、发挥,证明有鬼。这是用《非命中》里的"三法"(即三表)之一作证。

用三表法论证了有鬼、批驳了无鬼论之后,墨子一方面极言鬼神之罚不可抵挡,拿汤伐桀、武王伐纣作例证;一方面又说,即使鬼神真的不存在,祭祀鬼神的祭品也不会浪费:请宗族、乡亲食用祭品,可以联欢聚会,联络乡里的情感。

墨子明鬼,足见传统的鬼神观念对于他影响至深。这一点,墨子不及孔子。但是,墨子极力证明鬼神存在,只是想借鬼神力量威慑王公大人之类统治者,弥补自身力量的不足。从他既证明有鬼神,却又假设鬼神不存在这一表面上的矛盾,可以看出他骨子里不是真正相信鬼神。这样,我们就不必对墨子鬼神思想做过多的指责,也就能够理解尚力非命与明鬼为什么同属墨子思想。

(四十) 墨子是怎样"非乐"的

墨子"非乐"思想保留在《非乐上》、《三辩》这两篇文章里。从《非乐上》来看,墨子"非乐"兼及雕刻、纹饰、美食、华宅等日用生活。

《三辩》篇,墨子通过与程繁的问答、论辩,强调"圣王不为乐","圣王无乐",圣王治理天下重在事功,反对追求音乐享受。

《非乐上》篇,墨子以"利"审查"乐",考察从事音乐、欣赏音乐对于国家、人民之害,又以先王之书作证,说明作乐、赏乐是错误的行为。

仁人做事的准则是兴利除害:"仁之事者,必务求兴天下之利,除天下之害,将以为法乎天下,利人乎即为,不利人乎即止"(《非乐上》)。用此准则检验音乐制作与欣赏,音乐虽然使人身心安适,却损害了民众的物质利益。其一,制造大钟、响鼓、琴、瑟、竽、笙之类乐器,必然要向万民征取很多钱财,而万民得不到任何益处。其二,人民有三大忧患:"饥者不得食,寒者不得衣,劳者不得息"(《非乐上》)。为他们撞巨钟、击鸣鼓、弹琴瑟、吹竽笙、扬干戚,这些忧患不能得到解决。现在,大国攻小国,大家伐小家,强劫弱,众暴寡,诈欺愚,贵傲贱,寇乱盗贼兴起。为大国、大家、强者、众者、诈者、贵者及寇乱盗贼撞钟、击鼓、弹琴瑟、吹竽笙、舞干戚,这些纷乱仍得不到治理。其三,敲击乐器,比如撞钟,要使用耳聪目明、四肢强壮、声音调和、眼神敏捷的壮年人,浪费了男人耕种时间,荒废了妇女纺绩等事情。其四,王公大人与君子同享听乐的乐趣,会荒废君子的听狱和政事;王公大人与贱人同享听乐的乐趣,会荒废贱人们所做的事情。其五,表演音乐的人形体优美,容貌秀丽,服饰华贵,他们不从事生产,而吃得好穿得好,掠夺了生产者的衣食财物。其六,君子不听狱治国,刑罚政令就会混乱;贱人不耕种纺织,财用就会匮乏。现在,王公大人迷上音乐,必不能用心治国;君子迷上音乐,必不能用心于内治官府、外收赋税;农夫迷上音乐,必不能早出晚归,耕田、植树、种菜;妇女迷上音乐,必不能早起晚睡,纺纱、绩麻、织布。

古代先王的书籍记载了圣王之事,也记载了暴王之恶。先王之书《官刑》、《黄径》、《武观》等反对作乐、赏乐,可见古代圣王亦"非乐"。例如,《官刑》说,常在宫中跳舞,这叫作"巫风",参与跳舞的君子和小人都要受到惩罚;《黄径》说,洋洋而舞,乐声响亮,上帝不保佑,上帝不答应,九州将灭亡;《武观》说,夏启纵乐,场面浩大,天不以此为法式。

墨子"非乐"不是一概否定音乐的审美价值和愉悦人心的功用,他是根据当时王公大人纵情声色,荒淫无度,不顾人民死活、国家安危的实际,按照墨家"为利天下"的政治原则和道德规范,来证明音乐对于国家和民众有害无益。墨子"非乐",在当时可谓击中时弊,具有进步作用。但因噎废食,因音乐所带来的弊病、危害而要求废除音乐,这又不免偏激了。

关于墨子"非乐"的评价,学术界历来有两种对立的观点。章炳麟、梁启超、郭沫若等持否定观点。梁启超说墨子"知有物质上之实利,而不知有

传记读库

精神上之实利;知娱乐之事足以废时旷业,而不知其能以间接力陶铸人之德行,增长人之智慧,舒宣人之筋力,而所得者足以偿所失而有余也"(《子墨子学说》)。郭沫若说墨子"简直是不知精神文化为何物的""狂信徒"(《青铜时代·墨子的思想》)。伍非百等持肯定观点。伍非百说:"墨者非乐,非不知乐,为救世之急也"(《墨子大义述》)。依我们对墨子如何"非乐"的分析,我们认为伍非百的观点是确切的,评价是中肯的。

（四十一） 墨子是如何"非命"的

命定论流行于夏、商、周三代。生产力的落后和认识能力的低下,使人们面对自然的、社会的盲目异己力量的压迫,逆来顺受,把人生的种种际遇归之于命。比如,人们认为:"命富则富,命贫则贫;命众则众,命寡则寡;命治则治,命乱则乱;命寿则寿,命夭则夭";"上之所赏,命固且赏,非贤故赏也;上之所罚,命固且罚,不暴故罚也"(《非命上》)。墨子从个人生存和社会治乱中,敏锐地看到人力的作用,得出"赖其力者生,不赖其力者不生"(《非乐》)的哲学结论,并以此批判命定论。

墨子非命的著名著作《非命》上、中、下三篇,始终贯穿强力以非命的思想。用强力论作指导,墨子由三表、先王之书批判"命"的虚伪不真,进而揭示"命"的社会历史根源,指明"命"的危害。

"三表"是墨子检验善恶是非的标准,其内容是:"上本之于古者圣王之事","下原察百姓耳目之实","废以为刑政,观其中国家百姓人民之利"(《非命上》)。墨子据之"非命"。

"古之圣王,举孝子而劝之事亲,尊贤良而劝之为善,发宪布令以教诲,明赏罚以劝沮"(《非命中》),变乱为治,转危为安。例如,世不易、人不改,桀、纣所乱,商汤、武王治之。由此可见,圣王是不相信有命的。这是用三表的第一表否定"命"。

命,百姓若能耳闻目睹,则一定有;百姓若听不见看不到,则一定无。自古及今,自有人类以来,没有谁见过命的形象,听过命的声音。再说,诸侯所流传的言论,自古及今,自有人类以来,也没有关于命的形体、命的声音的表述。由此可见,命是不存在的。这是用三表的第二表否定"命"。

如果用命定论治国,"则上不听治,下不从事"(《非命上》),王公大人"必怠乎听狱治政矣,卿大夫必怠乎治官府矣,农夫必怠乎耕稼树艺矣,妇人必怠乎纺绩织纴矣"(《非命下》)。这样,刑政混乱,财用不足,损害人民衣食住行,招致亡国亡身之祸。由此可见,命不符合"国家百姓人民之利"。这是用三表的第三表否定"命"。

先王之书记载了圣王对"命"的看法。墨子援引《仲虺之告》《太誓》、《执令》《总德》以及商、夏之《诗》《书》,择取其中有关批评命、反对命的文字,说明古时圣王亦是"非命"的(具体引文,详见"《墨子》一书引用了哪些古代典籍")。这是用先王之书否定"命"。

既然人世间没有命,为什么现实生活中有人相信命? 墨子从三代暴王耽于享乐,荒于政事,国破身亡时的借口:"我命固且亡"(《非命中》)、"吾命固将失之"(《非命下》);从三代穷人不事亲戚君长,好逸恶劳,饥寒冻馁时的借口:"我命固且穷"(《非命中》)、"吾命固将穷"(《非命下》),找到了"有命"的社会历史根源:命是由于"昔者暴王作之,穷人术之"(《非命下》)而来。

否定命的客观存在,揭示命的来源之后,墨子指出了"有命"造成的危害:道德伦理上,君不义,臣不忠,父不慈,子不孝,兄不良,弟不悌;政治上,王公大人、卿大夫沉湎玩乐,不理政务,荒废了刑政;生产上,农夫、农妇游手好闲,不耕不织,耽误了衣食财用。有鉴于此,墨子谴责命定论者"不仁"(《非命上》),谴责命定论是"凶言之所自生而暴人之道也"(《非命上》)。

墨子"非命",反映了人力的强大,反映了主体的自觉。它打击了传统的"有命"迷信,动摇了孔子的"畏天命"(《论语·季氏》),迫使孟子、荀子在"力命之辨"中,向"力"的方面扩展。从总体上讲,应充分肯定墨子"非命"的理论和实际价值。但是,有些学者把"非命"与"天志"、"明鬼"扯在一起,对墨子"非命"持否定态度。其中,郭沫若的说法影响颇大。郭沫若说:"墨子的'非命',说其实也就是宗教式的皈依,……正因为他尊天明鬼,所以他才'非命'。他是不愿在上帝鬼神的权威之外还要认定有什么必然性或偶然性的支配。"(《青铜时代·墨子的思想》)我们以为郭氏的说法是对墨子的误解。

（四十二） 墨子运用了哪些逻辑方法论证墨家的政治主张

墨子精通逻辑,懂得论辩中的逻辑力量。在论证墨家政治主张的过程中,墨子充分运用逻辑学智慧,采用了类比、归纳、演绎、明故、法仪等逻辑方法。

墨子强调"类",要求"察吾言之类"(《非攻下》),曾用"义不杀少而杀众,不可谓知类"(《公输》),说服为楚造云梯以攻宋的鲁班。在异类不比、同类相比的逻辑原则下,墨子擅用类比推理。《鲁问》篇里,墨子使用以小喻大的类比法来证明"世俗之君子,皆知小物而不知大物":"世俗之君子,皆知小物而不知大物。今有人于此,窃一犬一彘,则谓之不仁,窃一国一都,则以为义。譬犹小视白谓之白,大视白则谓之墨。是故世俗之君子,知小物而不知大物者,此若言之谓也"。《耕柱》篇里,墨子使用以大喻小的类比方法来证明"大国之攻小国"的荒谬:"大国之攻小国,譬犹童子之为马也。童子之为马,足用而劳。今大国之攻小国也,攻者(应作"守者"——引者注),农夫不得耕,妇人不得织,以守为事;攻人者,亦农夫不得耕,妇人不得织,以攻为事。故大国之攻小国也,譬犹童子之为马也"。这些都是例证。

归纳推理,在墨子著作中比比皆是。《兼爱中》里,墨子从"诸侯不相爱,则必野战;家主不相爱,则必相篡;人与人不相爱,则必相贼;君臣不相爱,则不惠忠;父子不相爱,则不慈孝;兄弟不相爱,则不和调",推出"天下之人皆不相爱,强必执弱,富必侮贫,贵必敖贱,诈必欺愚";从"晋文公好士之恶衣","楚灵王好士细腰","越王勾践好士之勇"等事,推出"苟君说(通"悦")之,则众能为之"。这些可作例证。

心通墨子

演绎推理作为基本的逻辑推理形式之一，墨子亦时常运用。《兼爱中》里，墨子以"苟君说之，则众能为之"为大前提，推出君若兼爱交利，臣民亦兼爱交利的结论："乃若夫少食、恶衣、杀身而为名，此天下百姓之所皆难也。若苟君说之，则众能为之；况兼相爱、交相利，与此异矣！夫爱人者，人亦从而爱之；利人者，人亦从而利之；恶人者，人亦从而恶之；害人者，人亦从而害之。此何难之有焉？特士（应作"上"——引者注）不以为政而士不以为行故也"。这就是例子。

"明故"就是探明事情的成因和条件，它是因果律的应用。墨子要求"明其故者也"（《非攻下》），明确提出"明故"的重要性，他说："圣人以治天下为事者也，必知乱之所自起，焉能治之；不知乱之所自起，则不能治。"（《兼爱上》）就是一例。由于深知"明故"的意义，墨子立论或反驳常常从"故"入手，查明原因。例如，他说："察乱何自起，起不相爱"（《兼爱上》）；"今者王公大人为政于国家者，皆欲国家之富，人民之众，刑政之治。然而不得富而得贫，不得众而得寡，不得治而得乱，……是其故何也？……是在王公大人为政于国家者，不能以尚贤事能为政也。"（《尚贤上》）

墨子重视法度、准则，认为"天下从事者，不可以无法仪"（《法仪》）。据此，墨子明言"凡出言谈、由文学之为道也，则不可而不先立义法"（《非命中》）。即是说，言谈和作文要确立一个共同遵守的思维和逻辑法则。墨子著名的"三表法"："上本之于古者圣王之事"，"下原察百姓耳目之实"，"废以为刑政，观其中国家百姓人民之利"（《非命上》），就是"法仪"的具体运用。在《非命》、《明鬼》篇里，墨子用之非命、明鬼，批判命定论，证明鬼神的客观存在及其对人事的干涉。

墨子运用逻辑知识，轻松自如，墨家的政治主张因为有逻辑的支撑而更有说服力，更易于为人接受。墨学风行于先秦，恐与此有关。

（四十三） 怎样理解墨子社会分工学说

在先秦所有的思想家中，墨子的社会分工学说最为全面、丰富、详细。

这是墨子思想中的精华,是墨子留给后人的宝贵财富。

《墨子·鲁问》载吴虑自食其力,"冬陶夏耕,自比于舜",并指责墨子空谈"义"。墨子批评他说,一农之耕,不能饱天下之饥者;一妇之织,不能暖天下之寒者。诵先王之道,通圣人之言,上说下教,功大于躬身耕织为天下。此处,墨子反驳吴虑的理论基础便是他的社会分工学说。

墨子认为社会是人群集合体,个人的劳动创造不能满足整个社会的需求,也不能完全满足自我的需要。个人实践力量和认识能力的有限性是社会分工的根源。社会分工存在于政治、生产等方方面面,几乎无处不在。

1.统治阶级与被统治阶级的分工:"王公大人,蚤朝晏退,听狱治政,此其分事也。士君子竭股肱之力,亶其思虑之智,内治官府,外收敛关市、山林、泽梁之利,以实仓廪府库,此其分事也。农夫蚤出暮入,耕稼树艺,多聚叔粟,此其分事也。妇人夙兴夜寐,纺绩织纴,多治麻丝葛绪,捆布缪,此其分事也"(《非乐上》)。这是说,王公大人和士君子的职业是处理政事,管理社会,农夫和妇人的工作是耕种、纺织,创造物质财富。

2.政治统治的分工:天下的最高统治者天子选择贤良、有智、有辩才的人为三公,协助自己治理天下;划分天下为数以万计的诸侯国,选拔国君具体负责;选拔左右将军、大夫、乡长、里长辅助国君,治理一国。作为上层统治者的王公大人和作为下层统治者的士君子,其职责又有所不同,前者早晨上朝,晚上退朝,听狱治国,后者治理官府,征收赋税。依靠各级官吏各司其职,各负其责,各行其是,庞大的统治机器得以运转,天子的政令得以颁布实施。

3.体力劳动与脑力劳动的分工。墨子举"为义"为例:"能谈辩者谈辩,能说书者说书,能从事者从事"(《耕柱》)。谈辩和说书属脑力劳动,"从事"属体力劳动。

4.男耕女织的自然分工:"农夫蚤出暮入,耕稼树艺,多聚叔粟,此其分事也;妇人夙兴夜寐,纺绩织纴,多治麻丝葛绪捆布缪,此其分事也"。这是古代自然经济下,农业社会的基本分工和本质特征。

5.手工业内部的分工:"凡天下群百工,轮、车、鞍、鞄、陶、冶、梓、匠,使各从事其所能"(《节用中》)。这是说,手工业内可分成造轮车、制皮革、烧陶器、铸金属、当木匠等不同行业。

6.手工业内部不同行业的专业分工。墨子以"筑墙"为例:"能筑者筑,能实壤者实壤,能欣者欣"(《耕柱》)。筑墙可分为筑、填土、挖土等专业。

墨子是手工业者出身,熟悉手工业里的不同行业、专业,所以,墨子这方面的分工学说比较细致。墨子的分工学说是当时社会生产发展水平和政治状况的反映,在中国政治思想史上具有首创意义。墨子之前的管仲虽有"工之子恒为工","农之子恒为农","商之子恒为商","士之子恒为士"(《国语·齐语》)等论述,其目的仅仅是严格户籍管理,不许迁居改业罢了。墨子之后的孟子、荀子虽批判、抨击墨学,但都对墨子的分工学说有所发展。比如,孟子"劳心者治人,劳力者治于人"(《孟子·滕文公上》),就是对墨子脑力劳动和体力劳动分工、统治者和被统治者分工思想的继承、改造。

不过,墨子的社会分工学说也有十分显著的缺陷:忽视了阶级和阶级斗争,抽象地找寻社会分工的根源,把统治者与被统治者之间的剥削与被剥削、压迫与被压迫简单地看作是分工上的差异,割裂了脑力劳动与体力劳动的联系等。

(四十四) 墨子提出了哪些增加人口的方法

在中国古代,农业生产是最重要的生产活动。在生产力极不发达的战国初期,发展农业生产,增加社会财富,主要依靠劳动力数量的增多。为此,墨子提出了一系列增殖人口的方法,且以人口众寡为评判国家兴衰的标准之一。

墨子针对当时普遍存在的有碍人口增长的社会现象和统治政策,从国家的长治久安着眼,为王公大人们设计了早婚多育、节制蓄私、非攻、短丧薄葬、薄赋等增添人口的方案。

男子二十岁至四十岁结婚,这是古时的婚俗。墨子想象出所谓"圣王之法"，认为男子娶妻不能超过二十岁，女子嫁人不准超过十五岁："昔者圣王为法，曰：丈夫年二十，毋敢不处家；女子年十五，毋敢不事人。此圣王之法也。"（《节用上》）这样，一对夫妇可多生育两、三个孩子，加快了人口自然增长的速度。

国君妻妾成群，多者数千，少者数百，使得宫内的女子没有丈夫，天下的男人没有妻子，造成男女比例失调、婚姻失时，严重影响了人口繁殖。基于此，墨子在不反对国君蓄私、养妾的前提下，要求统治者节制养妾的数量，以"宫无拘女"、"外无寡夫"为准："当今之君，其蓄私也，大国拘女累千，小国累百，是以天下之男多寡无妻，女多拘无夫。男女失时，故民少。君实欲民之众而恶其寡，当蓄私不可不节。"（《辞过》）

战争是人口减少的因素之一。战争期间，两军对垒，双方将士或死伤于战场，或死亡于饥寒冻馁："攻城野战死者，不可胜数"（《节用上》）；"饥寒冻馁疾病而转死沟壑中者，不可胜计也"、（《非攻下》）。这是战争的直接危害。另一方面，战争期间，夫妻分离，减少生育机会："且大人唯毋兴师，以攻伐邻国，久者终年，速者数月，男女久不相见"（《节用上》）。这是战争的间接危害。因之，墨子称战争是"寡人之道"（《节用上》），反对战争，倡导"非攻"。

厚葬久丧是丧葬风俗，是"礼"的规定。当时，厚葬要求"棺椁必重，葬埋必厚，衣衾必多，文绣必繁，丘陇必巨"（《节葬下》）；久丧要求"君死，丧之三年；父母死，丧之三年；妻与后子死者，五皆丧之三年。然后伯父、叔父、兄弟、孽子其；族人五月；姑姊甥舅皆有月数，则毁瘠必有制矣"（《节葬下》）。如此，王公大人用尽府库之财，普通百姓倾家荡产，服丧者面黄肌瘦，降低了人们生活水平，摧残了人们的身体健康，从而影响生殖，"败男女之交"（《节葬下》）。正因为此，墨子主张"节葬"。

在赋税、徭役方面，墨子看到统治阶级"使民劳"、"籍敛厚"，致使"民财不足、冻饿死者，不可胜数也"（《节用上》），希望他们实行轻徭薄赋政策，保证"民劳而不伤"，"民费而不病"（《辞过》），让人民能维持正常的生产和生活。

春秋时期,越王勾践曾强力推行增加人口政策,鼓励早婚多生,但那是出于战争对士兵的需要。从社会生产力状况出发,从社会发展的需要出发,提出增加人口以及增加人口方法的,墨子还算是第一人。同时,墨子增加人口的观点,天才地发现了人力和财富的因果关系,这是对古代人口理论的重大贡献。有的学者指责墨子重视人口数量,轻视人口质量,不懂得阶级社会里人口发展的客观规律。我们以为这类指责无视当时的生产力发展水平,脱离了一定的社会历史环境,太苛求墨子了。

(四十五)　墨子是如何论述教育的意义和作用的

春秋末年和战国初期、中期是我国古代私学的开创时期。孔子率先打破"学在官府"的文化垄断局面,墨子继之而起。《吕氏春秋·有度》称"孔、墨之弟子徒属充满天下",墨子本人自称参加止楚攻宋的弟子就有禽滑釐等三百人,据此可见墨子弟子之多。

墨子广招弟子是与其重视教育的意义和作用分不开的。

首先,墨子非命、尚力,否定"命富则富,命贫则贫"(《非命上》)等传统的宿命论思想,用"力"定义人,视"力"为人的本质和人兽之别的标志:野兽赖其身体条件,适应自然而生,人却"赖其力者生,不赖其力者不生"(《非乐》)。这就为教育的可能性、可行性作了哲学上的理论准备。

其二,墨子由丝"染于苍则苍,染于黄则黄。所入者变,其色亦变;支入必而已则为五色矣"(《所染》),联想到教育对国家发展、对个人成长的重要性,犹如染丝者之于丝。他说:"非独染丝然也,国亦有染";"非独国有染也,士亦有染。"(《所染》)这里,墨子认为丝之颜色取决于染工,被教育者的状况取决于教育者的教育。

其三,墨子通过耕织与教育的比较,推论个人力量极为有限,教育之功远胜于个人的自耕自织。他说:"一农之耕,分诸天下,不能人得一升粟。籍而以为得一升粟,其不能饱天下之饥者,既可睹矣";"一妇人之织,分诸天下,不能人得尺布。籍而以为得尺布,其不能暖天下之寒者,既可睹矣";

"翟以为不若诵先王之道,而求其说,通圣人之言,而察其辞,上说王公大人,次匹夫徒步之士。王公大人用吾言,国必治;匹夫徒步之士用吾言,行必修。故翟以为虽不耕而食饥,不织而衣寒,功贤于耕而食之、织而衣之者也。故翟以为虽不耕织乎,而功贤于耕织也"(《鲁问》)。这里,墨子对比耕织和教育,而且以自己上说下教的教学活动为例子,说明教育虽然不属于物质生产活动,但是,它经由培养和造就的人才这个中介,作用于社会的政治统治、个人的人格修养等方面,推动社会进步。

其四,墨子把"隐匿良道,而不相教诲也"(《尚贤下》)视作"饥者不得食,寒者不得衣,乱者不得治"(《尚贤下》)的原因之一;把"隐匿良道,不以相教"(《尚同上》),视作"天下之乱"(《尚同上》)的重要表现之一;把"有道肆相教诲"(《兼爱下》),视作"兼爱"的方法之一;把"有道者劝以教人"(《尚贤下》),视作为贤之道和治国之术之一。这里,墨子提升教育的意义和作用至国家治乱的高度,充分肯定教育的政治和道德功能。

总之,墨子以尚力非命为理论、以染丝为喻、以耕织为参照、以治乱为尺度,较为系统地论述了教育对国家、对个人所具有的意义和所起的作用。正因为如此,墨子才致力于教育事业,劝说王公大人,教导弟子徒属。

(四十六) 墨子因材施教的教育原则表现在哪些方面

墨子劝说王公大人,教导墨家弟子,其目的是塑造王公大人为墨家理想中的"古者圣王",培养墨家弟子为"厚乎德行,辩乎言谈,博乎道术"的"贤良之士"(《尚贤上》)。但是,在游说王公大人和教育弟子的实际活动中,墨子不固守培育全才、通才的教育目的,而是贯彻执行因材施教的教育原则,考察被教育者的具体情形,区别对待,使他们学有专长。

墨子曾言:"能谈辩者谈辩,能说书者说书,能从事者从事,然后义事成也。"(《耕柱》)说的虽然是"为义"的方式和分工,也是其平时教学中,让有谈辩才能的弟子学习谈辩、让有说书才能的弟子学习说书、让有从事能力的弟子学习从事的结果。据此可知,墨子根据教育对象素质的不同,挖掘学生潜力，发挥学生特长，分别给予教育。

教育对象有长处，也就有短处。墨子扬其所长，又不避其所短，指出其缺点，帮助其改正。这一点，突出地体现在游说"四方之君"，即王公大人方面。墨子说："凡入国必择务而从事焉：国家昏乱，则语之尚贤尚同；国家贫，则语之节用节葬；国家憙音湛湎，则语之非乐非命；国家淫僻无礼，则语之尊天事鬼；国家务夺侵凌，即语之兼爱非攻"（《鲁问》）。墨子政治主张共有十项，能够完全践行这十项主张的，是墨子理想的统治者。然而，墨子劝说王公大人，则是有针对性地选择部分主张。

人有所好，各不相同。墨子尊重学生的爱好，并且设法引导学生。禽滑釐"好勇"（《耕柱》），墨子批评他对"勇"的误解，又按照他的愿望，教给他守城之术。禽滑釐擅守城，在墨子止楚攻宋行动中扮演重要角色。但，墨子反对学生不考虑自身条件，随心所欲，盲目学习。有些学生欲学射技，墨子断然拒绝："夫知者必量其力所能军而从事焉。国士战且扶人，犹不可及也。今子非国士也，岂能成学又成射哉？"（《公孟》）

学生的素质、水平不同，墨子对他们的要求也不尽相同。对待特别优秀的弟子，墨子提出更高的标准。《耕柱》篇所载墨子与耕柱子的对话反映了这一点：墨子对耕柱子发怒，耕柱子以自己胜过别人辩解，墨子用牛喻其他弟子，用骏马喻耕柱子，说明高标准、严要求的理由。

总之，墨子因材施教的教育原则表现在根据教育对象特长、弱点、爱好等的差异，施以不同的教学内容；根据教育对象才能的高低，予以不同的要求标准。因材施教后来成为中国教育史上最受重视的教育原则，这与墨子不无关系。

（四十七） 墨子认为法律是如何产生的

墨子重视法律在治理国家中的重要作用。《墨子》一书，"法"、"法度"、"法仪"等用语，随处可见。那么，墨子认为法律从何而来？

段秋关先生从"一同天下之义"和"天志"的角度，研究了这个问题（参

见杨鹤皋主编《中国法律思想史·墨家的法律思想》,北京大学出版社,1988年10月第1版)。他的主要观点如下:

墨子否定国家和法律的先天存在,认为人类历史上有过"未有刑政"、"未有政长"的时期,那时,没有统一的政治组织和是非标准("义"),人们各有其"义",自以为是:"人是其义,而非人之义"(《尚同中》)。其结果是人与人互相责难、相互争夺,天下大乱。为了改变这种状况,"一同天下之义"(《尚同中》),民众选择贤能者为天子,天子等又用"尚贤"标准立三公、建诸侯、立大夫,设乡长、里长等各级"政长"。与国家机构、各级官吏相配合,天子还"发宪布令于天下之众"(《尚同下》)。这实际上意味着国家和法律的产生。有了法律,便能做到"上之所是,必皆是之;所非,必皆非之";"天子之所是,皆是之;天子之所非,皆非之"。(《尚同上》)

法律源于统一是非标准("义")的客观需要。那么,法律的内容又源于什么呢? 墨子先提出这个问题:"然则奚以为治法而可?"即治理天下究竟应以什么为法呢? 然后做出肯定、明确的回答:"莫若法天"(《法仪》)。因为"天之行广而无私,其施厚而不德,其明久而不衰,故圣王法之"(《法仪》)。意思是:天广大无私,恩施深厚而不自居,光明长久而不衰竭。具体说来,就是:天为庶民百姓的利益而造就自然万物;"天志"表现为"兼爱":"天必欲人之相爱相利,而不欲人之相恶相贼"(《法仪》);天具有主宰人间赏罚的最高权威,顺天意者得赏,反天意者得罚:"爱人利人者,天必福之;恶人贼人者,天必祸之"(《法仪》)。

墨子关于法律产生于社会发展需要的理论,正视了国家和阶级产生时血腥屠杀、弱肉强食的历史事实,虽然,他把根源于经济利益的争夺和动荡仅仅看作是由于是非观的不同。墨子关于法律的内容来源于天、天志的观点,反映了他对"公理"的渴望,对法律公正性的哲学论证的企图,也反映了他所代表的阶级的社会地位的低下。

（四十八） 墨子有哪些立法和司法主张

墨子重视法律在国家政治生活中的地位，重视法律在治理国家、为民谋利和制约君主方面的作用，因而也重视法律的制定和执行，即立法和司法。

据段秋关先生研究，墨子以"爱人利人"为标准，提出了四项立法和司法主张(参见杨鹤皋主编《中国法律思想史·墨家的法律思想》，北京大学出版社，1988 年 10 月版)。

一、法律必须以"为万民兴利除害"为目的。墨子之"利"，指维持或满足人们生活需要的物质利益，从法律观的角度理解，含有保障物质利益的权益、权利的意思。墨子处处言"天下皆得其利"(《尚贤中》)，"国家百姓之利"，"天鬼百姓之利"(《尚贤下》)，"为万民兴利除害"(《尚同中》)，强调公利、众利，反对害人自利。为此，墨子用"利"定义"义"："义，利也"(《经上》)，不仅要求立法"利民"："必务求兴天下之利，除天下之害，将以为法乎天下。利人乎即为，不利人乎即止"(《非乐》)，而且要求执法"利民"："废以为刑政，观其中国家百姓人民之利"(《非命上》)。

二、法律应维护劳动者的基本权利。墨子认为"为民兴利"的主要表现，就是以法律政令确认和维护劳动者的生存、财产有和参加政治的权利。1.关于生存权利。墨子反对统治者搜刮民财和奢侈淫佚，以为政治的首要任务就是解决"民饥"、"民寒"和"不得息"这三大患祸，使民众获得生存的权利。一方面，墨子借用"天志"论证生存权利的神圣不可侵犯："今天下无大小之国，皆天之邑也；人无幼长贵贱，皆天之臣也"，"天必欲人之相爱相利，而不欲人之相恶相贼也"(《法仪》)；另一方面，墨子用人"赖其力者生，不赖其力者不生"(《非乐上》)，论证劳动是人类生存的根本，是物质财富的源泉，"赖其力者"的生存权利应受到维护。

2.关于财产的私有权利。墨子以为私有财产不可侵犯，坚决反对非法占有别人的劳动果实，要求用法律制裁这种"不义"行为。他说："不义"是

"亏人自利","苟亏人愈多,其不仁兹甚矣,罪益厚"(《非攻上》)。由于墨子对侵犯财产权的行为特别愤慨,他主张严刑重罚,甚至提出过"杀盗人,非杀人也"(《小取》)这样的命题。

3.关于"农与工肆之人"参与政治的权利。墨子反对西周以来的"世卿世禄"宗法制度,主张"尚贤",选任"贤者"来治理国政。他说:"虽在农与工肆之人,有能则举之。高予之爵,重予之禄,任之以事,断予之令"(《尚贤上》);"不党父兄,不偏富贵,不嬖颜色。贤者举而上之,富而贵之,以为官长;不肖者抑而废之,贫而贱之,以为徒役"(《尚贤中》)。这些,表达了平民参加政权和提高社会地位的强烈要求。

三、君主集权的法制统一观点。墨子把法律的制定和实施寄托于天子和贤者的身上。首先,墨子以为"义"是由最能理解"天志"的"贵且知者"制定和颁布的:"义不从愚且贱者出,必自贵且知者出"(《天志中》);天子由天选定,是天下最"贤"的人,立法和司法大权也只能归于"天子"。其次,墨子以为天子、三公等等是依贤能的等级而选择的,天下的人必须绝对服从他们:"上之所是,必亦是之;上之所非,必亦非之";"天子之所是,必亦是之;天子之所非,必亦非之"(《尚同中》)。再次,墨子主张君主有最高的立法、司法权,亦强调"明法"、"慎刑":"赏当贤,罚当暴,不杀不辜,不失有罪"(《尚同中》)。

四、处理国家关系的准则。墨子希望以相爱、互利、平等的原则处理各诸侯国之间的关系。首先,墨子以为各国应该有对等的"爱",这样,才能消除敌视、掠夺和攻占,达致睦邻友好,和平相处。其次,墨子以为各国应彼此承认和尊重对方的利益,做到"国都不相攻伐,人家不相乱贼"(《兼爱下》),"国与国不相攻,家与家不相乱"(《兼爱上》)。再次,墨子以为国与国之间应不分大小,一律平等,不仅不相攻:"处大国不攻小国"(《天志上》),而且还应礼尚往来:"外有以为环璧珠玉,以聘挠四邻,诸侯之冤不兴矣,边境兵甲不作矣"(《天志中》)。

在墨子的上述主张中,既有朴素的平等观念,又有尊君集权的专制倾向;既反对宗法等级制,又提倡新的官僚等级;既要求法律承认并维护劳动民众的政治和经济权益,又把立法和司法权归于君主个人,寄希望于明君贤臣。这些,典型地反映了小生产者的思想特质。

（四十九） 墨子有哪些赋税思想

墨子的赋税思想杂于政论性文章中,文字不多且很零散。在此,我们抽取几条有代表性的言论分类述说。

墨子承认和肯定赋税的合法性、合理性,认为农民纳税和国家征税是天经地义的事,从社会分工这一角度来说,主动纳税是农夫农妇的职责,积极征税是各级官吏的职责。墨子的下列言辞透露了这一思想:"今农夫入其税于大人"(《贵义》);"士君子竭股肱之力,亶其思虑之智,内治官府,外收敛关市山林泽梁之利,以实仓廪府库,此其分事也"(《非乐上》);"今也卿大夫之所以竭股肱之力,殚其思虑之智,内治官府,外敛关市山林泽梁之利,以实官府而不敢怠倦者……"(《非命下》)。

墨子对赋税的肯定,并不意味允许横征暴敛。他认为征敛赋税应坚持原则,应适度,这就是:"以其常征,收其租税,则民费而不病"(《辞过》)。这是说,国家需制定正常的赋税征收制度,规定具体的税率、税种和纳税时间,还需根据百姓的收入情况和承受能力,确定纳税的数量,让百姓能够维持起码的生活水平。为此,墨子坚决反对"厚敛",即为满足统治者个人需要而不顾人民死活、国家安危的横征暴敛。他这方面的言论颇多:"厚作敛于百姓,暴夺民衣食之财,以为宫室……是以其财不足以待凶饥、振孤寡,故国贫而民难治也";"厚作敛于百姓,以为美食刍豢、蒸炙鱼鳖……是以富贵者奢侈,孤寡者冻馁,虽欲无乱,不可得也"(《辞过》);"今天下为政者,其所以寡人之道多。其使民劳,其藉敛厚,民财不足,冻饿死者,不可胜数也"(《节用上》)。但是,墨子又不反对古代圣王的"厚敛",因为古代圣王"取之于民,用之于民",表面上是"厚敛",实质上是"不敛"。他解释道:"古者圣王亦尝厚措敛乎万民,以为舟车。既以成矣,曰:'吾将恶许用之?'曰:'舟用之水,车用之陆,君子息其足焉,小人休其肩背焉故万民出

财弯而予之,不敢以为戚恨者,何也? 以其反中民之利也。"(《非乐》)

另外,墨子曾说过:"一谷不收谓之馑,二谷不收谓之旱,三谷不收谓之凶,四谷不收谓之馈,五谷不收谓之饥";"岁馑,则仕者大夫以下皆损禄五分之一;旱,则损五分之二;凶,则损五分之三;馈,则损五分之四;饥,则尽无禄,禀食而已矣。"(《七患》)从墨子提出随饥馑程度不同紧缩俸禄支出以节约财政开支的办法,我们猜想墨子有在灾荒年代减少甚至免除赋税的思想,虽然他没有明确提出减免赋税的措施。

墨子肯定赋税,提倡聚财以实府库的赋税观念,与儒家所崇尚的"关市讥而不征,泽梁无禁"(《孟子·梁惠王下》),所强调的"财聚则民散,财散则民聚"(《大学》)根本不同:这是儒、墨对立在财政领域里的反映。从儒、墨的这种对立中,我们更能看出墨子赋税思想产生的阶级基础。

(五十) 墨子"财"的思想有哪些

墨子的"财"有时专指粮食,如"以时生财,固本而用财,则财足"(《七患》),这里所云"财"即是粮食。墨子的"财"有时也指国家的税收,如"贤者之长官也,夜寝夙兴,收敛关市、山林、泽梁之利,以实官府,是以官府实而财不散"(《尚贤中》),这里所言"财"即是税收。在大多数情况下,墨子的"财"指"衣食之财"(《辞过》)。"衣食之财"即是满足人们最基本的物质需要的农产品和纺织品,墨子论"财"由此而发。

墨子重视"财",对粮食的重要性尤为重视。他说:"凡五谷者,民之所仰也,君之所以为养也。故民无仰,则君无养;民无食,则不可事";"食者,国之宝也";"食者,圣人之所宝也。"(《七患》)认为粮食是民众和国君赖以生存的物质保障,是国家安定的保证,在国家中处于"宝物"的崇高地位。他说:"时年岁善,则民仁且良;时年岁凶,则民吝且恶。"(《七患》)认为粮食收成的好坏、多少影响乃至决定民众的道德品质以及社会风俗。这与管子的"仓廪实则知礼节,衣食足则知荣辱"(《管子·牧民》),有异曲同工之妙。他说:"仓无备粟,不可以待凶饥(《七患》)认为粮食贮备充足,才可抵御自然灾害。

由于重视"财",墨子把"国家之富"列为治国的三大目标之一,视作国家强盛的主要标志之一。他说:"古者王公大人为政国家者,皆欲国家之富,人民之众,刑政之治。"(《非命上》)借古代王公大人表述己意。

由于重视"财",墨子提出了"生财"的一整套措施。其一,顺应农作物生长时间,按时播种庄稼;尽力利用好土地资源,精耕细作:"以时生财,固本而用财","地不可不力"(《七患》)。这里,墨子的"固本"实为后来"以农为本"、"民以食为天"等经济、政治主张的滥觞。其二,人"赖其力者生,不赖其力者不生"(《非乐上》),通过加大劳动者的劳动强度,提高劳动生产率:农夫"蚤出暮入,强乎耕稼树艺,多聚叔粟而不敢怠倦",妇人"夙兴夜寐,强乎纺绩织纴。多治麻丝葛绪捆布缪,而不敢怠倦"(《非命下》)。这里,墨子的"男耕女织"预示了中国封建社会典型的生产方式。其三,增加劳动者的数量,保护和使用好现有劳动力。为此,墨子提出早婚、非攻、节葬、非乐等主张,批评晚婚、攻伐、厚葬久丧妨碍人口增长,批评从事音乐制作、演奏和欣赏浪费大量人力。

创造财富的最终目的是消费"财",即用"财"。墨子"生财密"、"用之节"(《七患》),规定了"节用"的消费原则。那就是:饮食"足以充虚继气,强股肱,耳目聪明,则止";"冬服绀緅之衣,轻且暖;夏服𫄨绤之衣,轻且清,则止"(《节用中》)即,穿衣吃饭以维持住温饱为限,不必贪求美味、丽服。

综上所述,墨子关于"财"的阐述,包括"财"的内涵、"财"的作用和地位、生财、用财四个方面,显示了墨子对经济的关注,对人民物质生产、物质生活的关注。

(五十一) 墨子"七患"的内容及消除"七患"的方法是什么

战国时期,社会动荡不安,各诸侯国危机四伏。一方面,大国攻伐,兼并战争屡屡发生,弱小国家的生存环境极其恶劣;另一方面,统治者竭尽民

力,以享乐为事,自取灭亡。墨子分析当时各国的统治政策和所处的外部形势,敏锐地指出造成国家危亡的祸患有七种:

"国有七患。七患者何?城郭沟池不可守而治宫室,一患也;边国至境,四邻莫救,二患也;先尽民力无用之功,赏赐无能之人,民力尽于无用,财宝虚于待客,三患也;仕者持禄,游者爱佼(通"交"),君修法讨臣,臣慑而不敢拂,四患也;君自以为圣智而不问事,自以为安强而无守备,四邻谋之不知戒,五患也;所信者不忠,所忠者不信,六患也;畜种菽粟不足以食之,大臣不足以事之,赏赐不能喜,诛罚不能威,七患也"(《七患》)。此谓统治者不理政事,不防御和戒备侵略,不辨忠奸,不交四邻,赏罚无当,浪费民力和财富,沉湎感官享乐等等,是国之大患。

接着,墨子又指出上述七患的危害性:"以七患居国,必无社稷;以七患守城,敌至国倾。七患之所当,国必有殃"(《七患》)。

如何消除危及国家存亡的七种祸患?墨子根据中国古代以农为本的国情,认为最根本的措施就是尽力耕作田地,加紧生产粮食,节约使用财用。因为谷物充足,就可像禹、汤一样,从容应付水旱灾害,满足民众的起码的生存需要,稳定民心;就可积累足够的财富,用于国防建设。由于当时战争频繁,墨子虽宝气"非攻",反对侵略,但还是认为在农业生丰收,人民生活富足的基础上,应积极备战,修造兵器,筑城掘池,时刻保卫国家。所以,墨子说:"仓无备粟,不可以待凶饥;库无备兵,虽有义不能征无义;城郭不备全,不可以自守;心无备虑,不可以应卒","备着,国之重也;食者,国之宝也;兵者,国之爪也;城者,所以自守也。"(《七患》)

墨子列举的国之七患,揭露了统治阶级荒废国家政务,不顾社稷和人民安危,耗尽民力和府库之财以贪求腐朽的享乐生活的黑暗现状,这是难能可贵的。我们不可苛求墨子在两千余年前,站在阶级本质、政治体制的高度去分析祸患的根源,去批驳统治者可耻的贪欲,去指明彻底根除祸患的道路。再说,在墨子之前,没有一位思想家敢于直接指责统治者政治统治的失误。他们多是从哲学或伦理学角度,作有限的哲学和首先批判。墨子同他们相比,要进步得多,大胆得多。

（五十二）　墨子"圣王之道"有哪些内容

墨子批评王公大人的统治方针和施政措施,历数王公大人的腐败无能,指出王公大人败乱天下的根源,为王公大人出谋划策。墨子利用圣王权威、历史经验,打出圣王、先王旗号,声称其设计的统治术是圣王治世的方法,即所谓"圣王之道"、"先王之治"。

具体说来,"圣王之道"不外乎有以下内容:

圣王重视品德修养,是修身正己以治天下的典范。圣王为政必定明察左右而招徕远人,用首先伦理要求他人:"先王之治也,必察迩来远"（《修身》）。

圣王列德、尚贤、使能,无分亲疏远近、贫富贵贱、貌美容丑,唯德是举,唯贤是用,破除宗法观念。《尚贤》上、中、下三篇,对此有相似的记载:"古者圣王之为政,列德而尚贤。虽在农与工肆之人,有能则举之。高予之爵,重予之禄,任之以事,断予之令"（《尚贤上》）;"古者圣王甚尊尚贤而任使能,不党父兄,不偏富贵,不嬖颜色。贤者举而上之,富而贵之,以为官长;不肖者抑而废之,贫而贱之,以为徒役"（《尚贤中》）;"古之圣王之治天下也,其所富,其所贵,未必王公大人骨肉之亲、无故富贵、面目美好者也"（《尚贤下》）。圣王为什么尚贤使能? 墨子认为这是圣王效法天结果:"古圣王以审以尚贤使能为政,而取法于天。虽天亦不辩贫富、贵贱、远迩、亲戚,贤者举而尚之,不肖者抑而废之"（《尚贤中》）。圣王尊天敬鬼,顺天、鬼之欲望,率领民人祭祀天帝鬼神:"古者圣王明天、鬼之所欲,而避天、鬼之所憎,以求兴天下之[利,除天下之]害,是以率天下之万民,齐戒沐浴,洁为酒醴粢盛,以祭祀天、鬼"（《尚同中》）;"古者圣王必以鬼神为[有],其务鬼神厚矣"（《明鬼下》）。

尚同即"上同",指人们的意见应当统一于上级,并最终统一于天。圣王为政,崇尚"尚同",以之为治理天下的政治纲领:"古者圣王唯而审以尚同,以为正长,是故上下情请为通";古者圣王"唯以尚同为政者也"

（《尚同中》）。

圣王爱天下之人，为天下之人谋利，要求人民互敬互爱、互惠互利，不相贼害。《兼爱》上、中、下三篇所记大致相同："天下兼相爱则治，交相恶则乱"（《兼爱上》）；"兼相爱，交相利，此圣王之法，天下之治道也"（《兼爱中》）；"兼者，圣王之道也"（《兼爱下》）

与当今统治者喜好攻伐不同，古代圣王非攻、事天、敬鬼，致力于农业生产："古之仁人有天下者，必反大国之说，一天下之和，总四海之内，焉率天下之百姓以农，臣事上帝、山川、鬼神"（《非攻下》）。

圣王利天下、富国家、足民用，依然把勤俭节约视为施政的一项重要内容："去无用之费，圣王之道，天下之大利也"（《节用上》）。

总之，"圣王之道"包括修身、尚贤、尚同、尊天、事鬼、非攻、节用等内容，同墨家的政治主张、为政方略基本相同。由此可以看出，"古者圣王"并非历史上的贤王明君，它是当今的王公大人的对立面，是墨子心目中的理想统治者。"圣王之道"也并非古代贤明君主的为政之方，它是墨家理想的治世之道，集中反映了墨家政治学说的方方面面。

（五十三） 墨子与老子思想有哪些相通之处

墨、道不同，不是说两派毫无联系，两派水火不容。墨家墨子与道家老子思想有相通的一面，这可以解释为墨子对老子思想有所继承，可以解释为墨子、老子思想同源于上古文化，也可以解释成墨子和老子思想的复杂性。

孙以楷、张建设在他们的论文《老墨通义论》（《中国哲学史研究》，1996 年第 2 期）里，对墨子与老子的相通作了全面而详尽的阐述。现综述他们的主要观点如下。

1.天志与道。墨子提出"莫若法天"（《墨子·法仪》），天志有超自然的一面，又含有客观规律的成分，犹轮人之规、匠人之矩；老子法天、法道，道是天地万物的客观法则。墨子的天广大无私，无所偏爱："天之行广而无私,其施厚而不德,其明久而不衰"(《法仪》);老子的天道无处不在,无所不包,给予一切,从不索取:"天道无亲,常与善人"(《老子·七十九章》)。墨子的天志代表民意,民意之一是有财以分人;老子曰:"天之道损有余而补不足"(《老子·七十七章》)。墨子认为"爱人利人者,天必福之。恶人贼人者,天必祸之"(《法仪》);老子认为违反了天道,就会招致凶咎,并且无法逃避:"不知常,妄作,凶"(《老子·十六章》),"天网恢恢,疏而不失"(《老子·七十三章》)。

2.经验与静观。墨子在认识论上是经验论者,处处强调经验。老子反对先验知识:"前识者,道之华也,而愚之始也"(《老子·三十八章》),所云"不出户,知天下"(《老子·四十七章》),指人们学习间接经验,就可知天下事。老子重视直接经验,说过"以身观身,以家观家,以乡观乡,以国观国,以天下观天下。吾何以知天下然哉? 以此"(《老子·五十四章》)。另外,墨子全部学说的论证方法都是"以 X 观 X",如墨子三表法中提出的"上本之古者圣王之事","下原察百姓耳目之实"(《非命上》),就是"以古者圣王之事观现在王公当做之事","以百姓耳目所见之物观即将认识之物"。老子"以身观身"等等也是"以 X 观 X"。

3.非攻与反战。墨子说战争是屠杀无辜平民的行为:"今夫师者之相为不利也,……天下之害厚矣,而王公大人乐而行之,则此乐贼灭天下之万民也,岂不悖哉"(《非攻下》)! 老子亦表述其强烈的反战态度:"夫唯兵者,不祥之器"(《老子·三十一章》)。墨子谴责黩武嗜血以杀人为乐者,指出如对战争"乐而行之,则此乐贼灭天下之万民也"(《非攻下》);老子斥责爱好战争者,指明其最后的失败结局:"胜而不美。而美之者,是乐杀人。夫乐杀人者,则不可以得志于天下矣"(《老子·三十一章》)。墨子具体描述了战争对生产的破坏情形;老子高度概括战争的破坏性后果:"师之所处,荆棘生焉;大军之后,必有凶年"(《老子·三十章》)。墨子"非攻",不反对正义战争,即"诛";老子对于兵器的态度是"不得已而用之"(《老子·三十一章》)。

4.修身与修道。墨子以无私无欲修身(《墨子》中有《修身》篇),老子以无私无欲修道。无私的人生追求贯穿墨子的一生,墨子的全部政治伦理学说也都贯穿了无私的原则;老子则坚持人法地,地法天,天法道,"道常无为"(《老子·三十七章》),天地"以其不自生,故能长生"(《老子·七章》),从中悟出"后其身而身先,外其身而身存,非以其无私邪"(《老子·七章》)。墨子要求人们"去喜、去怒、去乐、去悲、去爱"(《贵义》),去除一己之私欲;老子要求人们"不欲以静"(《老子·三十七章》),除却欲望。墨子"君子力事日强","志不强者智不达"(《修身》),希望人们以爱人之心,谦恭不争之行,典雅之言,坚持修身;老子"自胜者强","强行者有志"(《老子·三十三章》),希望人们战胜私见、私智、私欲,勉力修道。

除上述四个方面外,墨子兼爱、节用、身体力行等思想或行为,与老子"三宝"(即慈、俭、不敢为天下先)亦非常相似。

（五十四） 墨家与儒家的思维方式有何不同

儒、墨不同的一个重要方面就是思维方式的不同。蒙培元先生《谈儒墨两种思维方式》(《中国社会科学院研究生院学报》,1987 年第 1 期)一文,揭示了两者的差异。

蒙培元先生认为:第一,墨家和儒家思维方式的出发点不同。墨家的创始人墨子以天为最高主体,公开承认"天志",又赋予天以新的含义,即天不仅仅是外在的权威,又是人立的规矩。墨子保留天的地位,给宗教留下地盘的同时,又严格区分人和天、主观和客观,给人认识和改造世界留下更为广阔的天地。在墨子看来,人和天各有其职能和作用,天虽然是最高权威和标准,人的真正幸福还要靠自己对客观世界的认识和改造来实现。这种思维方式既是宗教信仰式的,又是向外认识、向外追求因果关系的。孔子第一次确立以人为中心的人本主义哲学——"仁学"。仁学虽不彻底否定天,但强调人的精神生活(包括道德生活)不必向天寻找,只需向人自身去寻求,因为仁由天赋,天却不体现仁,仁作为最高美德是人自身所具有的。这种思维方式是以人为主体的向内的思维,它重视人的地位和价值,主张对人的自我认识。由于"知天命"被认为是达仁的过程,孔子之后的儒家追求所谓"圣人与天地合其德",形成由人出发达到天人合一的思维方式。这种整体性思维,不是对自然界作分析的认知,而是确立人在自然界中的地位,建立以人为主体的思想体系。总之,从墨家和儒家思维的出发点来说,"儒家的基本的思维方式是人和自然的合一,所谓天是道德化了的自然界,人是真正的主体;墨子则强调人和自然的相异和对立,他所谓天虽然是人的异化,并作为最高主体而存在,但人作为认识主体,在认知和改造世界的活动中却具有很大的能动性"。

第二,墨家和儒家思维方式的基本特征不同。墨家和儒家都重视经验知识,都具有经验主义特征,但他们对经验的理解和解释并不完全相同,从而形成两种截然不同的思维方式。墨家把人的经验知识看作认识的基本来源,并通过经验事实证明认识。墨家的经验不是人的内在体验,而是外部的经验知识,它不具任何主观情感色彩,呈现"中性"。沿着这种经验发展下去,必然出现科学的认知思维。这就是:从经验出发,经过归纳形成概念,再进行判断和推理。《墨经》中的名、辞、说,《墨子·大取》里的"以故生,以理长,以类行",表达了概念、判断、推理等逻辑思想以及从概念、判断到推理的整个思维过程。孔子的仁学建立于经验基础之上,但孔子的经验不是外部经验知识,而是人的情感经验,即内部经验。孔孟的仁作为道德规范,是一个实践理性范畴,实践理性恰恰以情感经验为基础,由情感意志的需要所决定。

沿着这种情感经验发展下去,必然形成一定型化的思维方式,即情感经验——道德理性——道德实践这样的模式。这种思维方式不是逻辑型的,而是直观型的。它对于经验知识不是从认识论上进行分析、归纳,也不是通过实验求得理解和证实,而是对情感经验进行选择、过滤或净化,达至理性的自我反思。

第三,墨家和儒家不同的思维方式导致不同的价值取向。墨家重视外部经验的可靠性,以此衡量认识的真理性。在价值观上,墨家因此强调感性欲望、物质利益的重要性,并用此作为衡量价值的尺度。《墨子经说上》："义，利也"，是其讲求实效、重功重利价值观的最精妙的表述。儒家重视情感体验，其向内的思维、天人合一的整体思维强调人的价值，但由于它张扬人与自然、社会的统一性，因而把人的价值变成以维护社会整体利益为特征的自我道德价值，提倡人的道德和人格的自我完善；把外在的社会伦理规范转化为内在的自我意识、人心所固有的内在本质，突出了主体意识的作用。这是实实在在的道德理性主义的自我价值观。

（五十五） 孔、墨义利观有什么差别

人己关系、群己关系表现为义利关系。孔子崇义轻利，唯义至上；墨子重义尚利，功利为上。孔、墨义利观的差别，体现在义、利及义利关系等方面，现述于下。

1.墨子从"天为贵、天为知"（《天志中》），天比人间的最高统治者天子更高贵、更有智慧，推论"义"自天出，即义本是天的属性，人世间的道德伦理于天，从而为人的道德实践提供神学式的形而上的证明。孔子从仁是人生大德和人生最高境界，仁是三代之礼的承继和发展；仁、礼规范义，义是仁的反映或一个侧面，推论"义"出自宗法和血缘纽带，从而为人生的道德践履提供深层的心理基础和广阔的社会基础。

2.鉴于"义果自天出"（《天志中》），天之所欲是"兼相爱，交相利"（《兼爱中》），是"兴天下之利，除天下之害"（《兼爱下》），所以，墨子认为义就是利天下、利人，不义就是害天下，"亏人自利"（《非攻上》）。他在《天志下》中说："上利天，中利鬼，下利人"，"凡从事此者，圣知也，仁义也，惠忠也，慈孝也"，"上不利天，中不利鬼，下不利人"，"凡从事此者，寇乱也，盗贼也，不仁不义，不忠不惠，不慈不孝。"这便是以"利"来判定义与不义。基于义的宗法、血缘基础，仁、礼对义的规范："义以为质，礼以行之"（《论语·卫灵公》），孔子认为义即是合乎仁、礼，不义即是违反仁、礼。

3.墨子重利，"利"主要指天下之利，国家百姓之利，他人之利，即"公利"，而不是害天下、害他人的一己之利。孔子轻利，"利"主要指墨子所反对的私利、私欲、损人利己之利,而不是墨子所崇尚的公利、众利、利人之利。

4.墨子之义的内容和标准是利人、利天下,墨子之利的内涵是他人和天下之利,所以,墨子强调义、利统一,以"利人乎即为,不利人乎即止"(《非乐》)为人的行为规则。孔子之义的内容和标准是符合仁、礼,孔子之利的内涵是私利,所以,孔子强调义、利对立,以"义"为人的行为规则:"见利思义"(《论语·宪问》),"富与贵是人之所欲也,不以其道得之,不处也;贫与贱是人之所恶也,不以其道得之,不去也"(《论语·里仁》)。由此,孔、墨在义、利取舍上,墨子表现为重义、尚利,孔子表现为崇义、轻利。

5.孔、墨义利观的差别,直接导致二人道德人格观的差异。墨子从利出发,认为能兴天下之利、除天下之害者是理想的"圣王";孔子从义出发,认为行义者是高于凡夫俗子的"君子",他说的"君子喻于义,小人喻于利"(《里仁》),就是这个意思。

此外,孔、墨义利观亦有一致的一面。墨子"尚利"实是为他人、为社会谋利,孔子"轻利"实是反对为己谋利;墨子"重义"既有物质利益上的利他,也有道德上的利他,孔子"崇义"既有道德上的利他,也有物质利益上的利他;墨子义利统一基础上的功利主义具有鲜明的道德色彩,与孔子义利对立前提下的道德主义殊途同归。

(五十六) 墨子"兼爱"与孔子"爱人"有何不同

《吕氏春秋·不二》归纳孔、墨宗旨为:"孔子贵仁,墨翟贵兼('兼'原作'廉')"。孔子说,仁者"爱人"(《论语·颜渊》),"爱人"是仁人的品质;墨子言:"兼相爱"(《墨子·兼爱中》),"兼爱"属人类的普遍道德。"兼爱"与"爱人"都集中表述伦理道德,但二者的不同非常明显。

墨子认为"兼爱"在人我关系上就是"视人之国,若视其国;视人之家,若视其家;视人之身,若视其身"(《兼爱中》),强调人我合一,无分上下、亲疏。它表现在对待父母上,就是"必吾先从事乎爱利人之亲,然后人报我以爱利吾亲也"(《兼爱下》)。孔子倡导"泛爱众而亲仁"(《论语·学而》),其"爱"以仁为准则,强调自我在家族和社会关系中的道德义务,向往君臣、父子、兄弟间的伦常秩序,讲求上下、亲疏、远近之分。它表现在对待父母上,就是孝顺,就是先爱自己父母,然后才爱他人的父母,并且,爱自己父母甚于爱他人的父母。墨子曾指责孔子这种爱是"亲亲有术,尊贤有等"(《非儒下》)。

墨子的"兼相爱,交相利"(《兼爱中》),把道德伦理与物质利益结合起来,认为兼爱就是互利,就是利他。另外,墨子用这种功利主义的道德观重新定义仁:"兼即仁矣,义矣"(《兼爱下》),"仁,体爱也","义,利也"(《经上》)。并按照"仁即利"的原则要求仁人:"仁人之所以为事者,必兴天下之利,除天下之害"(《兼爱中》)。孔子的"爱人"是其仁学的一部分,要求人们在处理人我、上下、亲疏关系时,按照道德原则行事,重视义,贬低利:"君子谋道不谋食","君子忧道不忧贫"(《论语·卫灵公》);"君子喻于义,小人喻于利"(《论语·里仁》)。这是典型的非功利主义道德观。

墨子"兼爱"的主体是普普通通的人,每一个人既是爱人者,又是被爱者。孔子"爱人"的主体是道德高尚的"仁者",仁者由君子经过长期的自我修养而成,小人永远是小人。这样,爱人者只是少数人,绝大多数人只能被爱,只能因被爱而"报恩"。由此可以看出,墨子"兼爱"是对人类的普遍要求,孔子"爱人"是对有品德的君子的特殊要求。

墨子的"兼爱"本于"天":"今夫天,兼天下而爱之,遂而物以利之"(《天志中》),天是"兼爱"的形上根据。据此,人人践行"兼爱",仅是顺从天意、回避责罚罢了:"顺天意者,兼相爱,交相利,必得赏;反天意者,别相恶,交相贼,必得罚"(《天志上》)。孔子的"爱人"基于仁,而仁又以礼为规范:"克己复礼为仁"(《论语·颜渊》)。据此,仁者爱人仅是履行家族和社会所赋予人的别无选择的道德义务。

墨子"兼爱"代表小生产者的利益,反对宗法等级制下的贵族和官位世袭,对当时黑暗的社会状况予以道德谴责,呼唤人间的平等。孔子"爱人"代表统治阶级的利益,企图协调统治阶级内部各阶层的关系,缓和阶级矛盾,维护即将崩溃的宗法制度。不过,孔子"爱人"也有超越"亲亲"的原则,对劳动人民"宽"、"惠"的一面。

"兼爱"与"爱人"根本对立,旨趣不同。以上的分析,只是几个主要方面。孔、墨后学在猛烈攻击对方的同时,又都相应地吸收对方于己有利的思想内容,调整自己观点,力图更适合社会发展,顺应时代潮流,经得起对方的批评。这一点,我们也需要注意。

（五十七） 墨、荀认识论有何异同

儒、墨对立,荀子非墨。然而,儒、墨相对,实指政治观上的本质差异;荀子批墨,主要批其"为政之道"。在认识论领域,墨、荀的相似相通是主流,他们的差异只意味各具特色。

墨子、荀子都坚持唯物主义反映论,认为认识是对客观世界的感知,知识来源于关于外在世界的经验。墨子说:"天下之所以察知有与无之道者,必以众之耳目之实知有与亡为仪者也。请惑闻之见之,则必以为有;莫闻莫见,则必以为无。"(《明鬼下》)荀子说:"耳、目、鼻、口、形,能各有接而不相能也,夫是之谓天官"(《天论》),"凡以知,人之性也;可以知,物之理也"(《解蔽》),"所以知之在人者,谓之知;知有所合谓之智(《正名》)。这里,墨子笼统讲由耳目之见闻认知事物,荀子已指出耳目等感官功能的不同。这是荀子的高明之处。

由于墨子、荀子的唯物主义反映论,在名、实观上,二人必然得出"名"从属"实"、反映"实"的朴素结论。墨子"取实予名",据"实"定"名",认为名实相符是"名"符合"实";理解"名"所指谓的"实",才算真正理解"名"。他举例说:"今瞽者曰:钜者,白也;黔者,黑也。虽明目者无以易之。兼白墨,使瞽取焉,不能知也。故我曰:瞽不知白墨者,非以其名也,以其取也。"(《贵义》)荀子"制名以指实"(《正名》),确认"实"是客观存在,"名"是对"实"的表达。他说:"凡同类同情者,其天官之意物也同;故比方之疑似而通,是所以共其约名以相期也。"(《正名》)试图说明"名"以及"名"的同异的根据是感官对于事物的感知。

认识源于客观事物，"名"来自"实"。那么，怎样才能判断认识的真理性、"名"的正确性？墨子和荀子都提出了检验认识真理性的标准问题。墨子说："言必立仪。"(《非命上》)所谓"仪"即"标准"，具体内容即是认识史上著名的"三表法"："言必有三表。何谓三表？子墨子言曰：有本之者，有原之者，有用之者。于何本之？上本之于古者圣王之事；于何原之？下原察百姓耳目之实；于何用之？废以为刑政，观其中国家百姓人民之利"(《非命上》)。荀子说："善言古者必有节于今，善言天者必有征于人。凡论者，贵其有辨合，有符验。故坐而言之，起而可设，张而可施行。"(《性恶》)此处，墨子的"事"、"实"、"利"和荀子的"节"、"征"、"辨合"、"符验"都是朴素的、唯物的经验标准。

墨子、荀子认识论的根本立场、基本观点是一致的。他们认识论的差别，也还是存在的。这突出表现在以下几点：

墨子重视感觉和直接经验，处处强调"众人耳目"和"耳目之实"。他说："以众人耳目之情，知有与亡。有闻之，有见之，谓之有；莫之闻，莫之见，谓之亡"(《非命中》)，把认识局限于感性阶段，把知识简单地限定于见闻之知的框架内，忽视理性认识在认识过程中的作用，具有强烈的经验论色彩。荀子把认识过程分为两个阶段，即"缘天官"(《正名》)的感性认识阶段和"心有征知"(《正名》)的理性认识阶段，并初步意识到两者的辩证关系："心有征知。征知，则缘耳而知声可也，缘目而知形可也，然而征知必将待天官之当簿其类然后可也"(《正名》)。另外，荀子还说："心居中虚以治五官，夫是之谓天君"(《天论》)，"心者，形之君也，而神明之主也。"(《解蔽》)凸显理性和理性认识的重要性，又带有一定的唯理论倾向。由于墨子的经验论色彩和荀子的唯理论倾向，在认识方法上，墨子的"察类明故"，重在逻辑分析，荀子的"虚壹而静"(《解蔽》)，重在心之"思"。

墨子的政治学说突出"行"，他的认识论却轻视"行"，以为认识就是经验感知，这就隔断了认识与实践的内在联系，把实践排除在认识论之外。荀子则意识到知、行关系，看出行在认识中的决定作用："不闻不若闻之，闻之不若见之,见之不若知之,知之不若行之。……知之而不行,虽敦必困"
(《儒效》)。

最后,墨子经验主义的认识论,使其检验认识正确与否的"三表法"成
为论证鬼视存在的工具和手段;荀子理性主义的认识论,使其能够剖析鬼
神观念产生的认识论根源,指出鬼神是人在神志不清时的错觉:"凡人之有
鬼也,必以其感勿之间、疑玄之时正之。此人之所以无有而有无之时也"
(《解蔽》)。

总之,墨、荀认识论有异有同。从二人之"同",我们不难发现荀子对
墨子的肯定和继承;从二人之"异",我们更可发现荀子对墨子的扬弃和
超越。

(五十八) 墨、荀"尚贤"有哪些相同和不同之处

墨子是战国初期的墨家创始人,在中国思想史上,第一个全面、系统地
阐论"尚贤"。荀子是战国末期的儒学大师,虽无专门的"尚贤"文章,然其
"尚贤"思想还是相当丰富的。终战国之世,儒、墨相非,又都"尚贤",可
见,学派争鸣,竞长争高,不是机械地、简单地抛弃对方,而是吸收、包容对
方的某些思想"为我所用"。

墨子和荀子都要求统治者把"尚贤"作为"为政"的根本方针。墨子
说:"夫尚贤者,政之本也。"(《尚贤上》)荀子则说"为政"就是"尚贤":"请
问为政? 曰:贤能不待次而举,罢不能不待须而废"(《荀子·王制》)。

至于如何实施"尚贤",墨子和荀子又都提出相同的方法。第一步,以
"贤"为标准,废除宗法等级,重新划定等级,使贤者居上,不肖者居下。墨
子说:"尊尚贤而任使能,不党父兄,不偏富贵,不嬖颜色。贤者举而上之,
富而贵之,以为官长;不肖者,抑而废之,贫而贱之,以为徒役。"(《尚贤
中》)荀子也指出:"虽王公士大夫之子孙也,不能属于礼仪,则归之卿相大
夫。"(《荀子·成相》)第二步,根据贤者的具体情况,授予相应的官职:"可
使治国者使治国,可使长官者使长官,可使治邑者使治邑"(《尚贤中》);

"论德而定次,量能而授官,皆使人载其事而各得其所宜,上贤使之为三公,次贤使之为诸侯,下贤使之为士大夫"(《荀子·君道》)。

关于"尚贤"的对象,墨子、荀子越过贵族、统治阶层,都把目光投向平民百姓。墨子说:"虽在农与工肆之人,有能则举之。高予之爵,重予之禄,任之以事,断予之令。"(《尚贤上》)荀子说,符合礼仪的庶人子孙也可为卿相大夫。这就是说,"尚贤"不仅仅适用于统治者内部,也同样适用于被统治者。

此外,墨子和荀子的"贤",均包括德、才两方面。墨子"尊尚贤而任使能"(《尚贤中》),"厚乎德行,辩乎言谈,博乎道术"(《尚贤上》),荀子"尚贤使能"(《荀子·王制》),"论德而定次,量能而授官"(《荀子·君道》)等语,昭示了这一点。

但是,墨子和荀子毕竟分属对立的学术派别,二人"尚贤"有相同之处,更有不同之处。

墨子"尚贤"特别崇尚尧舜禅让:"昔者舜耕于历山,陶于河濒,渔于雷泽,灰于常阳。尧得之服泽之阳,立为天子。使接天下之政,而治天下之民"(《尚贤下》)荀子对尧舜禅让存在两种截然相反的看法,在《荀子·成相》里,他肯定之:"尧授能,舜遇时,尚贤推德天下治","舜授禹,以天下,尚得推贤不失序";在《荀子·正论》里,他否定之:"世俗之为说者曰:'尧、舜擅让。'是不然。天子者,势位至尊,无敌于天下,夫有谁与让矣!"

墨子、荀子的"尚贤"对象都是统治阶级和被统治阶级中的德才兼备者。然而,墨子更偏向"农与工肆之人",希望"农与工肆之人"凭借自身的"贤",加官晋爵。荀子则偏向"君子",有时甚至认为在"庶人"中"选贤良"是恩赐和抚慰庶人,使其顺从统治者的统治:"庶人骇政,则莫若惠之。选贤良,举笃敬,兴孝弟,收孤寡,补贫穷,如是,则庶人安政矣。庶人安政,然后君子安位"(《荀子·王制》)。

最后,墨子"尚贤",其"贤"的内涵指"兼爱"之德和"兴天下之利,除天下之害"之才;荀子"尚贤",其"贤"的实质是"礼义"之德和实践礼仪规范的能力。

墨、荀"尚贤"之"同"，在于他们都吸收了西周以来的敬德、尚德思想，在于荀子对墨子思想的批判继承。墨、荀"尚贤"之"异"，在于学派不同，在于代表的阶级利益不同，在于所处的社会环境不同。

（五十九） 墨子是如何对待三代之礼的

墨子虽是墨家学派的创立者和最著名的代表者，但是，《吕氏春秋·当染》载其曾在鲁国问学于精通周礼的周代史官史角的后人，《淮南子·要略训》载其"学儒者之业，受孔子之术"，曾是儒门中人。由此可见，墨子研习过周礼以致包括周礼在内的三代之礼。那么，墨子是如何对待三代之礼的呢？总的来说，墨子维护三代之礼的等级性，否定三代之礼的宗法性。

三代之礼在政治层面系夏、商、周统治者治理天下的治世之道，墨子肯定这种礼的政治价值。在《墨子·鲁问》中，墨子把"国家淫僻无礼"看作国之大事以及国家乱而不治的根本性标志之一，强调礼的政治功能，以及礼作为为政之道的核心价值。在《墨子·尚同中》中，墨子把"无君臣上下长幼之节，父子兄弟之礼"看作天下大乱的所有原因中最后的根源，并把由"无礼"而造成的没有贵贱上下和亲疏尊卑分别的人类的混乱无序的存在状态比作"禽兽"，从而把礼视为人、人类社会区别且优越于禽兽、动物界的标准与根据。作为治世之道的礼实即宗法等级制度，兼有宗法性和等级性这双重特征。墨子强调礼的等级性。墨子借晏婴之口指责孔子"劝上乱下，教臣杀君，非贤人之行也"（《墨子·非儒下》），其立足点即是礼所规定的君臣上下的等级性以及这种等级的神圣性；《墨子·经上》从礼仪维度释礼曰："礼，敬也"，《墨子·经说上》解之曰："礼，贵者公，贱者名，而俱有敬焉。等异论也"，指出礼在仪节的意义上表达的是行礼者的恭敬之情，行礼时贵者称公、贱者称名这种称谓上的不同包含和诠释着人与人的等级差别以及社会的伦常秩序。基于此，墨子在政治上将社会中的人理解为等级性的存在，将人的各种社会关系归结为等级关系。在《墨子·尚同上》中，墨子划分人为天子、三公、诸侯国君、正长、百姓等；在《墨子·尚同中》

中,墨子划分人为天子、三公、诸侯国君、左右将军大夫、乡里之长、万民等;在《墨子·尚同下》中,墨子划分人为天子、三公、诸侯、卿之宰、乡长家君、民等。这些划分并非是单纯的职业分工,其意图皆是将人的社会存在等级化。况且,在宗法等级制度下,人的职业决定于其身份等级,而且又是其身份等级的直接体现。墨子说:"上之所是,必皆是之;所非,必皆非之"(《墨子·尚同上》),"天子之所是,必亦是之;天子之所非,必亦非之"(《墨子·尚同中》),无非是强化甚至神化礼所规定的君臣上下的绝对界限与森严等级,维护礼所赋予君上的至上权威,防止臣下和民众犯上作乱。

不过,墨子强调礼的等级性,并不代表其赞成礼的宗法性。从《墨子》之《尚同》上、中、下三篇来看,墨子一方面肯定且守护礼的等级性,另一方面又认为人的等级划分的依据应是所谓"贤"。在他看来,天子是天下最贤者,天子以下的各等级中的人皆是不同层次的贤者。其中,天子这种处于社会最高等级的人是天下之人"选择"的结果,天子之下的各级官吏,也即各等级的人均由在上者"选择"产生。划分人的社会等级的根据是"贤",意味着墨子对于礼所确立的分别人的社会等级的标准——宗法血缘的否定,对于礼的重要特征、礼赖以存在的基础——礼的宗法性以及宗法制的否定;同时意味着墨子对礼所决定的人的等级存在的先天性,以及人的社会等级的绝对性与不变性的否定,虽然墨子在其"尚同"中没有明确表达出来。

墨子对礼的宗法性的明确否定集中体现于《墨子》的《尚贤上》、《尚贤中》、《尚贤下》诸篇。一般地说,"尚贤"并不必然导致否定礼。如果尚贤没有违反宗法等级,二者应有一致性。春秋时期的子产视礼为"天之经也,地之义也,民之行也"(《左传·昭公二十五年》),把本为"民之行"的人之礼扩展为具有"天之经"、"地之义"特征的自然之礼,又有"择能而使之"(《左传·襄公三十一年》)的选贤任能思想;孔子梦想恢复三代礼治,提倡"为国以礼"(《论语·先进》),也有"举贤才"(《论语·子路》)思想。这是尚贤与崇礼一致的典型。墨子尚贤明确否定礼的宗法性。他认为尚贤就是"不党父兄,不偏贵富,不嬖颜色,贤者举而上之,富而贵之,以为官长;不肖者抑而废之,贫而贱之,以为徒役"(《墨子·尚贤中》);"虽在农与工肆之人,有能则举之,高予之爵,重予之禄,任之以事,断予之令"(《墨子·尚贤上》),使富贵者"未必王公大人骨肉之亲"(《墨子·尚贤下》)。这表明,墨子"尚贤"唯贤是举,量才授职,不辨贤者之身份和地位,打破了宗法血缘与贫富贵贱、远近亲疏间的本质联系,破除了宗法血缘对于人的存在地位和存在状况的决定作用。这是针对礼的宗法性而提出的强有力的挑战。

但是,墨子"尚贤"批判礼的宗法性,并不说明其否定礼的等级性,提倡人的存在的平等性。墨子尚贤所要求废除的仅仅是宗法等级,而不是"等级"自身。也就是说,他要求废除的仅仅是划分等级的宗法血缘标准,以及划分等级的标准的先天性,而不是人的存在本身的等级性。犹如在"尚同"中一样,他只是希望以贤为准则和依据重新划定人的社会等级,排列人在社会中的层级序列,使贤者富贵而有爵禄,使不肖者贫贱而为"徒役",颠倒"农与工肆之人"和"王公大人骨肉之亲"之间的上下和贵贱关系,从而实现人的存在等级的重构,并且让每一个人拥有提升自身存在等级的权利和机会。

由于肯定人的政治存在的等级性,墨子强调和赞成礼的等级性,认同礼的政治价值,虽然其否定礼的宗法性。可是,在道德境域,墨子因主张"兼爱"而宣扬人的道德存在的平等性,随之而不得不批评礼在道德层面的等级性。《吕氏春秋·不二》云"墨翟贵兼('兼'原作'廉')",归纳墨子学术宗旨为"兼爱"。所谓兼爱,在人伦关系方面表现为君与臣、父与子、兄与弟、人与人的相爱,以及相爱者"视人之身,若视其身"(《墨子·兼爱中》)的精神境界。它要求人我平等,彼此合一,无分亲疏上下和贵贱。同时,墨子还认为兼爱是君之惠、臣之忠、父之慈、子之孝、兄之友、弟之恭的前提与保障,也即一切道德之根基。这无疑是对礼在道德层面的等级性及人的道德存在的不平等性的否定。据此,墨子指责三代之礼的继承者儒家"亲亲有术,尊贤有等",分辨"亲疏尊卑之异"(《墨子·非儒下》),制造人在道德领域的身份"差别"。而儒家孟子又反过来指责墨子兼爱所张扬的人的道德平等泯灭了人的亲疏和上下界限,谓"墨氏兼爱,是无父也"(《孟子·滕文公下》)。至于儒家荀子责备墨子"差等","不足以容辨异,县君臣"(《荀子·非十二子》),"有见于齐,无见于畸"(《荀子·天论》)等等,可能仅仅是从礼的等级之维谴责墨子的兼爱而已,绝非是对墨子思想的总体评判。如前所述,墨子在政治上固守礼的等级性,十分看重人在政治层面的差别以及君臣之间的"距离"。

(六十) 墨家是怎样批判儒家的

墨子学儒而又弃儒,儒、墨不同自墨家创立时就是事实。儒、墨相非,伴随战国始终。《墨子·非儒》是墨家批儒的代表作。

孔子为首的儒家,思想繁富,体系庞大,墨家抓住儒学的核心仁义,紧扣儒、墨对立的方面,列举儒家的仁义(礼义)观、君子观、命定论,通过举例、引证等手法,从理论上系统地批驳之。

礼是宗法制度的产物,礼是对宗法制度的规定,但春秋时期已处于崩溃边缘。儒家仁礼并重,实是以仁复礼,力求恢复礼的至上地位和权威,孔子的"克己复礼为仁"(《论语·颜渊》),道明了这一点。墨家"尚贤"、"兼爱"、"节葬",反对宗法等级,反对久丧厚葬,必然反对"礼"。《非儒》选择儒家之礼主张的"亲亲有术,尊贤有等",以丧礼、婚礼为例,指出丧礼把妻子、长子看作与父母一样尊贵,把伯父、宗兄看作与庶子一样卑贱,婚礼则抬高妻子,贬低父母。这种厚待所偏爱的人,轻视重要的人,不符合亲疏尊卑有别的原则,揭露礼的内在矛盾。接着,《非儒》批判礼的危害性,批判丧礼的欺骗性:"繁饰礼乐以淫人,久丧伪哀以谩亲"。

君子是儒家仁义(礼义)道德的承载者。《非儒》举出君子的古言古服、循而不作、对敌仁慈、遇事不同不答等品质,发挥墨家论辩特长,逐一反驳,揭示儒家君子人格的虚假和罪恶。这里,既是对儒家君子观的直接否定,也是对儒家仁义的间接否定。

儒家讲"命"。孔子说过"道之将行也与,命也;道之将废也与,命也"

（《论语·宪问》）等语。《非儒》先罗列儒家命定论的内容和范围："寿夭贫富，安危治乱，固有天命，不可损益。穷达、赏罚、幸否有极，人之知力，不能为焉"。然后，分别指明它的害处：官吏相信"命"，怠于治政，国家混乱；平民百姓相信"命"，怠于劳作，国家贫穷。再后，得出结论：儒家教导世人信仰命，是残害人民。

孔子是儒家的创立者，非儒自然必须非孔。《非儒》着重从孔子的人生实践角度批孔。在墨家看来，君子之道是治人、任官、博施、修身、利天下之道："夫一道术学业仁义者，皆大以治人，小以任官，远施周偏，近以修身，不义不处，非理不行，务兴天下之利，曲直周旋，利则止，此君子之道也"。《非儒》借晏婴之口，伪造史实，硬说孔子和白公、田常叛乱有牵连，又自编孔子见鲁哀公事，抨击孔子行不合义，求生害义，与君子之道不符。

最后，《非儒》批判儒家，除了借用晏婴指责孔子行为恶劣外，还借用晏婴直言儒家礼乐、命定等学说危害社会："夫儒，浩居而自顺者也，不可以教下；好乐而淫人，不可使亲治；立命而怠事，不可使守职；宗丧循哀，不可使慈民；机服（于省吾说应为'异服'）勉容，不可使导众"。这是说，儒家傲慢而自作主张，喜欢音乐而混乱人心，主张命而懒于做事，崇办丧事哀伤不止，穿异服而做出庄敬的表情，不可以用来育人治民。

此外，墨家批儒还见于《公孟》。《公孟》篇里，墨子直截了当地批评儒家："儒之道足以丧天下者四政焉。儒以天为不明，以鬼为不神，天、鬼不说，此足以丧天下。又厚葬久丧，重为棺椁，多为衣衾，送死若徒，三年哭泣，扶后起，杖后行，耳无闻，目无见，此足以丧天下。又弦歌鼓舞，习为声乐，此足以丧天下。又以命为有，贫富寿夭、治乱安危有极矣，不可损益也。为上者行之，必不听政矣；为下者行之，必不从事矣，此足以丧天下。"这是从政治实践角度否定儒家不信天、不崇鬼（其产，孔子对鬼神持存疑态度，孔子的天具有自然之天与神学之天这两面性）、繁为礼乐、相信命定。

（六十一） 庄子是怎样批评墨家的

先秦学术,各家各派的宗旨都不一样。儒、墨相攻,势成水火,又同为庄子所非。

庄子批评墨家,理论指导是"道"。道,一为庄子之道,一为古代道术。

庄子出离现实,徜徉自然,越过物质生活和世俗伦理,追求精神上、心灵上的逍遥自由,向往"无己"、"无功"、"无名"的至人、神人、圣人境界。庄子之道,是宇宙的本原、本体,更是人生的最高理想和自由状态。从道的角度、高度看儒家的仁义礼乐等道德规范,看墨家"兴天下之利,除天下之害"的功利主义,庄子认为这都是对人性自然的桎梏和损伤。从道的角度、高度看儒家与墨家的争辩,庄子认为这是囿于一己之见、蔽于语言表象所致。因为以道观物,万物齐同,无所谓差别,不会产生是非真假:"道隐于小成,言隐于荣华,故有儒、墨之是非,以是其所非而非其所是。欲是其所非而非其所是,则莫若以明。"(《庄子·齐物论》)这里,庄子是把墨家、儒家看作相同类型的哲学来批评的,庄子所用的"道"是庄子之道。

《天下》庄子著名的学术史著作。庄子把道家内圣外王的理想定义为古代道术,根据各家学说与道术的关系,由远而近地列举各家各派进行分析,先肯定他们反映了道术的某些方面,后批评其不足之处。《天下》篇里,庄子肯定墨家"不侈于后世,不靡于万物,不晖于数度,以绳墨自矫,而备世之急",概括墨子思想的基本内容是非乐、节用、节葬、"泛爱兼利而非斗",赞扬"墨子真天下之好也"。随后,庄子批评墨家非乐、节用太苛刻,脱离了生活实际,违反人的本性,与圣王之道距离遥远:"其生也勤,其死也薄,其道大觳。使人忧,使人悲,其行难为也。恐其不可以为圣人之道,反天下之心,天下不堪。"这里,庄子把墨家同其他派别区别开来,庄子所用的"道"是古代道术。由于《天下》属学术史著作,由于"古代道术"比庄子之道具有更多的容量,庄子在此批评墨子较在《齐物论》里批评墨子,更准确、更客观,更宽容。虽然,庄子之道和古代道术本质上相通,虽然《齐物论》和《天下》都立足于道家立场。

庄子批评墨家，简单说来，是批评其经验世界、经验生活和积极入世的现实主义人生观，与生命自由、本性自然、精神逍遥的"道"的世界和境界不在同一层面。庄子的批评，将墨家与儒家并列，亦见墨家在庄子时代是一个影响很大、较为活跃的学派。

（六十二） 荀子是怎样批判墨子的

墨家非儒有《非儒》篇，儒家非墨却没有独立成篇的文章。孟子批"墨氏兼爱，是无父也"（《孟子·滕文公下》），无父犹如禽兽。又曰："墨子兼爱，摩顶放踵利天下为之"（《孟子·尽心上》）。与孟子语焉未详相比，荀子批墨虽也散见于各篇文章，但要深刻得多、全面得多。

荀子批判墨子，几乎涉及墨子政治学说的全部内容。但是，荀子批墨有时批其某一主张，有时又将其几项主张合起来批，这给我们的叙述带来了困难。为了真实地反映荀子批墨的原貌，我们以《荀子》中批墨文章的先后次序为序，分别予以介绍。

《非十二子》："不知壹天下、建国家之权称，上功用、大俭约而慢差等，曾不足以容辨异、县君臣；然而其持之有故，其言之成理，足以欺惑愚众。是墨翟、宋钘也"。这里，荀子承认墨子"节用"、"兼爱"等主张有理论上的合理性，又用儒家之礼批判墨子节用、兼爱、重利违反礼的规定，危害社会现存的等级秩序，扰乱和欺骗人们的思想意识。

《富国》："墨子之言昭昭然为天下忧不足。夫不足，非天下之公患也，特墨子之私忧过计也"。"天下之公患，乱伤之也。胡不尝试相与求乱之者谁也？我以墨子之'非乐'也，则使天下乱；墨子之'节用'也，则使天下贫"。"墨术诚行，则天下尚俭而弥贫，非斗而日争，劳苦顿萃而愈无功，愀然忧戚非乐而日不和"。这里，荀子批评墨子担心财用不足是私忧过虑，因为天地所生万物"足以食人"，麻葛、茧丝等等"足以衣人"。相反，荀子认为天下公患由混乱造成，而墨子"非乐"、"节用"正是祸乱根源，如果用非乐、节用原则治理天下、国家,则民众贫困,人主不威,赏罚不当,争斗不断,丧失天时、地利、人和。

《王霸》:"大有天下,小有一国,必自为之然后可,则劳苦耗顿莫甚焉;如是,则虽臧获不肯与天子易势业。以是悬天下,一四海,何故必自为之?为之者,役夫之道也,墨子之说也"。这里,荀子把墨子"节用"思想和"役夫之道"相提并论。因为,墨子节用,要求统治者减少左右仆从,减少官职,事事躬亲,使统治者劳苦憔悴,如同奴婢。

《天论》:"墨子有见于齐,无见于畸,……有齐而无畸,则政令不施"。这里,荀子从巩固封建统治秩序出发,指出墨子兼爱、取消差等,阻碍政令实施、推行。

《礼论》:"人一之于礼义,则两得之矣;一之于情性,则两丧之矣。故儒者将使人两得之者也,墨者将使人两丧之者也,是儒墨之分也"。这里,荀子比较儒、墨不同,认为儒家注重礼义,用礼义划分等级,调节人们欲望,满足人们要求,人们礼义和情性同得;墨家重实际功用,反礼乐仪式,用情性统率人们言行,人们礼义和情性同失。

《乐论》是荀子阐述音乐理论及其社会作用的论文,也是批判墨子"非乐"的论文。荀子认为音乐可以调整君臣上下、父子兄弟、长少之间的关系,可以引导人们遵守礼义道德,具有"入人也深"、"化人也速"、"移风易俗易"等力量,墨子否定音乐的道德教化功能,是错误的。

《解蔽》:"墨子蔽于用而不知文,……由用谓之道,尽利矣。……曲知之人,观于道之一隅而未之能识也,故以为足而饰之,内以自乱,外以惑人,上以蔽下,下以蔽上,此蔽塞之祸也"。这里,荀子批判墨子只强调实际功用,不懂礼乐制度,仅得"道"的一个方面。其结果是片面追逐功利,乱己惑人。

《成相》:"慎、墨、季、惠,百家之说诚不详、礼乐灭息、圣人隐伏墨术行"。这里,荀子指责墨子等诸子百家学说是不祥之说,指责墨子学说只能畅行于礼乐灭息、圣人隐伏的乱世。

（六十三） 韩愈是如何对待墨子的

儒、墨对立,自古而然。墨子学儒非儒,作《非儒》,集中批判儒家礼义,指名道姓讽刺孔子;孟子、荀手指责墨子"兼爱"是无父,"非乐"使天下乱,"节用"使天下贫,墨子之说是役夫之道。孟子甚至声称:"能言距杨、墨者,圣人之徒也。"(《孟子·滕文公下》)

韩愈(768—824)是唐代著名的文学家、哲学家,一生力排佛老,以捍卫孔孟道统、维护儒家的传统权威为己任,曾因谏迎佛骨被贬。但他却赞赏墨子,作《读墨子》一文。全文如下:

"儒讥墨以上同、兼爱、上贤、明鬼,而孔子畏大人,居是邦不非其大夫,《春秋》讥专臣,不'上同'哉? 孔子泛爱亲仁,以博施济众为圣,不'兼爱'哉? 孔子尚贤,以四科进褒弟子,疾殁世而名不称,不'上贤'哉? 孔子祭如在,讥祭如不祭者曰:我祭则受福,不'明鬼'哉?

"儒墨同是尧、舜,同非桀、纣,同修身、正心以治天下国家,奚不相悦如是哉? 余以为辩生于末学,各务售其师之说,非二师之道本然也。孔子必用墨子,墨子必用孔子;不相用,不足为孔、墨"(《韩昌黎集》卷十一)。

韩愈认为儒、墨相通、相同,墨子的尚同、兼爱、尚贤、明鬼与孔子的尊尊、泛爱、贤贤、祭鬼神本无区别。基于此,儒墨以各自的学术标准评判古代帝王时,都崇拜尧、舜,非难桀、纣;儒、墨说教的目的都是热心救世,经由个人的道德修持,提升人生境界,付诸社会实践,图求治理天下。至于儒、墨不相悦而相非,韩愈认为这是由于儒、墨后学门户之见使然,不应归于儒墨学术宗旨自身。假若孔、墨同时,二人一定尊重和利用对方的学说。

其实,儒、墨不同是不争的事实,不仅仅儒、墨后学知晓,就是儒、墨以外的人物也清楚地知道这一点。韩愈身为一代儒学大师岂能不知? 他抓住儒、墨表面上的相似,认定二者的主要思想大体相同,并偏袒墨子和墨学,是有难言之隐的。

韩愈生活的唐朝,佛教盛行,道家、道教势力也十分强大,在儒、释、道互绌中,儒家面临佛、道,特别是佛教的挤压,儒家在社会政治、文化中的统治地位受到强有力的挑战。为了摆脱佛、道夹击,反抗出世的、外来的文化,拯救儒学生存危机,韩愈急于用入世的、本土的文化作为批判的武器。这一方面要继承和发展传统儒学以回应佛、道挑战,另一方面要协调儒、墨关系,与墨家和解,并且主动吸取墨家思想中能被儒家利用的精华。韩愈给予墨子和墨家较高的地位,肯定墨子思想的价值,正是迫于以上的考虑。再说,从儒、墨文化渊源和儒、佛、道对立的角度看儒墨异同,是可以看出两派的相通、相同的。

在墨学沉没于世的唐代,在儒、墨争斗的文化传统下,韩愈反佛老而崇墨子,这不能说不是中国文化史上值得深思的有趣现象。

（六十四）　《墨经》的作者是谁

　　《墨子》中的《经》上、下和《经说》上、下四篇,体例独特,文辞简奥,晋鲁胜作《墨辩注》称之为《辩经》、《墨辩》,后世则称其为《墨经》。《大取》、《小取》专论名辩之学,近世有人列此二篇入《墨经》之内,这样,《墨经》共有六篇。

　　《墨经》的著者是谁? 历来有三种观点。

　　一种观点认为《墨经》是墨子自著。鲁胜《墨辩注叙》曰:"墨子著书,作《辩经》,以立名本";"《墨辩》有上、下《经》,《经》各有《说》,凡四篇。"(《晋书·隐逸传》)从之者有清代毕沅(《墨子注》)、尹桐阳(《墨子新释》)。不过,尹桐阳所言"经",包括了《大取》、《小取》。

　　一种观点与此针锋相对,认为《墨经》是后期墨家的作品。这一派的主要人物有孙诒让(《墨子间诂》)、胡适(《中国哲学史大纲》)、冯友兰(《中国哲学史新编》第一册)、张岱年(《中国哲学史史料学》)。

　　第三种观点认为《经》上、下是墨子自著,《经说》上、下和《大取》、《小取》则是墨家后学所撰。这一派的代表人物有梁启超(梁氏说法前后不一,较含混。参见《墨子学案》、《墨经校释》。另,梁氏说《经说》上、下"是述墨子口说,但有后学增补",此非〕栾调甫(《墨子要略》)、高亨(《墨经校诠》)、刘建国(《中国哲学史史料学概要》)。

我们以为第三种观点是正确的。1.墨子时代无"亲自著书的风气",不能排斥墨子著书。《墨子·耕柱》载:"公孟子曰:'君子不作,术而已子墨子曰:'不然。……吾以为古之善者则诛之,今之善者则作之,欲善之益多也'。"可证墨子著书。2.鲁胜《墨辩注叙》说"墨子著书",作《经》上、下和《经说》上、下(《经说》上、下非墨子作,我们最后否定之)。3.据《韩非子·显学》记录,墨子死后,墨分为三,取舍相反不同,皆自谓真墨。自封真墨,可见三派都尊奉墨子著作。《庄子·天下》记录后期墨家"相谓别墨","俱诵《墨经》"。可知,墨子亲著《墨经》。这《墨经》即《经》上、下。4.《经》上、下与墨子"兼相爱,交相利"的思想一脉相承。《经》上曰:"体,分于兼也"、"仁,体爱也",就是对"兼爱"的论证。5.墨子出身于手工业者,后上升为士,集生产技艺与科学知识于一身,有能力概括当时自然科学方面的最高成就,写出《经》上、下,并以此区别于先秦其他学派的著名人物。6.名辩思潮起于春秋末期到战国初期,老子《道德经》第一章就有"名可名,非常名",孔子反对"巧言乱德"(《论语·卫灵公》),倡导正名鲁胜谓墨子作《辩经》以立"名"本,正说明墨子著《经》上、下的本意。《经》上有坚白、同异之辞,但它不为后来的名家惠施、公孙龙所独有,而是名辩思潮中各家各派共同的话题。《庄子·天下》说墨家后学"俱诵《墨经》",又"以坚白同异之辩相訾",不正说明坚白、同异为墨子《墨经》(指《经》上、下)所故有,后期墨家对其理解有别,从而相互诋毁吗?7.《经》上、下没有"子墨子曰"、"墨者"等,这也是一证。8.《经说》上下是解释《经》上、下的著作,不是墨子作,也不是墨子解说,弟子记之。说是对"经"的阐释,墨子自己作经,自己解释,不太可能;《经》上、下为墨子撰,但篇名取自墨家后学,后墨称墨子《经》上、下为"经"后,才有《经说》之篇及篇名;《经》上以定义方式释名之义,《经》下以'说在……'方式作为墨子与难者辩驳的范式"(朱志凯:《墨经作者辨析》,见《学术月刊》1984年第4期),前者述己意,后者驳难者,无须再"说";墨家各派俱诵《墨经》,不诵《经说》。9.《大取》概括、发展《经》上、下和《经说》上、下,《小取》全面总结墨家逻辑思想,这两篇作于《经说》上、下之后,正如朱志凯先生所说,这已是学术界的公论。

（六十五）　如何理解《墨经》的体例

《墨经》四篇,文约意丰,古奥难懂。《经》上下为墨子自著,《经说》上下系墨家后学解《经》之作。《经》上一百条,各条大部分是定义、概念、原理之类,如第一条"故,所得而后成也"。《经》下八十三条,或确立论点而予以论证,或辩驳其他派别的观点,每条的最后均是"说在……",如第一条"止,类以行人。说在同"。《经说》或申说《经》的旨意,或举例证明《经》的论题,或补充《经》意,如《经说》上第一条解《经》上第一条曰:"故:小故,有之不必然,无之必不然。体也,若有端。大故,有之必无然,若见之成见也。"《经说》原本与《经》条条相对,由于传抄、刻印的讹谬或遗漏,《经说》上八十五条,《经说》下七十八条,共比《经》少二十条。

《经》、《经说》分别成篇,为方便后人识别某一条《经说》与哪一条《经》相对应,每条《经说》的第一字,或前二字都同它要解说的那一条《经》文的第一字,或前二字,或某一特殊字相同,以做标识,其本身无意义。如《经说》下第一条:"止:彼以此其然也,说是其然也;我以此其不然也,疑是其然也",其第一字"止",取自《经》下第一条:"止,类以行人。说在同"。这一现象是梁启超率先发现的。由于《经说》解《经》,晋朝鲁胜作《墨辩注》时"引说就经":"《墨辩》有上、下经,经各有说,凡四篇,与其书众篇连第,故独存。今引说就经,各附其章,疑者阙之"(《墨辩注序》)。《墨辩注》亡佚,我们无法确知《经》上下之原貌。

今传《经》上下,文句讹误、颠倒、错乱之处颇多,难以释读。清代毕沅据《经》上最后一句的"读此书旁行",发现《经》原来分上下两排,每排(或曰上下两排)都由右向左书写,后来刊印《墨经》的人不明白这种比较特别的体例,误作一排直行,造成《经》的舛错。于是,他分《经》文为上下两排,考定《经》上,接着,张惠言、吴汝纶依此为例,考定《经》下。

《经》上下最初的书写形式是否就是"旁行"(上下两排,由右向左)?为什么要用这种体例?伍非百、栾调甫、杨宽等前辈学者作过专门的研究。他们的看法虽不一致,但都认为《墨经》的原始写式是上下一排直行;后改为《经》"旁行",《说》仍是"直行";再后,才误把《经》的"旁行"当作"直行"处理。区别在于,栾调甫以为《经》、《说》始终分离;杨宽以为《经》、《说》原本合写,其后分写,各自成篇。关于《经》文旁行的原因,他们的解释是:《墨经》原来刻在竹简上,到汉魏或隋唐时改写为卷子本。卷宽约二尺,每行可写四十字,因《经》文每条字数太少(最少三字,最多二十三字),又不宜逐条连写,为避免卷上空白太多,浪费绢帛或纸张,遂将《经》之前半部分和后半部分分别写于卷子的上、下方,并在《经》上最后标"读此书旁行",提醒后人。宋代,《墨子》始有木刊本。宋刊本每行至多三十字,不能再依卷子本"旁行"体例,回改为一排直行时又不明"旁行"其意,因而造成《经》上下文句的奇偶错综现象。

(六十六) 《墨经》有哪些认识论方面的思想

《墨经》既有墨子本人的著作(《经》上下),又有墨家后学的作品(《经说》上下)。大多数哲学史专家研究墨子学说时不用《墨经》中的材料,习惯于把《墨经》看作一个整体。我们沿袭此惯例,单独讨论之。

《墨经》认识论方面的内容非常丰富,具体说来有以下几点:人生的本质就是形体和认知能力同处于一体,人具有认识事物的先天素质:"生,刑与知处也","知,材也"(《经上》);"知,材,知也者,所以知也,而不("不",据梁启超校增)必知。若明"(《经说上》)因为,人有与生俱来的感知外物的感觉器官眼、耳、鼻、舌、身和察辩外物的思维器官心。"惟以五路知"(《经说下》)"心之察也","心之辩也"(《经上》)等。人有认知能力以及认知的生理条件,但是,在认识过程中,仍需发挥主观能动性:"虑,求也"

（《经上》）；"虑，虑也者，以其知有求，而不必得之。若睨"（《经说上》）。否则，也不可能获得知识。例如，"卧，知，无知也"（《经上》）。

认识开始于感官与外界的接触，感官活动是认识的起点。《经上》说："知，接也"，《经说上》解释说："知，知也者，以其知过物而能貌之。若见"，即是此意。但感性认识是对事物的直接反映，只能把握事物的表象或外部的某些特征，《墨经》知其局限性，又说："恕，明也"（《经上》），"恕，恕也者，以其知论物而其知也著。若明"（《经说上》），探索认识从感性到理性的深化。如何实现感性认识向理性认识的转化？《经上》曰："循所闻而得其意，心之察也"；"执所言而意得见，心之辩也"。这表明感性认识是理性认识的基础，理性认识是思维对感性材料和语言材料加工制作的过程。

《经上》云："知，闻、说、亲"，《经说上》释云："知，传受之，闻也；方不㢓，说也；身观焉，亲也"。这是说，按照人们获取知识的方式可把知识分为三类。闻知是由他人传授得来的间接性知识；说知是经过推理得来的知识，不受地域的阻碍；亲知是直接感知得来的知识。闻知、亲知大体上属感性或经验知识，说知属理性或理论知识。《墨经》的知识分类区分了经验上的直接与间接、认识上的感性和理性。

《墨经》意识到知识的相对性。《经下》言："物之所以然，与所以知之，与所以使人知之，不必同"。这是说，事物的本质，与人们对它的认识，与通过传授使他人产生的对该事物的认识，不一定要完全一致。但《墨经》不因认识的相对性、主观性而否定认识的真理性，它承认是非有定，肯定客观真理的存在："辩，争彼也。辩胜，当也"（《经上》）；"辩也者，或谓之是，或谓之非，当者胜也"（《经说下》）。这里，《墨经》超越机械反映论模式，又坚持唯物主义路线。

真理是客观的，认识的目的是为了指导实践。《墨经》曰："知，……志行，为也"（《经说上》），将认识落实到有意识、有目的行动中去；又曰："为，存、亡、易、荡、治、化"（《经上》），分这种行动为备城自保、求医除病、商品交换、削平叛乱、政治统一、利用自然变异六类，几乎涵包了当时各种重大的社会实践活动（参见任继愈主编的《中国哲学发展史·先秦卷》,第 541 页)。

综上所述,《墨经》的认识论是朴素的唯物主义反映论。它关于人的认识能力、感性认识和理性认识的关系、认识的相对性、实践类型的划分等方面的论述,已经涉及认识的生理机制、感性和理性的联系及相互渗透、真理的绝对性和相对性、实践的社会性等等许多重大的认识论课题,这在先秦是十分难得的。当然,《墨经》的认识论仍停留在经验论水平,我们不可对其作过高估计。

（六十七） 《墨经》有哪些辩证法思想

《墨经》四篇的辩证法思想极为丰富。

《墨经》既承认事物之间存在质的差异,认为"彼此不可";又承认事物之间的联系和转化,认为"彼此亦可"。它说:"彼彼此此与彼此同"(《经下》);"彼:正名者彼此,彼此可。彼,彼止于彼;此,此止于此,彼此不可。彼且此也,彼此亦可。彼此止于彼此,若是而彼此也,则彼亦且此,此亦且彼也(据孙诒让校改)"(《经说下》)。这就是说,客观世界存在着普遍联系和相互作用,没有孤立、不变的东西。

事物是联系的,联系又是多样的。《墨经》十分重视因果联系这种形式。《经上》说:"故,所得而后成也",认为"故"是事物之所以产生、存在的原因。《经说上》又区分"大故"与"小故":"小故,有之不必然,无之必然。体也,若有端。大故,有之必然,无之必不然(据孙诒让校改)。若见之成见也"。"大故"指引起事物产生和发展的决定性原因,"小故"指事物产生和发展的必要条件。

《墨经》对事物的运动有深刻的认识,在许多地方讲到机械运动。例如,《经上》说:"动,域徙也",意谓物体在空间上的位移。至于物体运动的原因,《墨经》认为是"力":"力,刑之所以奋也"(《经上》)。

《墨经》重视事物质的变化。《经上》解释生物界物种的变化曰:"化,征易也"。《经说上》为之举例曰:"化,若蛙为鹑";"蛙,鼠,化也"。即青蛙变为鹌鹑,或青蛙化为鼠。同时,《墨经》还猜测到了事物量和质之间的内在联系。所谓"异类不比,说在量"(《经下》),是说不同类的事物不能相比,因为它们的量不同。《经说下》举"木与夜孰长？智与粟孰多"等等作证。

《墨经》强调特殊与一般的互相转化、同和异的相互依存。《经下》说:"推类之难,说在之大小";《经说下》释之:"谓四足兽,与牛马异,物尽异,大小也(据孙诒让校改)。此然是必然,则俱"。这是说,某事物或概念究竟属特殊还是一般,要看同它相比较的事物或概念的外延大小。特殊与一般不是固定不变的,随着参照对象的不同而发生变化。比如,四足兽与牛马相比,是一般;与"物"雄比,是特殊。《墨经》肯定客观世界的矛盾和对立,言及行止、利害、生死、存亡、长短、多少、贫富、贵贱、损益等等对立的范畴,着重讨论了同异的排斥和依存。《经上》说:"同异交得放有无",指出同、异相反相成,就像有:无这对概念一样既排斥,又同一,不可分割。《经说上》举出一:系列这方面的事例作为证据。此外,《经上》又说:"同,异而俱于之一也",《经说上》举例说:"二人而俱见是楹也。若事君"。这,猜测到了同和异彼此规定、制约:"同"是"异中之同","异"是"同中之异"。

更为可贵的是,《墨经》还把上述辩证法思想运用到认识论和逻辑学中。关于《墨经》辩证法在认识论和逻辑学中的运用,我们已在《墨经》认识论、《墨经》逻辑学里作过介绍,兹不赘述。

最后,《墨经》的辩证法直观而缺乏深度,且有形而上学和诡辩论两种倾向。前者是其朴素的一面,后者是其受名辩思潮影响所致。

（六十八） 《墨经》中有哪些心理思想

《墨经》不是心理学著作,它的心理思想朴素而零散,主要有下面几点。

第一,关于生命本质。《经上》说:"生,刑与知处也",《经说上》释之曰:"生,楹之生,商不可必也"。意思是说,人生是形体和知识相盈无间的整体,不可分割。这里,《墨经》看到人生的本质、人与其他生物的差别,认为人不仅是生物性的存在(形),同时还是理性的存在(知)。

第二,关于认知的生理基础。《经上》说:"知,材也",《经说上》解之曰:"知材,知也者所以知也,而不必知。若明"。这是说,认知是人固有的本能,比如,"明"是"目"的能力。为什么呢?《经说下》说:"惟以五路知",《经上》说:"循所闻而得其意,心之察也";"执所言而意得见,心之辩也"。这是说,眼、耳、鼻、舌、身是感知外物的器官,心是察辩和思虑的器官。感官和心灵是认识发生的生理基础。

第三,关于睡梦。《经上》说:"卧,知无知也";"梦,卧而以为然也"。《墨经》的意思是,人睡眠时所知,不是真正的知。因为此时之知,不是感官和心灵的认知,是梦而已。梦实质上是"以为然"。

第四,关于情欲与性格。《墨经》言情欲:"平,知无欲恶也"(《经上》),"平,惔然"(《经说上》);"利,所得而喜也"(《经上》),"利,得是而喜,则是利也。其害也,非是也"〔《经说上》、"害,所得而恶也"(《经上》),"害,得是而恶,则是害也。其利也,非是也"(《经说上》)。这是说,"平"指体认万物时无欲无恶的情感状态和心理状态,人的喜悦和厌恶的感情是事物对于人是否有利的标准,喜则利,恶则害。《墨经》言性格:"勇,志之所以敢也"(《经上》),"勇,以其敢于是也命之,不以其不敢于彼也害之"(《经说上》)。这是说,勇敢指在某些方面意志坚强,无所畏惧。

第五,关于概念的定义与语言的关系。《经上》说:"举,拟实也",《经说上》释曰:"告以之(原作"文",据孙诒让校改)名,举彼实也〔"也"后原有"故"字,据杨宽《墨经哲学》校删)",《经上》又说:"言,出举也"。《经说上》释之:"言也者,诸口能之,出名者也。名若画虎也。言也者,谓言犹名致也"(从孙诒让校改这是说,"举"指模拟物事真实情况的概念,它出于表达事物的需要);"言"是用来说明"名"的,因"名"而有"言"。

综上所述,《墨经》心理思想虽然素朴、零碎,不成体系,其内容还是相当丰富的,涉及的面还是相当广泛的。

（六十九） 《墨经》的价格学说是怎样的

《墨经》的价格学说和逻辑学说混于一起，词句表达又非常晦涩、简略，但在中国古代经济思想史上却十分重要。现据《墨经》相关的条文，逐条说明。

《经说上》："买鬻，易也"；《经说下》："为屦以买，不为屦（据孙诒让校改）"。这是说，"易"就是买卖行为，就是商品交换；物物交换时，作为商品的鞋与自己使用的鞋有本质区别。这里，《墨经》接触到了商品的使用价值和交换价值问题，已意识到二者的不同。

《经说上》："贾宜，贵贱也"。这是说，以适宜的商品价格为尺度，在其之上的价格是"贵"，在其之下的价格是"贱"。这里，《墨经》似乎看到了商品价值与价格的不完全一致性，以及商品价格围绕价值的波动性。

《经下》：买无贵，说在仮其贾、《经说下》："买，刀籴相为贾。刀轻则籴不贵，刀重则籴不易。王刀无变，籴有变。岁变籴，则岁变刀。"这是说，从货币的角度来说，买东西无所谓贵和贱，货币贬值、购买力降低时，物价高；货币升值，购买力上升时，物价低。货币（"刀币"）和谷物相互表现为价格。货币贬值，谷物价高不为贵，货币升值，谷物价格低也不为贱。货币面值不变，谷物价格有变化；谷物价格变化，表明货币购买力也在变。这里，《墨经》讨论了商品价格高低与货币购买力升降的反比关系，说明了币值发生变化时，商品价格高低与价格贵贱无内在联系。同时，《墨经》的"刀籴相为贾"，把货币视为像谷物一样的普通商品，从而把以货币为媒介、为一般等价物的商品交换当作简单的、原始的物物交换。

《经下》："贾宜在雠，说在尽"；《经说下》："贾尽也者，尽去其［所］以不雠也。其所以不雠去，则雠，正贾也。宜不宜，正欲不欲"。这是说，价格适宜，商品即能售出。排除阻碍商品销售的种种原因，商品得以售出，这时的价格是"正价"。判断价格是否合适、适中的标准是买卖双方的欲望。这里，《墨经》考虑市场的供求关系是正确的，但把商品价格的形成和涨落归结为人的主观意愿和市场行情,则是错误的。

归纳以上诸条可知,《墨经》的价格学说包括价格贵贱、价格高低、价格变动、价格适中,也包括价格与货币关系、价格与人的心理的关系。其内容相当丰富。《墨经》价格学说的致命缺点是,不了解货币的本质,不了解价值与价格之间的决定与被决定的关系。

(七十) 《墨经》的时空观是怎样的

时空观念,古人早已形成,先秦古籍屡言"宇宙"。"宇"表示空间概念,"宙"表示时间概念。但是,唯有《墨经》初步探索了时空概念、时空的有限性和无限性、时空与物质运动的关系,建构了较为完备的时空理论。

关于时空概念,《墨经》定义曰:"久,弥异时也;宇,弥异所也"(《经上》)。"久,合古今旦莫;宇,蒙东西南北"(《经说上》)。即是说,时间是任何不同时间的总和,包括过去和现在、白天和夜晚;空间是任何不同处所的总和,包括东、西、南、北。《墨经》把时空规定为所有特定的、具体的时空的集合,这种定义相当深刻,包含有时空是有限和无限统一的趋向:"异时"、"异所"是有限的,"久[宙]""宇"是无限的——"弥异时"、"弥异所"。

关于时空的有限性和无限性。《经上》曰:"始,当时也";

《经说上》曰:"始,时或有久,或无久。始当无久"。詹剑峰释道:"始是时间的起端","所谓'始',或时已历久而追溯其本之始,或时未历久而普发其端之始"。"由此看来,时间乃一无穷无尽的奔流,抽刀断水,未尝不可就此际之时谓之始;但实际上时间绝不间断奔流向前,墨子想借此以说明时间无始无终"(《墨子的哲学与科学》第 26、27 页,人民出版社,1981年第 1 版)。方孝博解释说:"《墨经》作者明确地认识到:个别事物具体的运动变化可以有一个'始',但不断运动变化发展着的物质世界的整体在时间上则是无穷无限的。"(《墨经中的数学和物理学》第 33 页,中国社会科学出版社,1983 年第 1 版)可见,时间是有限的,又是无限的,即"久,有穷,无穷"(《经说下》)。《经上》曰:"穷,或有前不容尺",《经说上》曰:"穷,或不容尺,有穷;莫不容尺,无穷"。这是说,"有穷"指在某一区域之前容纳不下任何物体,这样的空间是有限的;"无穷"指在任何特定的区域之前都能容纳下物体,这样的空间是无限的。可见,空间也是有限和无限的辩证统一。

关于时空与物质运动的关系。《墨经》认为时空是统一的,二者统一于物体的运动之中,没有离开时空的物质运动,也没有离开物质运动的时空。《经下》:"宇或徙,说在长宇久",《经说下》:"长宇,徙而有处,宇。宇,南北在旦有在莫。宇徙久"。物体运动在时空内进行,有方位(南、北)、时间(旦、暮)上的变化。《经下》:"行修以久,说在先后";《经说下》:"行者,行者必先近而后远。远近,修也。先后,久也。民行修必以久也"。此谓,行走表现为空间上的由近而远的变化,时间上的由先而后的变化;空间上的远近、时间上的先后,决定于行走。可见,时空与物质的运动不可分离。

在我国古代哲学和物理学史上,《墨经》第一次系统论说时间和空间问题,并取得了较高的理论成就。有些观点,与古希腊亚里士多德的时空观相比较,《墨经》的时空观毫不逊色。在今天看来,仍令人慨叹、惊讶。

(七十一) 《墨经》中有哪些数学知识

《墨经》没有数学符号、数学方程及几何图形,但它关年数学概念的定义和解说俯拾即是,在经验说明中包含缜密的逻辑推理和朴素的数理思维。现逐条介绍如下:

《经上》:"倍,为二也。"

《经说上》:"倍,二尺与尺,但去一。"

此条说明"倍"。倍是原来的数乘以二,或者说是自身相加。二尺是一尺的"倍",从二尺中减去一尺,所剩余的就是原来的一尺。

《经下》:"一少于二而多于五,说在建位。"

《经说下》："一，五有一焉，一有五焉，十二焉。"

此条说明数位。个位上的一比二少，十位上的一代表十，比五多。个位上的五有五个一，十位上的一有两个五。

《经上》"端，体之无序而最前者也。"

《经说上》："端，是无同也。"

此条说明"点"。端是物体最前的一点，不可能在另一点之后，所以"无序而最前"。"端"不可能与另一点处于同一物体的同一位置。

《经上》："中，同长也。"

《经说上》："心中，自是往相若也。"

此条说明对称中心。从对称性形体的对称中心到各对称点的长度都相等。为了区别线段中点与对称中心，《经说上》用"心中"限定《经上》的"中"。

《经上》："圜，一中同长也。"

《经说上》："圜，规写交也。"

此条说明"圆"。圆是到平面上一点距离相等的点的集合，画圆的工具是规。

《经上》："方，柱隅四谨也。"

《经说上》："方，矩见交也。"

此条说明"方"。方是由四边、四角组成的平正图形，画方的工具是矩。

《经上》："平，同高也。"

詹剑峰认为此条说明平面："平是水平，其高相等，相当于几何形之面"，"这是平面的定义，并不是指两物或两形之高度相等"（《墨子的哲学与科学》，第146页）。谭戒甫认为此条说明平行线之理，谓"平行线是同高的"（《墨经分类译注》，第37页）。另，此条缺"说"，谭戒甫以《经说上》的"谓台执者也，若弟兄"为此条之"说"，并解释："谓二线中间都相等故，若弟兄名分相等一样。"詹、谭的解释都较合理。

《经上》："厚，有所大也。"

《经说上》：“厚，惟无所大。”

此条说明“体”。形体在空间上有大小。《经说上》的解说，似不可解，学者们的众多说法都不能尽其意。

《经上》：“体，分于兼也。”

《经说上》：“体，若二之一，尺之端也。”

此条说明部分和整体的关系。体（部分）是从整体（兼）中分出来的部分，例如，二中的一、尺（线）中的端（点）即是。

《墨经》的上述数学知识涉及倍数、数位和点、线、面、体，与西方欧几里得的《几何原本》极为相似。《墨经》也因此成为中国数学史上最早的、最珍贵的财富，并且，在世界数学史上占有重要地位。

（七十二） 《墨经》中有哪些力学知识

《墨经》中的力学知识是手工业技术极为发达的产物，反映了墨家研究和应用力学的水平已达到相当高度。《墨经》关于力学的记述是我国最早的、较为完备的力学史料。因而，《墨经》在中国和世界力学史上占有崇高地位。

现借助于前辈学者的训诂校勘、分析整理，分条介绍如下：

《经上》：“力，刑之所以奋也。”

《经说上》：“力，重之谓。下与重，奋也。”

此条说明“力”。力是物体由静止到运动以及运动状态发生变化的原因。物体有重力，重力是物体下落的原因。

《经下》：“负而不挠，说在胜。”

《经说下》：“负，衡木加重焉而不挠，极胜重也。右校交绳，无加焉而挠，极不胜重也”。

此条说明物体重心，兼及杠杆原理。负重而不倾斜，因为承受得住重物在重心上平衡木上增加重量而不倾斜，因为重物加于重心（支点）上。如果向右移动重心（支点），重量不增加也会倾斜，因为移动重心失去平衡。

《经下》："衡而必正，说在得。"

《经说下》："衡，加重于其一旁，必捶，权重相若也。相衡，则本短标长。两加焉，重相若，则标必下，标得权也。"

此条说明杠杆原理。秤锤放置适宜，秤杆必定平正。秤锤所在位置代表的重量与秤钩上重物的重量相等，这时，增加重量的一边下坠。秤杆平衡，秤头短、秤尾长，在秤的两边同时增加相同的重量，则秤尾下坠，因为增加秤尾重量就是增加了秤锤重量。

《经下》："挈与收仮，说在薄。"

《经说下》挈，有力也。弓丨，无力也。不必所挈止于施也，绳制挈之也，若以锥刺之。挈长重者下，短轻者上；上者愈得，下者愈亡。绳直，权重相若，则止矣。收，上者愈丧，下者愈得。上者权重尽，则遂挈。"

此条说明定滑轮原理。提升重物与降下重物两种动作相反，因为接近的目标不同。挈是用力提升物体，引是任凭任何被绳索悬系，不用力提升或降下它。送重物至高处，不一定要用斜面，也可用绳子穿过定滑轮的方法，其便捷如同用锥刺物。提升物体时，物体向上，绳子越来越短，用力的这边绳子越来越长（《墨经》作者认为提物所用的力大于物的重量，故言力"重"物"轻"）。提升或降下物体时，如果用力大小和物重相等，则物体处于静止状态。降下物体时，物体向下，绳子越来越长，用力这一边的绳子越来越短。使物体向上的力用尽，则提升物体的行为完成，疑"上者权重尽，则遂挈"应移至"绳直"前《经下》："合与一，或复、否，说在拒。"

此条说明合力。合力与其中任何一力方向不同，受到"一力"的抵抗，或者受影响，或者不受影响（即是说，"一力"较大，则受影响；"一力"较小，则不受影响）。

《墨经》的力学记载涉及力的定义、合力与一力的关系、物体重心、杠杆原理、定滑轮原理，内容丰富，自成体系，虽偶有错谬（如：力重物轻，合力不受较小的"一力"影响），但瑕不掩瑜，其贡献和价值是首要的。

（七十三） 《墨经》中有哪些光学思想

　　《墨经》的八条光学资料是世界光学史上最早的光学记录,它构成了墨家完备的光学体系。现参《墨经中的数学和物理学》(方孝博著,中国社会科学出版社,1983年第1版),逐条解释如下:《经下》:"景不徙,说在改为。"

　　《经说下》:"景,光至,景亡;若在,尽古息。"

　　此条说明光、景关系。物体或光源移动,阴影不移动。这时,旧影不断消亡,新影不断生成。光源照射到的地方,阴影消失;物体和光源不动,阴影也永远停息。

　　《经下》:"景二,说在重。"

　　《经说下》:"景,二光夹一光,一光者景也。"

　　此条仍说明光、影关系。物体受两处光源照射,便有两个阴影。两处光源同时照射,仅有一处光源照到的地方,就会产生阴影。

　　《经下》:"景到,在午有端与景长,说在端。"

　　《经说下》:"景,光之人,煦若射。下者之人也高,高者之人也下。足蔽下光,故成景于上;首蔽上光,故成景于下。在远近有端与于光,故景库内也。"

　　此条说明小孔成像的现象和原理。光线射入小孔,物体在小孔后所成的像是倒置的。像的倒置和清晰度决定于屏中的小孔。光线穿过小孔后,人头上的光线自上而下,人足下的光线自下而上,所以小孔后壁上所成的人像首足倒置。光线的直射和屏上有或远或近的小孔,这是小孔后面的壁上产生倒像的原因。

　　《经下》:"景迎日,说在转"。

　　《经说下》:"景,日之光反烛人,则景在日与人之间。"

　　此条说明光的反射现象。阴影迎着太阳,原因在于光的反射。日光被反射,反射出的光照射人,这时,人影则在人与太阳之间。《经下》:"景之小大,说在她正远近。"

《经说下》:"景,木她,景短大;木正,景长小。光小于木,则景大于木。非独小也,远近。"

此条说明物体阴影大小的原因。同一物体的影子有大有小,因为物体的放置时斜时正,与光源的距离有远有近。木斜放,阴影短而粗;木正放,阴影长而细。光源低于木,则阴影大于木。光源不仅仅有低于木这种情形,还有与木或远或近这类情形。

《经下》:"临鉴而立,景到,多而若少,说在寡区。"

《经说下》:"正鉴,景多寡、貌能、白黑、远近、她正异于光。鉴景当俱,就去亦当俱,俱用北。鉴者之臭于鉴无所不鉴。景之臭无数,而必过正。故同处,其体俱,然鉴分。"

此条说明凹面镜、凸面镜成像的特点。人面对凹面镜,所成的像是倒置的;人面对凸面镜,所成的像缩小了,这是因为镜比人小(这个观点是错误的)临镜而立,物体像的大小、貌态、明暗、远近、倒正和物体本身不相同。镜前之物在镜内成像,镜和像同时存在;物体在镜前作接近或远离镜面的运动,像亦作运动,二者方向相反。镜前的人的容貌形态都在镜里反映出来。镜里像的容貌多种多样,和镜前人的真实容貌有差别。磨制粗糙的镜面,各个部分的曲率不同,一个物体在同一镜中会形成几个不同的像。

《经下》:"鉴洼,景一小而易,一大而正。说在中之外、内。"《经说下》:"鉴,中之内,鉴者近中,则所鉴大,景亦大;远中,则所鉴小,景亦小,而必正;起于中缘正而长其直也。中之外,鉴者近中,则所鉴大,景亦大;远中,则所鉴小,景亦小,而必易;合于中而长其直也。"

此条说明凹面镜成像时,物与像的关系。凹面镜成像,像有时缩小而倒置,有时放大而正立,原因在于物体有时在焦点之外,有时在焦点之内。物体在焦点与镜面之间(即焦点之内、中之内八)如果靠近焦点,从焦点这个角度看,它比较大,成像也大;如果远离焦点,从焦点这个角度看,它比较小,成像也小。但是,这两种情形下的像,都是正立的。物体在焦点之外,如果靠近焦点,从焦点这个角度看,它比较大,成像也大;如果远离焦点,从焦点这个角度看，它比较小，成像也小。不过，这两种情况下的像，都是倒立的。

《经下》："鉴团景一"。

《经说下》："鉴，鉴者近，则所鉴大，景亦大；其远，所鉴小，景亦小，而必正。景过正，故招。"

此条说明凸面镜成像原理。物体无论与镜面的距离是远是近，在镜后所成的均是正立、缩小的虚像。物体离镜面近，从镜面来看，比较大，成像也大；物体离镜面远，从镜面来看，比较小，成像也小；成像不管大小，均是正立的。如果物体离镜面太远，所成之像即反其正常，变得招摇不定。

《墨经》在光的直线传播的基础上分析光的反射、阴影的产生，实验小孔成像和凹面镜、凸面镜成像，并尝试着作出理论上的解释。这些，是《墨经》在世界光学史上的巨大贡献。尤其可贵的是，上述光学试验记录和近代光学实验的结果基本相符，这不能说不是奇迹。

（七十四） 为什么《墨经》中有丰富的自然科学知识

《墨经》是一部百科全书式的著作，其内容包括哲学、逻辑学、自然科学。《墨经》自然科学方面的记述，使它又成为中国历史上第一部自然科学专著。

面对《墨经》里丰富而卓越的自然科学成果，我们不禁想到，在先秦诸子百家中，为什么只有墨家的《墨经》拥有如此高深的自然科学知识，独领当时自然科学风骚？

洪震寰先生的《墨经中的物理》（《物理通报》，1958 年第 2 期）、方孝博先生的《墨经中的数学和物理学》（中国社会科学出版社，1983 年 7 月第 1 版）对此做出了全面的回答。他们认为：

1.任何科学技术都根植于生产实践，并在实践的基础上发展起来，《墨经》也不例外。产生《墨经》的春秋战国时期是社会形态根本转变时期，生产关系的改变，解放了生产力；当时，冶铁技术的发明，铁器的铸造和应用，又提高了生产力;随着生产力的解放和提高,农业、手工业迅速发展,商业逐渐兴盛;与农业、手工业、商业的发展相适应,水利、建筑、器械制作、交通运输也都有相当程度的发展。这些,无疑刺激了自然科学,使其在原有基础上提高水平。还有,人们在生产实践中对客观事物的观察越来越深入,概括、推理、抽象的能力有所增强,这也为了解和掌握客观规律提供了前提条件。

2.墨家学者、墨家学派的学说与先秦诸子、先秦其他学派的学说相比,有其特殊性。

①墨家社会地位极其低下,墨家学者多系直接参加生产劳动的劳动者,其中大多数为手工业者。墨子本人即是精通机械制造的工匠。墨家学者们很自然地会在平时的劳动实践中积累、总结自然科学知识。②墨家为民、重利,希望通过总结劳动经验或制作生产工具,以指导或便利民众的生产劳动。《鲁问》篇里,墨子指出"教人耕"甚于不教人耕而独耕,运用利判别巧拙:利于人谓之巧,不利于人谓之拙。③墨家还擅长研制战争器械以防御侵略。上述因素促使他们悉心钻研工具和机械的制造原理,发现新的科学知识。墨家有比较正确的认识论与方法论,他们对感性知识和理性知的理解,他们对感觉器官(眼、耳、鼻、舌、身)和理性思维器官(心)的区分,他们检验认识可靠性所遵循的三表法等等,是唯物的、辩证的。④墨家学说中最具特色的是逻辑学。墨家比其他诸家更懂得严密的逻辑规则,更善于判断、推理。所以墨家更易于由具体的实践操作推导出一般的、抽象的知识。《墨经》中许多物理学知识就是归纳推理的产物。

总之,《墨经》中的自然科学知识源于社会和墨家自身,二者缺一不可。

（七十五） 《墨经》是怎样论述"名"的

《小取》说:"以名举实,以辞抒意,以说出故",谓逻辑论证由概念开始,通过判断,进入推理。我们在此先介绍《墨经》的概念,也即"名"。

关于名的实质，《墨经》据《小取》的"以名举实"，解释曰："举，拟实也"（《经上》）；"举，告以之名，举彼实也"（《经说上》）。这是说，名作为思维的基本形式之一，是对客观事物本质特征的抽象概括。

关于名和语言的关系，《墨经》认为名是实的反映，是思想；语言是表达思想的形式，它通过名来表达实："言，出举也"。（《经上》）；"言也者，诸口能之出名者也。名若画虎也。言也谓，言由名致也"（《经说上》）。这是说，概念就像画虎，言由名组合而成，把名所反映的内容说出来。

关于"名"的分类，《大取》曾有："以形貌命者，必智是之某也，焉智某也；不可以形貌命者，唯不智是之某也，智某可也。诸以居运命者，苟入于其中者皆是也，去之因非也。诸以居运命者，若乡里齐荆者皆是。诸以形貌命者，若山丘室庙者皆是也"。这是说，名有两类，一类是可以用形貌来命名的，比如山、丘、室、庙；另一类是不可以用形貌来命名的，比如齐物、楚物。《墨经》则把名分作三类："名，达、类、私"（《经上》）；"名，物，达也，有实必待之名也；命之马，类也，若实也者，必以是名也；命之臧，私也，是名也，止于是实也"（《经说上》）。这是说，名有达名、类名、私名三种，物是达名，一切客观存在的东西通称"物"；马是类名，凡具备"马"这一性质的动物，都称为"马"；臧（奴隶名）是私名，私名限于单个的事物。这里，达名是最基本的概念，它的外延最大；类名是类概念，反映某一类事物的共同属性；私名是单独概念，它概括某一特定的、独一无二的人或事物的特征。

关于名的定义，《大取》划分名的类型时所说"以形貌命"、"不可以形貌命"，就是定义名的方法。所谓"以形貌命"，是按照事物的"形貌"也即事物的外部特征定义名；所谓"不可以形貌命"，是根据事物"形貌"以外的某些因素定义名，例如，根据某物在楚国，定义该物是"楚物"。《墨经》没有从理论上阐述定义名的原则和方法，也没有像《大取》那样给出下定义方法，但《墨经》中大量的定义却采用了比《大取》更为科学的内涵定义法和外延定义法。因为它揭示概念（名）的内涵与外延，所定义的名准确地反映了事物的本质，而不是"形貌"。例如，《经上》划分同、异的类型曰："同，重、体、合、类"；"异，二、不体、不合、不类"，这实际上是用外延定义法定义同、异。《经说上》解释同、异的类型曰："同，二名一实，重同也；不外于兼，体同也；俱处于室，合同也；有以同，类同也"；"异，二必异，二也；不连属，不体也；不同所，不合也；不有同，不类也"，这是用内涵定义法定义"重、体、合、类"和"二、不体、不合、不类"。

综上所述，《墨经》论"名"，包括名的实质、名和言的关系、名的分类、定义名的方法等。

（七十六）　《墨经》是怎样论述"辞"的

《小取》说"以辞抒意"，用"辞"表达"意"。

可见，辞指判断，辞是对事物的存在或属性有所断定的思维形式。例如："闻，耳之聪也"；"平，同高也"（《经上》）。

关于辞的分类，《墨经》没有给予理论上的说明，而是寓于实际运用中。全称判断，《墨经》多用"尽"字表达，"尽，莫不然也"（《经上》），例如："方尽类"（《经说下》）；有时，《墨经》也《中国逻辑史·先秦卷》（中国人民大学出版社，1987 年 10 月第 1 版）中所说，《墨经》使主项在前，谓项在后，不用联项，对于肯定判断，有时在谓项后加一"也"字，例如："体，分于兼也"（《经上》）；有时不加，例如"尧善治"（《经说下》）。对于否定判断，虽用"非"、"不"、"无"等字，但"非"、"不"、"无"等不起联项作用，属谓项的一部分，例如"牛马非牛"，"一二不相盈"（《经说下》）。这些，是先秦著作的通例，不为《墨经》独有。

总的来说，《墨经》论"辞"，主要贡献在辞（判断）的分类。

（七十七）　《墨经》是怎样论述"说"的

《墨经》论"说"，与《大取》、《小取》关系密切。为了叙述的方便，今合《墨经》和《大取》、《小取》，介绍"说"。

《小取》："以说明故"，谓用"说"揭示原因；《经上》："说，所以明也"，谓"说"是用来阐明一个结论之所以成立的理由的;《经说上》:"方不庫,说也",谓"说"不受方域限制,由已知探求未知。可见,"说"是推理,是由已知判断(前提)推出新判断(结论)的过程和方法。

《大取》曰:"夫辞,以故生,以理长,以类行也者。立辞而不明于其所生,妄也;今人非道无所行,唯有强股肱而不明于道,其困也,可立而待也。夫辞以类行者也,立辞而不明于其类,则必困矣"。这是说,在"说"即论证或推理过程中,故、理、类是立论所不可缺少的条件,故、理、类不明确,则推理必然会出现错误。为此,《墨经》及《大取》、《小取》探讨了推论中的这三个基本逻辑范畴。

《经上》:"故,所得而后成也";《经说上》:"故,小故,有之不必然,无之必不然;……大故,有之必然,无之必不然"。这是说,"故"是推理论证的前提条件,"小故"指必要条件,"大故"

用"俱"字表达,例如:"同,异而俱于之一也"(《经上》)。特称判断,《墨经》多用"或"、"有"等字表达,例如:"辩也者,或谓之是,或谓之非,当者胜也"(《经上》)。全称判断分为全称肯定判断和全称否定判断,特称判断分为特称肯定判断和特称否定判断,《经说上》的:"尺与尺俱不尽,端与端俱尽。尺与端,或尽或不尽。坚白之撄相尽,体撄不相尽",恰好包括上述四种判断。

必然判断,《墨经》用"必"字表达,例如:"命之马,类也,若实也者,必以是名也";"非彼必不有,必也。……必也者可勿疑"(《经说上》)。同必然判断相对的是或然判断。或然判断,《墨经》用"不必"、"弗必"等表达,例如:"无不必待有,说在所谓";"无说而惧,说在弗必"(《经下》);"子在军,不必其死生;闻战,亦不必其死生"(《经说下》)。

特称判断用"或"字表达,或指"有的"。选言判断,《墨经》亦用"或"字表达,或指"或者",例如:"时或有久,或无久";"损,偏去也者,兼之体也。其体或去或存,谓其存者损"(《经说上》)。假言判断表示假设关系,断定条件和结果之间的关系。《墨经》对此有较充分的研究。"小故,有之不必然,无之必不然。……大故,有之必然,无之必不然"(《经说上》),讨论了必要条件(小故)、充分条件和充分必要条件(大故)同结果之间内在联系。

关于词项在判断中的周延性,《小取》有专门的论说:"爱人,待周爱人而后为爱人。不爱人,不待周不爱人。不周爱,因为不爱人矣。乘马,不待周乘马然后为乘马也;有乘于马,因为乘马矣。逮至不乘马,待周不乘马而后不乘马。此一周而一不周者也"。这是说,"爱人"之"人","不乘马"中的"马",是周延的"不爱人"中的"人","乘马"之"马",是不周延的。《墨经》没有这方面的述说。

关于判断的结构,《墨经》也没有予以表述。如孙中原先生在指充分条件和充分必要条件。"理"与道、法等相通。《经上》曰:"法,所若而然也",此处,"法"指规律、标准。可知,"理"有道理、规律、方法等意思,"理"在推理中,指推理的形式、条理。《经说上》曰:"有以同,类同也";"不有同,不类也"。《经下》曰:"异类不比"。这是说,"类"标志事物同异的范围、界限,立论和反驳都必须坚持类同原则。

"说"的方式,《小取》有或、假、效、譬、侔、援、推等七种,《墨经》有擢、止两种。另外,孙中原先生认为《墨经》中的"诺"也是"说"的方式。此系一家之言,我们在此不予介绍。

"或也者,不尽也"(《小取》)"或"是选言推理,它以选言判断为前提,推出结论。

"假者,今不然也"(《小取》)。"假"。是假言推理,它以假言判断为前提,推论结果。

"效者,为之法也;所效者,所以为之法也。故中效,则是也;不中效,则非也。此效也"(《小取》)。"效"是立辞时先确定一个是非标准,然后据此判定所立的辞是否正确。

"辟也者,举他物而以明之也"(《小取》)。"譬"相当于类比推理,它举别的事件来说明眼前的事件。

"侔也者,比辞而俱行也"(《小取》)。"侔"是在原判断主项、谓项前附加词意相同的成分,从而推出新判断的推理形式。

"援也者,曰:'子然,我奚独不可以然也'"(《小取》)。"援"是援引对方赞同的观点为前提,进行推理。

"推也者,以其所不取之同于其所取者,予之也"(《小取》)。"推"是以对方所赞同的观点和所反对的观点属于同类为根据,来反驳对方论点。

"攫,虑不疑,说在有无"(《经下》)。"攫,疑无谓也。臧也今死,而春也得之,必死也可"(《经说下》)。"攫"是援引某种事实或原理以推出其他事理。例如,从臧得病死了,推论春得了

同样的病,必死。

"止,因以别道"(《经上》);"彼举然者,以为此其然也,则举不然者而问之"(《经说上》)。"止,类以行之,说在同"(《经下》);"彼以此其然也,说是其然也;我以此其不然也,疑是其然也"(《经说下》)"止"是重要的反驳方式。对方举个别例子,归纳出结论,为了反驳对方,举一相反的例子,即可推翻对方的结论。对方所举的例子,己方所举的相反的例子,必须同类。这样,可以通过限制、甄别对方的结论,得出正确的道理。

(七十八) 如何评价《墨经》的逻辑学

论辩是逻辑的摇篮。先秦时期,延续数百年的名辩思潮刺激了中国古代逻辑的产生和发展。《墨经》区分名辩的内容和形式,规定名辩的方式和方法,研究思维的基本形式,揭露论辩过程中出现的种种错谬,为墨家宣扬其政治主张,反对其他学派的攻击,提供了逻辑武器。

《墨经》确立了逻辑研究的对象,探讨了名(概念)、辞(判断)、说(推理)等逻辑概念和思维形式,论述了名的实质、名言关系、名的分类及定义名的方法,讨论了辞的含义、辞的类型、辞的结构,阐述了说的本质、说的条件、说的方式。以上表明,《墨经》已初步建立了科学的形式逻辑体系。

《墨经》形式逻辑体系的建立,意味着墨家逻辑学的最后完成,它是墨子本人和墨家后学逻辑智慧的结晶;《墨经》形式逻辑体系的建立,也意味着中国古代逻辑第一次理论化、系统化,它总结了名辩思潮中各家各派的

优秀成果,批判地吸收了各种唯心主义诡辩论的一些合理思想。

《墨经》之后,中国古代逻辑继续发展,但都没能超越《墨经》。例如,荀子发展了《墨经》概念(名)论的某些方面,但荀子的"正名"受制于"礼",与政治伦理纠缠不清。相反,由于墨学于汉代迅速衰微,《墨子》几乎失传,中国古代再也没出现过《墨经》这样的逻辑著作,以致西方学者竟然宣称中国古代无逻辑。英国著名的中国科技史专家李约瑟先生崇拜中国古代科技成就,把毕生的精力献给中国古代科技史研究,但他也认为中国古代形式逻辑不发达当希腊人和印度人很早就仔细地考虑形式逻辑的时候,中国人一直倾向于发展辩证逻辑。(《中国科学技术史》,科学出版社,1978 年 7 月第 1 版)

在世界逻辑思想史上,《墨经》和印度的因明学、古希腊亚里士多德的逻辑学分别代表了古代三种逻辑学类型。《墨经》和亚里士多德的逻辑学相比,各有千秋,毫不逊色,虽然《墨经》逻辑学的抽象性差一些。因此,《墨经》在世界古代逻辑史上占有十分重要的地位。

不过,《墨经》的逻辑学也有缺陷。这一点,任继愈先生在高度评价《墨经》逻辑学的地位和价值的同时,明确地指了出来:《墨经》"有关于逻辑学的总论,有对思维形式的分析,有对推理(特别是类比推理)较细密的研究,有对逻辑错误的揭露,也有逻辑学的实际应用。它的逻辑学贯串着唯物论和辩证法的精神,因此具有相当的科学性和战斗性,成为先秦时代最高水平的逻辑学理论,在整个中国逻辑史上都占有光辉的地位,直到今天仍给人以可贵的教益。它不足之处是理论分析尚嫌粗略,对于逻辑规律如同一律、矛盾律、排中律等,缺乏明确论述。"(《中国哲学发展史·先秦》,人民出版社,1983 年 10 月第 1 版,第 567 页)

(七十九) 《墨经》的同异观是怎样的

"坚白同异之辩"(《庄子·天下》)是先秦名辩思潮的中心议题。墨家参与名辩,不能不对坚白同异提出有别于其他学派的看法。《墨经》定义同异内涵,分辨同异类型,明确同异关系,与惠施著名的"合同异"相区别,在先秦同异争辩中,独树一帜。

1.《墨经》定义"同"。《经上》:"同,异而俱于之一也";《经说上》:"同,二人而俱见是楹也,若事君"。这是说,同是相异的东西归结为一,即同是异中之同,指不同的对象都具有某种相同之处。两人都见到某一柱子,像为同一君主服务一样,这就是"同"。1

2.《墨经》划分"同"的类型。《经上》:"同,重、体、合、类";《经说上》:"同,二名一实,重同也;不外于兼,体同也;俱处于室,合同也;有以同,类同也"。这是说,同分为重同、体同、合同、类同四类。两个概念的内涵和外延完全一样,同指一个对象,这叫作重同;部分存在于全体中,或同一整体的两个部分有交叉(即互相包含对方的一小部分),这叫作体同;物体位于同一空间,这叫作合同;物体有部分性质相同,另一些性质不同,这叫作类同。

3.同与异是成对的概念,异是同的反面,同是异的反面。《墨经》定义"同"后,不再定义"异",仅给"异"作了分类。《经上》:"异,二、不体、不合、不类";《经说上》:"异,二必异,二也;不连属,不体也;不同所,不合也;不有同,不类也"。这是说,异分作二、不体、不合、不类四类。两个概念指不同的对象,这叫作二;某一部分不存在于另一整体中,同一整体的两个部分不交叉相容,这叫作不体;物体处于不同的空间,这叫作不合;物体的性质完全不同,这叫作不类。

4.《墨经》划分同、异的类型之后,提出"异类不比"。《经下》:"异类不比,说在量";《经说下》:"异,木与夜孰长? 智与粟孰多? 爵、亲、行、贾四者孰贵? 麋与霍孰高? 蚓与瑟孰瑟?"这是说,不同类的事物不能相比,因为它们的量不同。例如,木和夜,智和粟,爵位、亲戚、德行和价格,麋和鹤,蚯蚓和蚕,不可比较。

5.《墨经》以"同异交得"别于惠施"合同异"。《经上》:"同异交得放有无"。这是同异是相反相成、对立统一的,如同"有"、"无"这对范畴既斗争又同一,彼此联系一样。《经说上》举出有无、多少、去就、坚柔、死生、长少、白黑、央旁(靠近中心的部分、接近边缘的部分)、是非、成未(未成功)、存亡、性故(先天的、后天的)、贵贱等对立统一概念,为"同异交得"作例证。这与老子的"有无相生,难易相成,长短相形,高下相倾,音声相和,前后相随"(《老子·二章》)论述非常相似。

惠施(生于墨子后,与庄子同时)言"合同异"曰:"大同而与小同异,此之谓小同异;万物毕同毕异,此之谓大同异"(《庄子·天下》)。这是说,事物大的方面的共性是大同,小的方面的共性是小同。大同和小同之间的同异,叫作小同异。从同的方面看,事物都具有共性,这是毕同;从不同的方面看,事物都各不相同,这是毕异。惠施认为事物同、异是相对的,是相互联系的,过分强调了同和异的联系与转化,虽分别同、异,又忽略同、异的客观性、绝对性。这和《墨经》强调同、异差别与对立,在此前提下才肯定同、异的互相依存与联系有本质上的不同。不过,正因为《墨经》和惠施同异观的不同,他们才代表了先秦名辩思潮中两种典型的同异观。

(八十) 《墨经》和公孙龙的"坚白论"有何不同

坚白之辩源起甚早,孔子求教于老子时就曾引辩者之言:"夫子问于老聃曰……辩者有言曰:'离坚白,若县寓。'若是则可谓圣人乎"(《庄子·天地》)。墨家喜论辩,墨子"游心于坚白同异之间"(《庄子·骈拇》),后期墨者居然"以坚白同异之辩相訾"(《庄子·天下》)名家的代表人物之一公孙龙钟情于坚白之论,著有《坚白论》,专门讨论坚白。

《墨经》和《坚白论》是先秦名辩思潮留给我们的仅有的论述坚白的资料,墨家和公孙龙的坚白观点又迥然不同。因此,比较二者差别应该说是必要的。

《经上》:"坚白,不相外也"。《经说上》:"坚,于石无所往而不得,得二。异处不相盈,相非,是相外也"。这是说,"坚白石"的坚、白属性共存于一石,不可分割,也不互相排斥。在同一块石中,无处不有坚、白;若坚、白分属两种物体的性质,则坚与白不再相互含容对方,而互相排斥。

《经下》:"不坚白,说在无久与宇。坚白,说在因"。《经说下》:"无坚得白,必相盈也"。这是说,只有在没有时间、空间的情况下,才不存在坚、白。坚与白是相依的。抚摸石块,得其坚必得其白,坚、白相盈。

《经下》:"不可偏去而二,说在见与俱,一与二,广与修"。《经说下》:"见不见离,一二不相盈,广修坚白"。这是说,坚白石的白与坚同时存在,不可去其一,就像某平面的宽与长不能分开一样。如果白与坚分属不同事物的性质,则它们相分相离,不相盈,就像某平面的宽、长和某坚白石的坚、白分离一样。

《经下》:"于一,有知焉,有不知焉,说在存"。《经说下》:"于,石一也,坚白二也,而在石。故有智焉,有不智焉,可"。这是说,某一物体的属性不管是否被认识,都客观地存在于这一物体中。坚、白都存在于坚白石中,人们抚石而知坚不知白,视石而知白不知坚,这是可以的。

由上所引可知,《墨经》认为坚、白不分离,坚、白相盈,人们不能分开它们,或肯定其一而否定其他。当然,由于感觉的局限性,某一特定感觉只能认识坚,未能认识白,或只能认识白,未能认识坚。然而,人们不应该因此而否定坚白石中坚或白的客观存在。

公孙龙的坚白观点和《墨经》根本对立,他主张坚、白相离,坚、白和石相离而独立存在。他由视觉和触觉的局限性,论证坚白石的坚和白分离、不相盈:"视不得其所坚而得其所白者,无坚也;拊不得其所白而得其所坚者,无白也"(《公孙龙子·坚白论》)在此基础上,他认为坚、白可以脱离坚白石而单独存在:"物白焉,不定其所白;物坚焉,不定其所坚。不定者兼,恶乎其石也"(《坚白论》)。这是说,某物是白色的,但这白色不限于此物;某物是坚的,但这坚性不限于此物。白与坚可以为万物所兼有,怎么说白、坚仅仅为坚白石所独有? 进一步,他认为坚、白存在于万物具体的坚、白之前:"坚未与石为坚而物兼,未与物为坚,而坚必坚"(《坚白论》)。这样,公孙龙夸大了感官的局限性,夸大了事物属性的相对独立性。

《墨经》坚白盈是对抗早期辩者的产物(孔子之时,就有"离坚白"之说),公孙龙"离坚白"是承袭辩者的一贯论调,予以阐发。坚白之辩在《墨经》和公孙龙之后,不再继续成为中国哲学或逻辑学的重要课题。因为在坚白问题上,《墨经》和公孙龙分别得到了古代朴素唯物主义和唯心主义所能达到的高度。

（八十一） 《墨经》对《庄子》有何影响

崔大华先生同意《墨经》成书较晚,可能是在战国晚期荀子之时这一看法。崔先生在其《庄学研究》(人民出版社,1992 年 11 月第 1 版)中,探讨《庄子》与《墨经》关系时,便认为《墨经》里的时空、变化、认知的观念或命题有承袭《庄子》的明显迹象。我们认为《墨经》的《经》上下系墨子自著,它影响了在墨子之后的庄子;《墨经》的《经说》上下系墨子后学所作,它影响了庄子后学。概言之,《墨经》影响了《庄子》。因为《庄子·天下》所云《墨经》就是《经》上下,《经说》上下是墨家后学在

庄子之时、之后争辩《经》上下的作品;《庄子》内篇属庄子自著,《庄子》外、杂篇属庄子后学的作品。

《经上》解释时空观念曰:"久,弥异时也;宇,弥异所也"。定义"久"为不同时间的总和,定义"宇"为不同处所的总和。《经说上》作经验的、感性的例证,谓"久"包括古、今、旦、暮等所有时间,"宇"包括东、西、南、北等所有处所。《庄子》继承《墨经》这一解释,将其抽象为:"有实而无乎处者,宇也;有长而无本剽者,宙也"(《庚桑楚》)。即是说,"宙"指无始无终的时间,"宇"指没有止境的空间,"宙"和"宇"都是无限的存在。

《经》上解释变化观念曰:"化,征易也",定义"化"为物种的变化。《庄子》内篇发挥这一观点曰:"万化而未始有极"(《大宗师》),进一步认为物质变化无止无境,没有穷尽。《经说上》举例说:"化,若蛙为鹑";"蛙,鼠,化也"。即青蛙化为鹌鹑,或青蛙化为鼠。《庄子》外篇仿照《经说上》也举例说:"胡蝶胥也化而为虫,……其名为鸲掇,鸲掇千日为鸟"(《至乐》)。即胡蝶化为鸲掇,鸲掇又化为鸟。

《经上》化分认识为感性认识("知")和理性认识("恕")两种形式,并认为感性认识源于感官与外物的接触:"知,接也;恕,明也"。《经说上》对

此作具体解说:"知:知也者,以其知过物而能貌之,若见。恕:恕也者,以其知论物,而知之也著,若明。"《庄子》沿袭《墨经》的上述理解曰:"知者,接也;知者,谟也。"(《庚桑楚》)

不过,《墨经》虽然在时空、变化和认识观念方面影响《庄子》,《庄子》在其他方面也批评《墨经》。例如,《墨经》参与名辩思潮,批判"辩无胜"的观点,肯定是非曲直的客观性:"谓'辩无胜',必不当,说在辩"(《经下》);"辩,争彼也;辩胜,当也"(《经上》)。《庄子》拥护"辩无胜"的说法,在《齐物论》里采用相对主义否定争辩的客观标准,否定是非的客观存在。

(八十二) 鲁胜《墨辩注序》有哪些内容和价值

鲁胜,西晋人,生卒年月不可考,著《正天论》,论天文历算;注《墨子》《经》上下和《经说》上下四篇,成《墨辩注》;采先秦诸家逻辑言论,为《刑名》二篇。惜上述三书均已不存,仅《墨辩注序》流传至今。

今录《墨辩注序》全文如下:

"名者所以别同异,明是非,道义之门,政化之准绳也。孔子曰:'必也正名,名不正则事不成。'墨子著书,作《辩经》以立名本。惠施、公孙龙祖述其学,以正形名显于世。孟子非墨子,其辩言正辞则与墨同。荀卿、庄周等皆非毁名家而不能易其论也。名必有形,察形莫如别色,故有坚白之辩。名必有分明,分明莫如有无,故有无序之辩(周文英校曰当为'故序有无之辩')。是有不是,可有不可,是名两可。同而有异,异而有同,是之谓辩同异。至同无不同,至异无不异,是谓辩同辩异。同异生是非,是非生吉凶。取辩于一物而原极天下之汙隆,名之至也。自邓析至秦时,名家者世有篇籍,率颇难知,后学莫复传习,于今五百余岁,遂亡绝。《墨辩》有上下经,经各有说,凡四篇,与其书众篇连弟,故独存,今引说就经,各附其章,疑者阙之。又采诸众杂,集为《刑名》二篇,略解指归,以俟君子,其或兴微继绝者亦有乐乎此也。"

阅《墨辩注序》,遂知其不是简单的说明《墨辩注》的序文,而是先秦逻辑史著作。它集先秦儒、墨、名、法诸家正名学说重新定义名,指出名辩的目的和任务是明是非、审治乱、化天下;它揭示《辩经》(即《墨辩》)的主题是名辩,认为墨子和惠施、公孙龙有师承关系,属同一逻辑派别;它看到墨子"辩言正辞"对孟子的影响,以及名家在先秦时的地位和影响不可动摇;它在以名为本的前提下,梳理出先秦名辩的主要论题:正名之论、坚白之辩、有无之辩、两可之论、同异之辩;它创造"引说就经"的解"经"方法(即用《经说》的条文解释《经》的条文),遍采先秦名辩言辞集为《刑名》,希图振兴、继续名辩理论。

《墨辩注序》的有些见解不甚准确,如把墨家名学与惠施、公孙龙的同异、坚白论合为一派,以为惠施、公孙龙祖述墨子;把"有无之辩"列为先秦名学的主要论题之一。另外,《墨辩注序》竟然不言先秦名辩思潮中重点讨论的"故"、"类"范畴。这些,都是《墨辩注序》的失误和欠缺。不过,《墨辩注序》的缺点是次要的,贡献是首要的:它是研究先秦逻辑思想的第一篇著作;它是秦汉至明代以来第一篇,也是唯一一篇留传下来的探讨墨学的著作;它首次将《经》上下和《经说》上下从《墨子》中提取出来,单独研究;它首创"引说就经"的《墨经》体例和《墨经》研究方法。这使得《墨辩注序》在逻辑史上、在墨学研究史上具有永恒的价值和超越自身内容的意义。

四　墨子的地位、影响和价值

（八十三）　墨家对《淮南子》有哪些影响

儒道对立，儒墨相非，在反对儒家这一共同立场上，道家与墨家是相同的。所以，道家虽攻击墨家，也注意吸纳墨家某些思想以发展自己，从而受其影响。

比《史记》稍早的汉初黄老学的集大成著作《淮南子》，记述墨子言行、墨家事迹达二十四条，评价墨家公正合理。陈广忠先生在《〈淮南子〉与墨家》（《孔子研究》，1995 年第 2 期）一文中指出，《淮南子》精通墨家，吸收墨家，其受墨家影响具体体现在下列诸方面：

墨家主张"圣王之为政，列德而尚贤"，指出"尚贤为政之本"（《尚贤中》）、认为天下混乱的原因是没有选贤使能。为此，墨家设计了从"天子"至"乡长、里长"的广泛的选贤制度，以确保国家由贤者统治。《淮南子》强调国君治国要任用贤才，它说，圣主"举贤以立功"（《氾论训》），天下、国、县、乡均要举贤治政。墨家"尚贤"原则是："不党父兄，不偏富贵，不嬖颜色。贤者举而上之，富而贵之，以为官长；不肖者抑而废之，贫而贱之，以为徒役"（《尚贤中》）。《淮南子》的举贤原则是：不计贵贱、亲疏、敌友，唯才是举。

墨家反对浪费，力倡"节用"，奉尧为节俭的典范。《淮南子》把节俭看作国君治政的一条重要原则："君人之道，处静以修身，俭约以率下。静则下不扰矣，俭则民不怨矣"（《主术训》）。

同时，《淮南子》也尊奉尧为节俭的典型："尧乃身服节俭之行……"（《主术训》）。

墨家反对厚葬，倡导"节葬"。《淮南子》亦然："古者……以为穷民绝业而无益于槁骨腐肉也，故葬足以收敛盖藏而已"。

墨家谴责"好攻伐之君"，反对统治者扩地侵壤，危害人民，在《非攻中》曾举智伯之事曰："昔者晋有六将军，而智伯莫为强焉。计其土地之博，人徒之众，欲以抗诸侯，以为英名"，"攻中行氏而有之"，"又攻兹范氏而大败之。并三家以为一家，而不止，又围赵襄子于晋阳。及若此，则韩魏亦相从而谋曰：'古者有语："唇亡则齿寒"。赵氏朝亡，我夕从之；赵氏夕亡，我朝从之。《诗》曰："鱼水不务，陆将何及乎"'。是以三主之君，一心戮力……韩魏自外，赵氏自内，击智伯大败之"。《淮南子》讨伐不义，反对兼并，也举智伯之事曰："昔者智伯骄，伐范、中行氏而克之，又劫韩魏之君而割其地，尚以为足，遂兴兵伐赵。韩、魏反之，军败晋阳之下，身死高梁之东"。"万乘之国，好广地者亡，智伯是也"（《人间》）。

墨家批评儒家之"乐"，意在反对国君厚敛于民，而供自己享乐，害国害民，无补于治。《淮南子》揭露奢侈、豪华之乐，耗费资财，扰乱政事。

墨家反对儒家之礼。《淮南子》比墨家更深入、更全面地批评礼："圣人制礼乐，而不制于礼乐。治国有常，利民为本；政教有经，而令行为上。苟利于民，不必法古；苟周于事，不必循旧"，"先王之制，不宜则废之"（《氾论训》）。

墨家定义时空曰："久，弥异时也"，"宇，弥异所也"（《经上》）；"久，合古今旦暮"，"宇，东西家南北"（《经说上》）。《淮南子》承继之曰："往古来今谓之宙，四方上下谓之宇"（《齐俗训》）。

心通墨子

231

墨家论名实关系,提出:"名实耦,合也"(《经说上》),"以名举实"(《小取》)。《淮南子》接受墨家的名实论,并将其用于政治实践,它的"同名而异实"(《说山》),"名异实同"(《说林》),区分名、实同异;它的"提名责实,考之参伍"(《要略》),是名实观念在政治领域的运用。

墨家讨论名实关系,举瞽者只知白、黑之名,不知白、黑之实为例:"……兼白黑,使瞽取焉,不能知也"(《贵义》)。《淮南子》沿袭之:"……援白黑而示之,则不处焉。瞽师有以言白黑,无以知白黑,故言白黑与人同,其别白黑与人异"(《主术训》)。墨家提出"类"概念,探讨了类、知类、类名、察类、同类、类取、类予等"类"概念理论,丰富了中国古代逻辑学的内容。《淮南子》与此相应,探讨了类分、别类、类取、知类、类推、类辩等"类"的理论。

最后,墨家重视教育,认为人如洁白的丝,所受教育不同、所处环境不同,性格、学识、品质等也不同。《所染》篇说:"非独染丝然也,国亦有染;非独国有染也,士亦有染"。《淮南子》记"墨子见练丝而泣之,为其可以黄,可以黑"(《说林训》),得出:马"犹待教而成,又况人乎"(《修务训》)的结论。

(八十四) 《墨子》对《太平经》有哪些影响

道教的产生与墨家在民间的流传有关,道教最初的理论是墨学和黄老方仙之道相融合的产物。基于此,墨子被塑造为道教仙界人物,《墨子》被收入道教经籍总集《道藏》,道教典籍中著录有《墨子枕中五行记》之类所谓墨子书。

编撰于东汉安帝、顺帝之际的《太平经》(亦名《太平清领书》)是原始道教的经典,为张角创立的太平道所信奉,《墨子》对它的影响是多方面的。

著名道教学者王明先生认为《太平经》是《墨子》思想的流变。他简述墨子"天志"、"明志"和道教宗教观的源流关系,着重论述墨子部分社会思想向《太平经》社会政治思想的演变。王明说:"总的来说,墨子的社会思想从小生产者立场出发,主张劳动、互助、兼爱、交利。自从秦汉以后,沉寂了三百多年,到后汉中晚期,在当时社会生活条件下,这种思想正式披着宗教的外衣,复活起来。并且依照当时阶级斗争的曲折反映,在《太平经》书里变为反对剥削、攻击私有财产、主张自食其力和救穷周急的思想。这里承前启后有个共同的阶级基础,就是不同时代的被压迫的劳动人民。墨学演变为原始道教经典中一部分社会政治思想,它的内容比较丰富和深刻起来。就它思想的继承性说,它是墨学流变"(《道家和道教思想研究·从墨子到〈太平经〉的思想演变》,中国社会科学出版社,1984年6月第1版)。

在王明等人深入研究的基础上,李养正先生就宗教、政治、伦理、方术等四个方面,对照比较《太平经》与《墨子》的内容,追根溯源,指出《太平经》上述四个方面是《墨子》的再现。1.《墨子》宗教观在《太平经》中的再现:道教的鬼神崇拜与墨家的宗教观,实质相同。墨、道同源,墨家源出掌管祭祀天神地祇人鬼之职事的巫祝,道教亦源自巫祝。《墨子》的"天",是人格化的有意志、有欲念的最高贵的宇宙主宰者,亦即上帝,"天"的意志是衡量人世是非善恶的标准。《太平经》的"天"是宇宙的最高的主宰,人格化称为"天君","天"表现为天心、天意、天道、天法、天仪等。《墨子》用三表法论证鬼神之实有,还认为对待鬼神的态度关系到国家治乱存亡。《太平经》中说"鬼",与《墨子》明"鬼"说法相同。《墨子》社会政治思想在《太平经》中的再现:尚贤与尚同是《墨子》社会政治思想的根本,而《太平经》承袭之。《墨子》的兼爱、非攻、节用、薄葬、增殖人口等主张,《太平经》中亦皆有所再现。例如,《墨子》提出"非攻",《太平经》则说"大恶有四,兵、病、水、火",力主尚道德、断金兵。3.《墨子》的伦理道德思想在《太平经》中的再现:《墨子》伦理思想的核心是"兼爱",认为天下治乱决定于能否"兼相爱,交相利"。《太平经》继承、发挥了这些,如《太平经》云:"三气相爱相通,无复有有害者"(卷四十八),"考天地阴阳万物,上下相爱相治,立功成名,使心治一家,使人不复相憎恶,常乐合心同志"(卷五十六至六十四)。《墨子》有互助思想:"有力相营,有道相教,有财相分"(《天志中》),《太平经》中亦有:"诸神相爱,有知相教,有奇文异策相与见,空缺相荐相保"(卷一百六)。4.《墨子》的重方技的思想在《太平经》中的再现:《墨子》常用技术用语做比喻,如《天志上》用规、矩,《经说下》用绳;《太平经》在述辩道理时,亦用绳、规、矩等技术用语。《墨子·非攻中》曰:"譬若医之药人之有病者然。今有医于此,和合其祝药之于天下之有病者而药之",《太平经》中亦多处谈巫医之术。《墨子》继老子"长生久视"(《老子·五十九章》)之后,讨论"长生保国"(《亲士》)与"伤生损寿"(《经说下》),反对嗜酒。《太平经》亦多处谈养生之道,强调自养适度,主张禁酒。《墨子·迎敌词》记载了坛祭、巫卜、望气、厌胜等宗教方术,《太平经》也讲这类方术(以上参见《道教与诸子百家》第六章,北京燕山出版社,1993 年11 月第 1 版)。

总之,《墨子》对《太平经》思想的各个主要方面发生了重大影响。

(八十五) 墨家对道教有哪些影响

道教是多种文化传统和民间信仰融合的产物,正如李远国先生所说:"它是以古代原始宗教(鬼道)为基础,神仙家(仙道)'长生不老'的观念为理想,道家的自然哲学为主干,吸收儒家、阴阳家的思想和采纳墨家的宗教观及社会主张的一个复合的土生土长的宗教。"(《墨家与道教》,《孔子研究》,1991 年第 4 期)

《道藏》收有墨家著作《墨子》,此外,道教内还流传有《墨子枕中五行记》、《墨子枕中记抄》、《墨子枕内五行纪要》、《墨子五行秘书》、《灵奇墨子术经》、《墨子隐形法》、《墨子丹法》、《紫度炎光内视图中经》、《墨子行气闭气法》、《墨子占法》、《墨子秘要》等托名墨子的文献。这反映出墨家学说与道教有着密切联系,墨家学说对道教的产生和发展发生过重大影响。李远国先生在《墨家与道教》一文中,把墨家对道教的影响具体分为以下几个方面:

1.早期道教中,有一派是源于墨家,此派的特点是:讲五行变化,能役使鬼神。葛洪《神仙传》言墨子年八十二，叹世事已可知，荣位非常保，入周狄山，精思道法，得见神仙；载西汉方士奉墨子为仙。魏晋至隋唐，墨子被说成采药炼丹、神通广大的神仙。《神仙传》中，推行墨子五行变化之术者有南郡韦震、太阳子离明、吴人魏伯阳、长安人刘根、淮南王刘安、八公、庐江左慈、东陵圣母、河东孙搏、沛人刘政、九灵子皇化、扶风灵寿光、韩众、刘纲。此外，尚有孔元方、冯遇、王烈、卫叔卿、成武丁等，得墨子"素书"（神人授予墨子之书），习墨子变化之术。《神仙传》里的这些人物，活跃于汉、晋之际，俨然形成了早期道教中的墨派阵营。

2.道教丹道理论中，"五行错王说"、"五行颠倒术"的源头都是来自墨家的"五行毋常胜说"。先秦五行说，以五行"相生相克"（或曰"常生常胜"）为一派，此派主张木生火，火生土，土生金，金生水，水生木；水胜火，火胜金，金胜木，木胜土，土胜水。以墨家"五行毋常胜，说在宜"（《经下》）为另一派，此派主张五行相胜随着矛盾双方质量的变化而变化，没有僵死的程序、固定的模式，并批驳五行相生、相克之说。东汉魏伯阳所著《周易参同契》，被道教中人尊为"万古丹经王"，书中关于五行的论述，与墨家一脉相承："金水合处，木火为侣"，"五行相克，更为父母"；"五行错王，相据以生，火性消金，金伐木荣"。元俞琰《周易参同契发挥》解释说："金生水，木生火，此常道之顺五行也。今以丹法言之，则木与火为侣，火反生木；金与水合处，水反生金。故曰五行错王，相据以生也"。北宋张伯端所著《悟真篇》，专言内丹之道，与《周易参同契》互相发明，其"五行颠倒术"和"五行错王说"相同。

3.墨家天志、明鬼的主张，为道教的创立提供了宗教观念，开辟了以神道设教的蹊径。天志和明鬼是墨家宗教观的两大支柱。早期道教继承了墨家的天志，《太平经》反复阐述之："天者，至道之真也，不欺人也，万物所当亲爱。其用心意，当积诚且信，但常欲利不害，不负一物，故谓之天"；"天道无亲，唯善是与"；"得罪于天，无所祷也"。墨家把天比作工匠的规矩，《太平经》把天比作明镜："天之照人，与镜无异"。墨家引经据典证明鬼神存在，《公孟》篇曰："鬼神为明知，能为人祸福哉，为善者富之，为暴者祸之";《明鬼下》曰:"古圣人治天下也,故必先鬼神而后人者"。这种尊鬼事神的宗教思想,直接为两汉方士继承,演变为役使鬼神之术。同时,方士招致鬼神,利用了《墨经》中的光学理论、光学实验。

墨家用宗教的形式,推行兼爱互助的社会理想,这给道教的创立,从形式到内容,都提供了可供效法的典章。《三国志·张鲁传》曰:"鲁据汉中,以鬼道教民"。《广弘明集》曰:"张角、张鲁等,本因鬼言,汉末黄衣当王"(卷八);"张陵、张鲁诈说鬼语,假作谶书云:'汉柞减后,黄衣得天下'"(卷十二)。这些,都是早期道教汲引墨家神道设教的方法,建立宗教团体,并在宗教旗帜下,反抗汉王朝统治的明证。另外,墨子精通占术,《迎敌词》篇又言阴阳、五行、巫卜、望气等方士之说。道教中的一些斋醮法则,直接借鉴于此。

4.墨家后期的"墨侠",直接融入早期道教团体之内。墨家以巨子为领袖,有坚强而严密的组织,墨家成员忘己济世、行侠仗义。战国秦汉时期,"墨侠"非常活跃,后来,在统治者沉重打击和严厉禁止下,他们潜入民间,混同方士,继续在社会上活动。《抱朴子内篇·道意》记载的早期道教内部的"刺客死士"、"亡命遁逃"者,就是"墨侠"。《弘明集》卷八《侠道作乱四逆》中,将"侠道"并称,并谓黄巾太平道、张鲁鬼道、孙恩紫道皆为侠道,亦可说明早期道教内部吸收了众多墨侠。此外,道教内许多重要人物都具有舍己救人的情操,这正是墨侠风尚的延续。

5.元代创立的一支道派——真大道教,在元时曾兴盛一时。此派的行持基本上和墨家一样:"其教以苦节危行为要,而不妄取于人,不苟侈于己者也"(《元史·释老志》)。

最后,墨家重视观察自然,讲究变化之道,也重视养生,研究光学、物理学。这些,都为道教吸收、利用,在宗教的框架里畸形地发展着。

(八十六) 《墨子》在先秦散文史上的地位和影响如何

先秦散文在中国古代散文史上占有重要地位,《墨子》在先秦散文史上又占有重要地位。由于《墨子》质朴无文,被荀子评为"蔽于用而不知文"(《解蔽》);也由于墨学自秦汉后突然衰竭,《墨子》对秦汉而下的散文发展缺乏直接影响,各种文学史著作要么对《墨子》评价较低,要么干脆不提《墨子》,不能正确对待《墨子》,不能正视《墨子》的地位和贡献。80 年代以来,虽然有谭家健先生等少数学者试图改变这种状况,但是,终未能如愿。谭家健先生在《〈墨子〉在先秦散文史上的地位》一文(载《中州学刊》,1983 年第 4 期)中认为,《墨子》在先秦散文史上的地位和影响主要体现在三个方面:

心通墨子

1.从语录体到专论体的过渡。《墨子》之前的《论语》,及之后的《孟子》是语录体的主要代表作,战国末期的《荀子》、《韩非子》是专论体的代表作。《墨子》的文体是上述两种文体的过渡形态,尤以《尚贤》、《尚同》至《非命》、《非儒》等篇,最为明显。《墨子》这些篇文章和《论语》相比,有进步:①每篇都有鲜明的标题以概括中心思想,表现出思想理论的系统化,说明写作技巧的演进。②每一篇中各段语录之间有密切联系,而不是把同类性质的话简单凑集。其联系方式,一是自设问答,二是假设反对者的诘难。从这以后,在论说文中自设宾主互相辩驳,才成为通用的方式。③文章有头有尾,结构完整,层次分明,章法井然。每篇都有精心安排的章法,总是一开头明确提出论旨,再展开分析论证,或步步推进,或正反对比,或先分后合,或先合后分,最后归纳结论,与开头互相呼应,后世所谓"起承转合"诸法,在《墨子》中已见端倪。

2.有意识地在论说文中运用形式逻辑。《墨子》书中有丰富而系统的逻辑思想,在中国逻辑史上甚至世界逻辑史上都占有重要地位。例如"类"、"故"、"谇"等逻辑学概念,"辟"、"侔"、"援"、"推"等论证方法,以"三表"作为衡量言谈是非的标准等等。《墨子》中的大部分文章(除去《墨经》、《备城门》等十一篇)都可以找到运用这些方法的典型实例。《非攻上》采用类比法展开驳论,《兼爱上》使用归纳法、对比法和三段论,《所染》运用枚举归纳推理,《非命中》、《节葬》利用"三表法",便是证据。《墨子》以前的《论语》注意到概念和定义的准确性,但论证过于简单;《墨子》以后的《孟子》长于比喻，但有时推论不免牵强，容易无类比附；再后的《庄子》汪洋恣肆，想象丰富，但充满诡辩，许多怪论不顾形式逻辑；至于《荀子》、《韩非子》，它们的逻辑思想和文章技巧，和《墨子》有着不可分割的联系。

3.从简单对话到曲折完整的故事。《墨子》《耕柱》、《公孟》、《贵义》、《鲁问》、《公输》诸篇都是语录体，其中前四篇是许多短篇对话或独白凑集而成，常用比喻，还偶有幽默讽刺。《公输》却比较特殊，具有完整的故事，可以看出是由对话体发展而来。《公输》比《墨子》其他各篇在艺术上有明显提高，它注意语言的修饰锤炼，情节也复杂多变。其戏剧性的情节，不但《论语》、《孟子》、《庄子》、《荀子》没有，即使《韩非子》的《内外储说》也不能比拟。

总之，《墨子》标志散文体裁从语录体向专论体的过渡；《墨子》对形式逻辑的运用比《论语》、《孟子》高超，直接启发了《荀子》、《韩非子》；《墨子》中有些文章叙事完整、情节巧妙有趣，影响了《战国策》的作者等。因此，《墨子》在先秦散文史上的地位和影响不容忽视。

（八十七） 墨子在中国哲学史上的地位和影响如何

20世纪80年代以来，墨学日渐成为中国哲学史研究的热门，墨学在中国哲学史上的地位和影响纳入了专家们研讨的视野。墨子是墨家的创始人，墨家留传后世的著作仅《墨子》一书，研讨墨家的地位和影响，主要是研究墨子哲学的地位和影响。

战国时期，儒、墨同为"显学"，墨子的地位和影响几乎危及孔子哲学的传播。孟子说："杨朱、墨翟之言盈天下。天下之言不归杨，则归墨。……杨、墨之道不息，孔子之道不著。"（《孟子·滕文公下》）秦汉以后，墨家绝亡，墨子哲学的地位和影响才次于儒家的孔子和道家的老子。

墨子哲学思想的主流是唯物主义。他"为人类认识的发展独辟新径，贡献出许多具有生命力和科学价值的东西：关于事物发展规律的可知性，关于名与实、言与行、志与功的统一，关于真理标准的客观性，关于感觉经验、社会效果对认识的作用,关于'力'与'命'这两个概念的提出,关于若干思维形式和思维规律的初步探讨,所有这些都是认识史上的创举"(任继愈主编:《中国哲学发展史·先秦》,第235页)。

墨子哲学影响了儒家、法家和由先秦道家发展而来的黄老学、蜕变而来的道教。其"尚贤"、"尚同"的政治哲学被孟、荀、商、韩所吸收,并通过他们间接地影响后世;其唯物主义认识论被荀子、韩非等继承、改造、发扬;其"天志"、"明鬼"的宗教观被汉代董仲舒提炼为"天人感应"论;其"兼爱"的社会理想被《礼记·礼运》重塑为儒家的大同思想;其政治主张和社会观成为汉初黄老学的理论来源之一,被改造为东汉道教的理论和教义。

近代,西方资本主义国家侵略我国,西学大量传入,墨子哲学沉寂二千余年后获得新生。维新派哲学家谭嗣同、梁启超,资产阶级哲学家胡适,无产阶级革命家陈独秀、蔡和森,中国现代文学史上最伟大的作家鲁迅,都从墨子哲学中汲取营养。他们或以墨子哲学解释、认识西学;或经过墨子哲学的洗礼,创建自己的哲学体系;或带着墨子哲学的痕迹,接受马克思主义,走上革命道路。

总之,墨子是墨家学派的创立者,是墨家最重要的代表人物,是中国古代伟大的唯物主义哲学家。墨子在中国哲学史上的重要地位,没有人可以取代。无论在墨学消失前,还是在墨学消失后,墨子哲学自始至终影响着中国哲学的进程。因为衰亡的是墨家学派,墨子本人的思想从未泯灭,且早已汇入中国哲学的长河中。

(八十八) 墨子在中国传统文化中的地位和影响如何

先秦著作,孔、墨并提,或杨、墨并称,可见墨子和墨家在先秦的地位和影响,非其他学派能够比拟。汉以降,墨学作为一个独立的派别消逝了,但墨子作为中国文化史上的巨人,墨学作为中国传统文化直接源泉之一,其影响犹在。蔡尚思说:"墨子最为历代王朝所排斥,然其优良思想最多,是中国古代思想界积极派的祖师";"在中国思想文化史上,我认为墨学是优点最多的文化遗产"(《中国古代学术思想史论》)。童书业认为墨子影响孟、荀、董仲舒等儒家,影响法家,与太平道和五斗米道的某些思想有血肉联系。这些评价十分中肯。

墨子对传统文化的影响是多层次、多侧面的。他在政治、哲学、经济、军事、科技、逻辑学、宗教领域的影响,不可估量。

墨子"尚贤"、"尚同"的政治主张,影响了儒、法,也影响了中国封建社会的政治体制。孟子"尊贵使能,俊杰在位"(《孟子·公孙丑上》),荀子"尚贤使能"(《荀子·君道》),都是墨子"尚贤"理论的发展;荀子、韩非子中央集权制思想,则是墨子"尚同"学说的发挥。中国两千余年的封建大一统与墨子有着丝丝缕缕的联系。汉初的官方哲学黄老学,也是吸收墨家和其他各派精华的产物。

哲学方面,墨子是中国哲学史上第一个运用经验论反对先验论的哲学家。其检验认识真理性的"三表法",是对认识论的重大发展;其"强力"、"非命",阐释了人的外在超越,与儒、道两家的内在超越一起,共同构成传统哲学的超越理论。

墨子经济思想非常丰富,其社会生产和分工学说、人口论、财政观、节用论多有发轫之功。秦汉以来的经济理论、经济政策,诸如"民以食为天"、"固本节用"、"轻徭薄赋"、"尚功尚利"等,都有墨子的深刻影响或轻微痕迹。

《墨子》不是兵书,但其《非攻》和《备城门》以下各篇的战争观、城守之术相当完备,是中国古代军事思想史、军事史的重要组成部分。特别值得一提的是,墨子反战而积极备战,这种思想和实践,有重大的理论和实际意义。

墨子及其后学在数学、物理学、机械制作等自然科学领域中的巨大贡献,代表了先秦时期中国科学技术的最高成就,在世界科技史上写下了辉煌的一笔。可以毫不夸张地说,墨子是中国古代的科学之父。难怪近代中国曾用墨学接引西学,用《墨子》的科学知识抵御和认识西方近代科学。

《墨经》的逻辑学是中国逻辑史上的奇葩。它与古希腊三段论式的形式逻辑、古印度的因明学并称世界古代三大逻辑宝典,它的中绝,导致中国传统文化不重逻辑、轻视论证的缺点。

墨子影响了中国土生土长的道教。道教的许多理论是墨子政治思想的翻版,道教组织酷似"墨者集团"。墨子被神化为道教中人物,《墨子》全书被收入道教经籍总集《道藏》,道教典籍《墨子枕中记》《墨子丹法》亦托名墨子。

墨子"非乐",提倡重实用、轻文饰的文艺理论,成为劳动者批判统治者淫乐的锐利武器,成为劳动者在生产劳动中创造生动、活泼的文艺作品的理论基础。

墨子是小生产者的代言人,他的很多主张经过长期的历史积淀,演变为劳动人民的美好品德;他的某些观点,经过农民起义领袖的改造,成为农民起义的理论来源之一。

总之,墨子在中国传统文化中具有特别重要的地位,其影响不亚于道家的创立者老子、儒家的开创者孔子。墨子思想的精华已融入我们中华民族的血液之中,标记我们传统文化、民族精神的某些基本特征。

(八十九) 墨学的近代意义有哪些

秦汉以降,墨学沉寂,墨子不为人知,治墨者寥寥可数。近代以来,列强以现代文明打开中国的大门西学输入,势不可挡。墨学与西学相通,得以重见天日,复兴于世。从鸦片战争到新文化运动,墨学强烈地影响着进步的学者和爱国的政治家,在近代中国的政治、文化领域扮演着重要的角色。

何外来文化的传播都需要本土文化的接引,佛教于魏晋传入中国离不开玄学的接引,西学的输入则是靠墨学作桥梁和纽带。西学中的数学、光学等自然科学知识与《墨经》相通;西学中的自主、博爱、基督教精神与墨子的尚同、兼爱、尊天、明鬼等政治学说相通。国人接受西学的第一步,正是依赖墨学引导,以深厚的墨学知识解读对他们来说似新非新的西方文化,获得零星的西学知识。梁启超用墨学理解霍布斯、洛克的民约论,邹伯奇用墨学诠释西方的天学、数学、重学、视学等自然科学,这些都是例证。

西方文化源源不断地进入中国,国人经历了震惊、排斥阶段,最后不得不承认西学的高明。为了维护中华民族自我中心的精神和文化心态,为了增强民族自尊、自信,克服自卑,人们以墨学为武器,在解读西学的同时,又固执地认为西方一切优越的文化统统出自墨学。邹伯奇说西学"不出《墨子》范围","源出墨子"(《学计一得》);张自牧说:"墨为西学之鼻祖也"(《蠡测卮言》);黄遵宪说西学"其源盖出于墨子"(《日本国志》)。这类说法在今人的眼光中荒诞不经,荒唐可笑,但在当时却起到了振兴民族精神,满足国人心理需要的作用。

戊戌变法和辛亥革命时期,改良和改造社会是时代的中心任务,墨家的救世情怀和政治理想成为改良派、革命派的精神力量以及重要的理论来源。戊戌六君子之一的谭嗣同视死如归、从容就义,他的"我自横刀向天笑"源自墨家乐于奉献、勇于牺牲的人生实践:"以为块然躯壳,除利人之外,复何足惜,深念高望,私怀墨子摩顶放踵之志矣"、(《谭嗣同全集》,第289—290页)。梁启超认为墨子是圣人,墨学之旨是轻生死、忍苦痛,墨家救世之患,急人之难,有益于时代。他高度评价墨子"视人之国若视其国,视人之家若视其家"(《墨子,兼爱中》)的社会理想,称赞其具有社会主义、世界主义性质。伟大的资产阶级革命家孙中山将墨子同黄帝、卢梭、华盛顿并列,推崇墨子兼爱,他的言行深受墨子影响。

新文化运动倡导科学、民主,反对传统、专制。胡适等研究墨学,选择墨学作为新文化的立足点。陈独秀、蔡和森等早期无产阶级革命家盛赞墨学,他们最初就是用墨家的政治主张和政治理想理解无产阶级世界观和共产主义事业。此外,中国长期的封建社会所孕育的传统文化,尤其是政治文化,主要的是代表地主阶级利益的儒家文化。所谓反传统,主要是反儒,反儒的理论武器则是西方的自由、民主和作为传统的异端的墨学。墨学在新文化运动中起着双重作用:接纳西方科学,反对儒家传统。

由于墨学是封建社会初期的产物,有其不可克服的滞后性、局限性,墨学的近代意义非常有限,它虽在思想文化领域发生影响,对某些先进的历史人物产生影响,终没能升华为新的文化精神,没能转化为改造社会的实践力量。

(九十) 近代墨学从复兴走向衰落的原因是什么

清代中叶乾嘉时期,朴学(又称考据学、汉学)盛行,《墨子》由于载有《诗》、《书》旧文可以订正经义,受到青睐。于是,汪中、毕沅等开始校勘、注解《墨子》书。近代,中国遭受列强蹂躏,逐步走向半封建半殖民地,儒家传统被怀疑、批判、抛弃,学者和政治家们同时把目光转向墨学,从学术和政治的角度研讨、赞扬墨学:校勘《墨子》,发掘墨学中的自然科学思想、科学技术知识,揭示墨学精神,讴歌墨家理想人格、社会理想,用墨学解释西学、鼓舞斗志。但是,墨学在近代的复兴是暂时的,五四运动后,又一次迅速衰落。

近代墨学衰落的原因很多,既有墨学本身的原因,也有墨学宣扬者、复兴者本身的原因;既有当时社会状况和时代发展趋势方面的原因,也有东西方文化传统方面的原因。概括起来,不外乎以下几点:

墨学代表小生产者的利益,是小生产者社会理想的理论形态,它赖以存在的基础和依靠的社会力量是小生产者。在阶级社会里,小生产者从来不是社会发展的主导力量,也不是新的生产力的代表,这就决定了墨学在近代中国的必然命运。近代中国,社会发展的主导力量和新的生产力的代表是无产阶级,无产阶级的思想武器是马克思主义。"五四"以后,随着马克思主义在中国的传播,随着马克思主义影响的扩大和深入,墨学衰微不可避免。

复兴墨学的领袖人物梁启超、胡适等,由鼓吹墨学转向批评墨学。梁启超在第一次世界大战后,反思西方文化,表现出悲观情绪和批判态度,对与"西学"相通的墨学,由推崇转变为比较尖刻的批评,并归向他以前极力反对的儒学。胡适亲身经历五四运动,从扬墨抑儒转向全面否定传统,全盘西化,他后来推崇杜威的实用主义,影响了整整一代中国资产阶级。

墨学复兴时被抨击、否定的儒学重新抬头,儒学复兴派融合中西文化,在更高的理论层次上重构儒学,试图发扬儒学中固有的某些精华,同马克思主义、西方文化和价值观相抗衡,客观上也打击了墨学。

西学是近代机器大生产的创造物,它的科学知识来自严密的科学实验,它的政治学说是资产阶级社会理想的反映和写照。墨学是简单的手工业生产的产物,它的科技知识是经验性的东西,它的政治观点寄托着小生产者的美好愿望。西学与墨学的相似是表面的、有限的,二者的区别是本质的、主要的。用古老的墨学嫁接近代西学是幼稚的。墨学复兴带有浓厚的个人感情色彩、深重的民族自尊心理,对墨学缺乏科学而系统的分析研究,回避墨学内在的缺点。一旦人们对西学、墨学均有较深的了解后,便会看出它们的本质差异,看出墨学的朴素性、局限性,最终将其抛弃。

墨学的复兴影响了近代中国的思想文化,没有决定近代中国政治和科学的发展方向,更没有改变近代中国的悲惨命运。墨学的再次衰落,从学术方面来讲,值得我们同情、痛惜,然而,墨学的再次衰落又是历史的必然,它预示着中国新的思想、文化的诞生。

（九十一） 墨子思想的现代意义和价值有哪些

历史上,墨学有过两次辉煌。战国时期,墨学盛行,堪与杨朱学说、儒学匹敌,影响至天下;近代,墨学复兴,支撑起民族自尊心理,接引了先进的西学。当前,墨学作为传统文化的重要组成部分,其意义和价值又一次受到重视。那么,墨学的创始人和最重要代表墨子的思想有哪些现代意义和价值呢?

林兆义先生从当今世界格局和传统文化的文化价值角度,孙淑义先生从社会精神文明和物质文明角度,蔡尚思先生从墨子学说的内容和儒、墨对比角度,分别作过深入的研究。现以他们的观点为主,兼及其他学者的看法,综合如下:

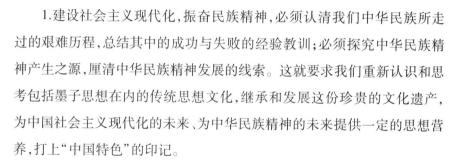

1.建设社会主义现代化,振奋民族精神,必须认清我们中华民族所走过的艰难历程,总结其中的成功与失败的经验教训;必须探究中华民族精神产生之源,厘清中华民族精神发展的线索。这就要求我们重新认识和思考包括墨子思想在内的传统思想文化,继承和发展这份珍贵的文化遗产,为中国社会主义现代化的未来、为中华民族精神的未来提供一定的思想营养,打上"中国特色"的印记。

2.墨子提倡"兼爱"、"非攻",反对"相恶"、"攻伐",为加强社会主义精神文明建设,为妥善处理人与人、家与家、国与国的关系,为维护社会的安定团结和世界的和平、发展,提供了可供借鉴和尝试的理论指导以及实践方案。

3.墨子强力非命、强本节用、富国富民的思想,与我们党和政府一贯强调的自力更生、艰苦奋斗、勤俭建国精神基本一致;与我们坚持以经济建设为中心,大力发展社会主义生产力的战略思想,有相通之处。研究墨子这方面的进步主张,有利于发展经济,提高生产力,建设高度的社会主义物质文明。

墨子"尚贤",任人唯贤,反对宗法等级及基于宗法等级的任人唯亲,给我们选拔和培养社会主义建设所需要的优秀人才,提供了某些有益的启示;给我们加强社会主义民主和法制建设,坚持"法律面前人人平等",自觉抵制封建专制遗毒的影响,提供了合理的思想武器。

5.墨子集自然科学和社会科学于一身,他在世界古代自然科学史和逻辑史上,占有非常重要的地位。研究墨子自然科学和逻辑学方面的成就,能够激发我们勇攀科学高峰的信心。

墨子重视躬行,主张言行一致,为实现墨家的政治主张,他一生奔波,从不停息。这种救世情怀和献身精神,比儒家宣扬的"先天下之忧而忧,后天下之乐而乐",比统治者津津乐道的"与民同乐",境界更高,与我们今天倡导的"为人民服务"、雷锋精神有相似之处,在未来的共产主义仍有较强的生命力。

总之,墨子思想的现代意义、现代价值是多方面的。墨子思想对于我们民族的今天和未来,是取之不尽、用之不竭的宝贵思想资源。

（九十二） 墨子对当代中国知识分子有何启示

墨子是百科全书式的学者、是伟大的思想家、是坚强的实践者,墨子用自己的理论和实践塑造了墨家精神——救世精神。墨子给予当代中国知识分子的启示是多方面的。

1.作为百科全书式的学者,墨子在哲学、伦理学、政治、军事、逻辑学、自然科学等领域都做出了巨大贡献。墨子在诸多领域所取得的辉煌成就,都与他在其他领域所具有的精深学养分不开的。在"知识爆炸",科学飞速发展,学科分类越来越细,学科联系又越来越密切的今天,墨子启示我们:要想站在科学发展的前沿,走在科学研究的前列,除了必须具备深厚的专业知识水平以外,还必须具备较深厚的相关专业的知识修养,甚至是不相关专业的知识修养,因为科学上的重大发现、新学科的诞生常常是找出看似毫不相关的学科、专业之间内在联系的结果。

2.墨子生长于新旧交替、社会剧变的战国初期。面对复杂多变的社会现实,审视各种层出不穷的新问题,墨子继承三代以来的优秀文化成果,从小生产者立场出发,结合当时的实际情况,提出一系列志在救人救世的政治主张,创立了墨家学派。目前,中国的改革正进一步深化,中国社会正处于转型时期,许多新的问题要我们去解决,许多新事物要我们去思考、去认识。墨子启示我们:要研究中国的现实状况,不要沉湎过去、回避现实;要有理论勇气,不要因循守旧;要广泛吸取人类历史上一切能够为我所用的文化遗产,创立适应、引导当代中国社会发展的新的思想体系,摆脱"理论滞后"现象。

3.墨子揭露了战国初期的种种弊病,严厉批评王公大人的政治失误,但不因为这些而消极悲观,相反,墨子揭露和批评的目的是为了对症下药,开出一副治世良方:"国家昏乱,则语之尚贤尚同;国家贫,则语之节用节葬;国家憙音湛湎,则语之非乐非命;国家淫僻无礼,则语之尊天事鬼;国家务夺侵凌,则语之兼爱非攻"(《鲁问》)。当前,中国的改革是史无前例的一场深刻的社会革命,伴随改革,总会出现这样或那样的差错。墨子启示我们:正视这些差错,不因此而悲观、绝望,否定改革;努力探索出防止和解决偏差的方法,不可停留于一味批评、责备的层次上。

4."口言之,身必行之"。墨子一生是实践墨家政治理想的一生。墨子游说诸侯王,亲身投入到制止战争的行动中去,选派弟子任职于各诸侯国,把希望寄托于王公大人身上,更寄托于墨家成员(包括墨子本人)身上。墨子启示我们:理论只有付诸实践,才能化作现实力量;走出书斋,走向社会,才是当代知识分子报效祖国,为人民服务的唯一正确选择和出路,特别是在改革需要理论指导、理论需要改革检验的紧要关头。

5.墨子积极救世的理论和实践上升为墨家的救世精神,这种精神激励人们自强不息,爱祖国,爱人民,为国家和人民的利益舍生忘死、勇往直前;这种精神已积淀为中华民族的深层心理,已成为中华民族优秀传统精神的重要组成部分和主要标志之一。墨家的救世精神启示我们:为了祖国的繁荣昌盛,为了中华民族的美好未来,一定要听从祖国和人民的召唤,在党的领导下,为社会主义市场经济建设,为社会主义精神文明建设,最大限度地发挥自己的聪明才智,用汗水、鲜血和生命去谱写人生壮丽的诗篇,不愧于我们所处的伟大时代。

五　墨子研究状况

（九十三）　胡适是怎样介绍墨子学说的

　　胡适研究墨子、墨家的成果集中于《中国哲学史大纲》（上卷），《中国哲学史大纲》一书是我国近代以来第一部运用西方哲学观点和方法系统阐述中国古代哲学的著作。在该书中，胡适以实用主义哲学的眼光叙述和评判墨子学说。

　　胡适分墨子学说为三部分：墨子的哲学方法、三表法、墨子的宗教。由墨子生于鲁国，正逢儒家学说盛行之时，胡适断言墨学与儒学有关联，墨学的许多观点是对抗和批评儒家的产物，在介绍墨子时，有意于儒墨对比。

　　在胡适看来，"儒墨两家根本上不同之处，在于两家哲学的方法不同，在于两家的'逻辑'不同"（《中国哲学史大纲·墨子》）。关于"墨子的哲学方法"，胡适认为儒家追究目的、结论，探讨是"什么"；墨子追究方法、原因，探讨"怎样"、"为什么"。而墨子所探寻的原因、为什么，就是事物所具备的效用："墨子以为无论何种事物、制度、学说、观念，都有一个'为什么'。换言之，事事物物都有一个用处"（《中国哲学史大纲·墨子》）。这样,墨子哲学的方法便是"应用主义"或曰"实利主义"的。但,墨子的"用"和"利"又不是常人误解的"财用"和"财利",是指有用于、有利于"改良人生的行为"、"增进人生的行为"(《中国哲学史大纲·墨子》)。

关于"三表法",胡适认为它是墨子的"论证法",是"逻辑"的应用。三表之中,"实际应用",即"废以为刑政,观其中国家百姓人民之利"(《非命上》)是最后一表,最受墨子重视。三表弊于忽视事物的长远价值,囿于耳目闻见,尤其是平常人的所见所闻;三表的贡献在于注重效用,注重历史的、现在的、将来的经验,而经验是科学之根本、效用是验证"好"和"善"的标准。

关于"墨子的宗教",胡适认为墨子是创教的教主,兼爱、非攻、尚贤、尚同、非乐、非命、节用、节葬、天志、明鬼等均是"墨教"的信条。其中,天志是墨教的根本和起点,尚同是墨教的终点,"天志就是尚同,尚同就是天志"。至于墨教诸条在墨子学说中的地位,胡适说,墨子的哲学方法和三表法是"墨子学说的根本观念",上面所列的信条"都是这根本观念的应用"(《中国哲学史大纲·墨子》)。

在阐述墨子学说的上述内容之后,胡适对墨子学说作了总体评价,并分析了墨子由哲人变成"教主"的缘由:"'墨教'的教条,在哲学史上,本来没有什么重要。依哲学史的眼光看来",这些信条"都是墨学的枝叶。墨学的哲学的根本观念,只是前两章所讲的方法(即墨子的哲学方法和三表法——引者注)。墨子在哲学史上的重要,只在于他的'应用主义'。他处处把人生行为上的应用,作为一切是非善恶的标准。兼爱、非攻、节用、非乐、节葬、非命都不过是几种特别的应用。他又知道天下能真知道'最大多数的最大幸福'的,不过是少数人。其余的人,都只顾眼前的小利,都只'明小物而不明大物'。所以他主张一种'贤人政治',要使人'上同而不下比'。他又恐怕这还不够,他又是一个很有宗教根性的人,所以主张把'天的意志'作为'天下之明法',要使天下的人都'上同于天'。因此哲学家的墨子便变成墨教的教主了"(《中国哲学史大纲·墨子》)。

由于胡适断定《经》下与《经说》上下、《大取》、《小取》为所谓惠施、公孙龙时代的"别墨"所作,且统称这六篇为《墨辩》。胡适于《中国哲学史大纲》中,另有"别墨"篇(即第八篇)专论此六篇文章里的认识论和逻辑学思想,高度评价"《墨辩》六篇乃是中国古代第一奇书",肯定墨家名学(即逻辑学)在世界和中国逻辑史上的重要地位,兼及墨家自然科学方面的知识(参见《中国哲学史大纲·别墨》)。我们从胡适对《墨辩》的评价,不难看出他对墨子《经》上下(我们认为《经》上下为墨子自著)的赞叹。

（九十四） 郭沫若是如何评价墨子思想的

著名历史学家郭沫若先生研究墨家的论文有《读梁任公〈墨子新社会之组织法〉》、《墨子的思想》、《孔墨的批判》、《名辩思潮的批判》等四篇。其中,《墨子的思想》和《孔墨的批判》对墨子思想作了全面的论述和评价。由于《孔墨的批判》中有关墨子学说的部分是《墨子的思想》的继续和说明,没有提供多少新的观点,我们仅以《墨子的思想》为据,记述郭沫若先生对墨子思想的评价。

郭沫若认为,研究墨子,可靠的资料是《墨子》中的《尚贤》至《非命》诸篇。凭依这些,他断定墨子是"满嘴的王公大人,一脑袋的鬼神上帝,极端专制,极端保守的宗教思想家";墨子思想"充分地带有反动性——不科学,不民主,反进化,反人性,名虽兼爱而实偏爱,名虽非攻而实美攻,名虽非命而实皈命"。

在全盘否定墨子思想的价值之后,郭沫若为自己的观点作证:墨子以"天志"为法仪:"我有天志,譬若轮人之有规,匠人之有矩"(《天志上》)。墨子信仰上帝鬼神,上帝鬼神有情欲意识,能生人,能杀人,能赏人,能罚人,它们的存在是绝对而不允许怀疑的。这表明墨子思想不科学。《经》上下和《经说》上下是不是墨子的东西,值得推敲,况且这四篇中的科学知识本属粗浅的常识,家喻户晓。即使这四篇真是墨子的东西,真有所谓精深博大的科学知识,也属墨子宗教传播的工具。

《尚贤》至《非命》诸篇完完全全替"王公大人"说话,这些文章出现

"王公大人"达六十七次,还出现"士君子"、"天下之士君子"等用语。墨子承认上下、贵贱、贫富、众寡、强弱、智愚等一切对立,认为国家、人民、社稷、刑政都是王者私有。例如,墨子说:"自贵且智者为政乎愚且贱者则治,自愚且贱者为政乎贵且智者则乱"(《尚贤中》);"今天下之王公大人士君子,情将欲富其国家,众其人民,治其刑政,定其社稷,当若尚同之不可不察"(《尚同中》)这说明墨子思想不民主。

人类社会的一切现象由质而文,这是进化的公例。墨子一味地以不费为原则,以实用为标准,因陋就简,阻挠了进化的契机。所以,墨子"节葬"、"节用"是反进化的。墨子"非乐",像"农夫春耕夏耘,秋敛冬藏,息于瓴缶之乐"(《三辩》)的民间音乐也反对,简直是不知精神文化为何物的狂信徒。

墨子有许多见解不近人情。他主张去情欲:"必去喜、去怒、去乐、去悲、去爱,而用仁义"(《贵义》);他规定男女婚嫁年龄曰:"丈夫年二十毋敢不处家,女子年十五毋敢不事人"(《节用上》),让人事未通的女子结婚生子。此外,墨子把人民当成为王公大人生产衣食、繁殖人口的工具,他主张"非攻"的理由之一是攻伐损减人口,他主张短丧的理由之一是厚丧久葬"败男女之交"(《节葬下》)。所以,从这方面来说,墨子思想是反人性的。

墨子主张"兼爱",又主张"去爱",墨子承认一切既成秩序的差别对立而又叫人们去"兼"。这实际上是叫弱者、寡者、贫者、贱者、愚者之类大多数不安乐者去爱强者、众者、富者、贵者、诈者之类少数安乐者,同时,叫强者、众者等施舍一点爱给弱者、寡者等。这样,"兼爱"岂不就是偏爱!

承认私产就无法禁盗,承认国界就无法止攻。墨子承认私产和国家间的对立,其"非攻"论不可能实现。墨子认为正义战争是"诛",非正义战争是"攻",但侵略者都宣扬"诛","非攻"思想"只是在替侵略者制造和平攻势的烟雾而已"。再说,由"非攻"演进而为"无斗"(《耕柱》),等于剥夺了被侵略者的武器,提倡无条件的投降主义。"非攻"走向侵略和投降,不正是"美攻"吗?

一般人以为"非命"和尊天明鬼是矛盾的。其实,墨子因为尊天明鬼才"非命"。在墨子看来,上帝鬼神和王公大人都有生杀予夺之权,不必在上帝鬼神的权威之外认定别的异己力量。"非命"就是要人们彻底皈依无形的权威(上帝鬼神)以及有形的权威(王公大人)。如此,"非命"实质上是"皈命"。

在墨学研究史上,学者们对墨子思想的评价有分歧,但持根本否定态度的,可能只有郭沫若一人。

（九十五） 李约瑟是如何理解墨子学说的

英国著名的中国科技史专家李约瑟先生在其巨著《中国科学技术史》第二卷《科学思想史》(科学出版社、上海古籍出版社联合出版,1990 年 8 月第 1 版)里论及墨子学说。在"墨家和名家·墨翟的宗教的经验主义"这一节里,李约瑟分墨子学说为以下几个部分。

1.墨子对是否回到封建阶级区别分化以前的原始集体主义社会中去,态度暧昧。一方面,墨子谴责原始社会,称原始社会是个人反对一切人的一场混战:"子墨子言曰:古者民始生,未有刑政之时,盖其语,人异义。是以一人则一义,二人则二义,十人则十义。其人兹众,其所谓义者亦兹众。是以人是其义,以非人之义,故交相非也。是以内者父子兄弟作怨恶,离散不能相和合;天下之百姓,皆以水火毒药相亏害。至有余力,不能以相劳;腐朽余财,不以相分;隐匿良道,不以相教。天下之乱,若禽兽然。夫明乎天下之所以乱者,生于无政长,是故选天下之贤可者,立以为天子"(《尚同上》)。另一方面,墨子又采取了类似道家的态度,主张回到原始社会。这一点,不在今存的《墨子》中,而在儒家典籍《礼记》中:"大道之行也,天下为公,选贤与能,讲信修睦。……是谓大同。……今大道既隐,天下为家,各亲其亲,各子其子,货力为己。……是谓小康"(《礼记·礼运第九》)《礼记》的上述文字属墨家的,与《墨子》中某些文句相似,后被窜入《礼记》。

2.墨子提倡圣王躬己而治,说圣王拥有器物仅是为了实用而非为了炫耀。《辞过》篇表达了这一思想。墨子不从根本上反对封建主义本身,墨子的"兼爱"、"尚贤"、"尚同"、"非攻"都是为封建主义的长治久安服务的。

3.墨子对一切利民的事情有极大兴趣,墨子一些次要的主张,如"节用"、"节葬"和"非乐",由此而来。

4.墨子学说有很强的宗教因素。墨子认为天有意志,天的意志是:"天之意,不欲大国之攻小国也,大家之乱小家也,强之暴寡,诈之谋愚,贵之傲贱"(《天志中》)所以,"顺天之意者,义之法也"(《天志中》)。墨子坚持鬼神的客观存在,似乎把鬼神看作是活人的道德监视者,《墨子·明鬼》专门讨论鬼神。有趣的是,墨子"明鬼"是由于坚持经验主义的结果:"子墨子言曰:是与天下之所以察知有与无之道者,必以众之耳目之实,知有与亡为仪者也。请惑闻之见之,则必以为有;莫见莫闻,则必以为无。若是,何不尝入一乡一里而问之!自古以及今,生民以来者,亦有尝见鬼神之物,闻鬼神之声,则鬼神何谓无乎……"(《明鬼下》)墨子这种论证方法导致了,误的结论,但并非就是不科学的。

5.墨子"非命",反对信从命。墨子认为,相信命运会导致人们不负责任,并有损于勤勉和节俭等品德。这与《墨经》中所表现出来的对因果关系的信仰,略有不符。不过,墨子非命,除了宿命论对人类行为产生消极影响这一实用的论据外,未曾提出其他论据。

综上所述,李约瑟着重讨论了墨子对原始社会的矛盾态度,墨子的天志和明鬼,兼及墨子的节用、兼爱、尚贤、尚同、非攻、节葬、非乐与非命等学说。由于李约瑟断定《墨经》是墨家后学所作,他虽然在《中国科学技术史》中论述了《墨经》中的科学思想及几何学、物理学、生物学命题,但未把这些看作是包括墨子本人在内的墨家学说,仅视之为后期墨家的主要学说。

20世纪后半期，中国哲学通史类的著作大体上有任继愈主编的《中国哲学史》(人民出版社)、杨荣国主编的《简明中国哲学史》(人民出版社)、孙叔平著的《中国哲学史稿》(上海人民出版社)、肖萐父和李锦全主编的《中国哲学史》(人民出版社)、北京大学哲学系中国哲学史教研室编写的《中国哲学史》(中华书局)、冯契著的《中国古代哲学的逻辑发展》(上海人民出版社)、冯友兰著的《中国哲学史新编》(人民出版社)、任继愈主编的《中国哲学发展史》(人民出版社)、中国人民大学哲学系中国哲学史教研室编写的《中国哲学通史》(中国人民大学出版社)等。这些著作中，被部分院校当作教材的有任继愈主编的《中国哲学史》、肖萐父和李锦全主编的《中国哲学史》、孙叔平著的《中国哲学史稿》、北大编写的《中国哲学史》、人大编写的《中国哲学通史》等。

任继愈主编的《中国哲学史》(第一册初版于1963年7月)把墨子哲学分为四个部分，即兼爱、非攻、尚贤、尚同的政治思想；强力、节用、非乐、节葬的社会思想和历史观(涉及国家政治的起源问题)；唯物的经验论的认识论；天志、明鬼的宗教思想。由于任著把墨子定为小生产者的代言人，把《经》上下定为后期墨家的著作，因而，对墨子哲学持肯定态度，对墨子哲学史料的选取，局限于《墨子》中的《尚贤》、《尚同》等十篇政论文章。

肖萐父、李锦全主编的《中国哲学史》(初版于1983年10月)把墨子哲学分为三个部分，即"必以众之耳目之实"为基准的唯物主义经验论；尚力、非命与天志、明鬼的思想矛盾；"兼以易别"的社会矛盾观。肖著论证墨子在哲学上的主要贡献集中表现在认识论方面，揭示了墨子思想中重视人力和崇天祭鬼的内在矛盾，说明了尚贤、尚同等政治学说的社会价值是以"兼"易"别"。在墨子哲学的阶级属性、墨子哲学史料的选择上，肖著与任著基本相同。

孙叔平著的《中国哲学史稿》(上册初版于1980年3月)把墨子哲学

思想分为三个部分即天志、明鬼、非命论;社会政治思想;知行论。孙著阐述了天志、明鬼的人民性、落后性和非命的战斗性;以"兼爱"为核心,分析了尚贤、尚同、非攻、节用、节葬、非乐等政治主张的本质;指出了墨子认识论的朴素唯物主义性质。孙著虽然认为《经》上下大概是墨子自著,但又认为只有《尚贤》至《非儒》等十一篇足以代表墨子思想。在墨子哲学史料的取舍上,与任著一样。

北京大学编写的《中国哲学史》(上册初版于 1980 年 3 月)把墨子哲学分为三个部分,即"兼相爱,交相利"的社会政治思想;唯物主义经验论的认识论;天志、明鬼的宗教思想。这部著作以"兼爱"为墨子政治思想的核心,用"兼爱"的原则阐论尚贤、尚同、非攻,从墨子功利主义的角度剖析节葬、非乐;在认识论和宗教观方面,这部著作着重介绍墨子认识论的经验性和墨子对天、鬼、命的看法。

中国人民大学编写的《中国哲学通史》(第一卷初版于 1987 年 9 月)把墨子哲学分为三个部分,即"兼相爱交相利"的社会政治思想;宇宙观中的矛盾;"取实予名"的认识论和三表法。这部著作突出墨子哲学的批判性、战斗性,强调墨子天神观念与传统天神观念的区别,详细分析三表法的贡献和局限。不过,这部著作虽然出版的时间较晚,但对墨子哲学的论述并无多少新意可言,对墨子哲学史料的择取,仍没超出其他著作。

教科书重在全面、正确地介绍哲学家的哲学思想,这客观上制约了编写者的撰写深度。但是,每一部教科书还是应该有自己的特色的,还是应当尽量吸收学术界的新的研究成果的。上述各教科书对墨子的介绍大同小异,缺乏特色,缺乏新意,是其不足。

（九十七） 王焕镳的《墨子》校释著作有何意义

杭州大学中文系教授王焕镳先生(1900—1982)所著《〈墨子〉校释商兑》、《墨子校释》是新中国成立以来仅见的《墨子》校释著作(马宗霍著有《墨子间诂参正》,该书考订孙氏正误),也代表了当今校释《墨子》的最高水平。

自孙诒让《墨子间诂》问世以来,《墨子》书始可诵读,但《墨子间诂》仍有不少存疑和待推敲处,孙氏之后的论著虽可补其不足、正其失误,然亦不免有误或可商榷处。王焕镳以孙氏《墨子间诂》为主,泛及诸家,摘其要义,再以自己研思所得附于诸说之后,撰成《墨子集诂》。因《墨子集诂》卷帙浩繁,且未最后定稿,王焕镳选其精华,定名《〈墨子〉校释商兑》公布于世。

《〈墨子〉校释商兑》(中国社会科学出版社,1986 年 5 月第 1 版)分析各家观点,指明其得失正误,在广泛吸取诸家成果的基础上更进一步,提出自己的见解,并且予以充分着实的论证,是一部有极高学术价值的墨学著作。正如王焕镳的弟子水渭松先生在《后记》里所云,该著有五个方面的重要贡献:1.“从辨明墨子思想的角度提出校释商酌”。即用墨子的思想为指导,校释《墨子》文字,而不用儒家等的观点去曲解或妄改。2.“从义理、文字、声韵三方面考察并订正误字,使意义完密,文字条畅,声韵谐调”。这种考察、订正,持之有故,言之成理。3.“根据《墨子》的方理和文例,订正错简和订补脱文”。这种订、补恢复了《墨子》原文的本来面貌。4.“疏通佶屈难晓的文句,使之文从字顺”。《墨子》莫名所以的文句甚多,疏正之后,明白通畅易懂。5.“辨明篇章”。例如,辨明《三辩》篇应为《非乐上》末段之残文。

以孙诒让校订的毕沅注本为正文,据《墨子集诂》和《〈墨子〉校释商兑》,王焕镳成《墨子校释》(浙江文艺出版社,1984 年 11 月第 1 版)。《墨子校释》虽为通俗读物,但其无论对《墨子》的普及,抑或对《墨子》的研究,都有重要意义:1.这是第一部《墨子》校释类通俗读物,在它之后的《墨子》注译类著作,不但没有超越它,反而有不应有的错谬之处。2.该书成书上较早,为后来的古籍今注今译提供了某些示范。例如,书前的《前言》综述墨子的主要思想,每篇原文之前的“题解”概述全文的中心思想,逐渐注释的体例,注释的浅显、精确与精练。这些,或被借鉴,或被援引。3.《〈墨子〉校释商兑》系择《墨子集诂》之要而成,学者从中难窥王先生治墨之全貌。《墨子校释》则用通俗的方式展式了王先生校《墨》、释《墨》的成果。透过该书浅显的文字,我们可以看到其中蕴含的真知灼见,并进而领略《墨子集

传记读库

诂》的风采,窥见《墨子集诂》之全貌。

不过,《〈墨子〉校释商兑》、《墨子校释》二书亦有缺憾。那就是,对《经》上下、《经说》上下、《大取》、《小取》及《备城门》以下诸篇未作校释。但是,这缺憾一方面如王焕镳先生所言"由于它们所涉及的内容比较专门,篇幅也较多,所以本书从略"(《墨子校释·前言》);另一方面恰恰体现了王焕镳先生严谨的治学态度。我们以为,因"缺"而"憾"比时下常有的因"误"而"憾"好得多。

(九十八) 大陆和台湾的两种《墨子》译本各有什么特色

为了普及传统文化,让更多的炎黄子孙通过解读古籍,发掘、汲取和利用传统文化的菁华,台湾商务印书馆和大陆中国书店分别出版了"古籍今注今译"和"先秦诸子今译"丛书。于是,便有李渔叔注译的《墨子今注今译》、吴龙辉等译注的《墨子白话今译》问世。

观李渔叔、吴龙辉两家译本,无高低优劣之分,倒是在"普及"上各有特色:

李本前有"墨学导论",其"墨子略传",考墨子事迹、生地、年代;"思想要点",论墨子十大主张是墨学大纲,其中,兼爱是根本;"著作研究",辨《墨子》现存五十三篇之真伪。吴本前有"导言",述墨家学说发生、发展的社会历史背景,证墨学比儒学更符合战国时代社会的发展。"导论"使人明晰墨子其人其书及思想,"导言"使人知晓墨学产生的历史根源、墨学内容与时代的一致性。

古籍今译面向大众,意在普及,《墨子》书又多言谈,李渔叔、吴龙辉两家译本,译文均准确流畅,浅显易懂,口语化。两家不同处表现在"注释"上。李本出注多,注文通俗,有助于读者凭借注释阅读原文;吴本出注显然少于李本,注文也简洁,但每篇文章的第一注都相当于题解,总括全文大意,有利于读者在阅读之前了解原著主题。

李、吴译本在注译体例上亦各有特色。李本采取分段注译,便于读者合原著、注释、译文于一起,逐句逐段读懂古文;吴本采用篇末注译,原著之后是注解,注解之后是译文,便于读者通读译文,不被古文隔断。此外,李本基本上系李渔叔一人注译,"今注"和"今译"保持了风格统一;吴本由吴龙辉、过常宝、张宗奇、黄兴涛四人合作,"注释"和"白话"发挥了集体优势。

不过,李、吴译本都不是《墨子》全译本。李渔叔未及注译完《墨子》,离世而去,虽有弟子王冬珍补注补译《大取》、《小取》,仍缺《经》上下、《经说》上下以及《备城门》以下十一篇,共十五篇。吴龙辉等因《经》上下、《经说》上下隐微难懂、言此意彼,顾忌弄巧反拙,只录此四篇附于书后。殊不知,正是这四篇与《大取》、《小取》记载了墨子、墨家自然科学和逻辑学知识。四篇之阙如,令人难窥《墨子》之全貌。此外,吴译本似有极少数注译不当之处,这恐不是学力不逮所致,而是仓促的缘故。

(九十九) 20世纪后半期,研究墨子的著作主要有哪些

20世纪后半期,研究墨子的著作寥寥可数。

任继愈的《墨子》(上海人民出版社,1956年7月第1版)是第一部研究墨子其人、其书以及墨子学术思想的著作,它分析了墨学产生的社会历史条件和墨学的阶级性,论述了墨子的非攻、兼爱、非乐、节用、节葬、尚贤、尚同、天志、明鬼、非命和三表法,概括了墨子的历史地位。但是,该书有着一定的时代局限性,我们从其各章的标题即可看出。比如,第三章的标题是:"反对侵略战争的伟大理想——非攻和兼爱",第四章的标题是:"对王公大人的腐朽享乐生活的抗议——非乐、节用、节葬",第五章的标题是:"争取改善小私有者的社会地位的纲领——尚贤、尚同"。

詹剑峰的《墨家的形式逻辑》(湖北人民出版社,1956年9月第1版)是迄今为止唯一一部研究《墨子》全书逻辑学的著作不限于《墨经》它正如作者所说:"综合'墨子'全书,融会贯通,整理成一套规模初具的形式逻辑,并按照现代逻辑学大纲的秩序来叙述"(《自序》),因为作者认为"'墨

子'一书所讲述的逻辑,其形式没有这样完整,但其实质是涵有这样的体系"(《弁言》)该书七章,分作六个部分("立说"分为上、下两章、明辩(逻辑的对象与意义)、言法(思维规律)、立名(概念论)、立辞(判断论)、立说(推理论)、辞过(谬误论或诡辩),对《墨子》中包含的逻辑知识尽可能地"阐发、引申、显扬","使之纲目分明,秩然就序"(《弁言》)。

栾调甫的《墨子研究论文集》(人民出版社,1957 年 6 月第 1 版),收入作者 1922 年——1932 年所发表的十篇论文,附录《梁任公来书》、孙碡所作《坚白离盈辩考证》,侧重于《墨经》。

詹剑峰的《墨子的哲学与科学》(人民出版社,1981 年 12 月第 1 版)在其早年所著《墨家的形式逻辑》的基础上,对墨子学说作综合的、整体的研究。它论述了墨子的生平、宇宙论、认识论、政治观、逻辑学、物理学、数学、心理学等方面的内容。该书断定《经》上下是墨子自著,《经说》上下是墨子讲《经》时所做的说明,因而把《墨经》四篇全部移至墨子名下,这与《墨家的形式逻辑》中,对于《墨子》史料的理解似有所不同。除此以外,该书关于墨子逻辑学的表述依旧沿袭前著的模式,未作大的改动,只是史料的选择以《墨经》为主。

杨俊光的《墨子新论》(江苏教育出版社,1992 年 7 月第 1 版)是一部难得的佳作。作者占有、吸收近现代墨学研究的成果,考证墨子生平,清理"别墨"谬说,辨析《墨子》书,阐论墨子社会历史观、政治思想、伦理思想、经济思想、哲学思想、逻辑思想、教育思想,分析墨学理论的体系构成、阶级属性和历史地位,附录墨学流布兴衰考略、战国汉唐诸子论墨资料、清代至民国年间墨学论著简明目录,资料丰富,考辨精当,论说合理。稍稍不足的是,作者的有些观点未有展开,或许是篇幅所限之故。

孙中原的《墨者的智慧》(生活·读书·新知三联书店,1995 年 9 月第 1 版)是其继《墨学通论》(辽宁教育出版社,1993 年第 1 版)和《墨子及其后学》(新华出版社,1991 年第 1 版,1993 年修订版)之后,在两书基础之上,奉献给学术界的最新研究成果。该书选取《墨子》一书中的精粹内容,予以评述论说,共有绪论——智者一族和巧手慧心、哲理新探、舌战方术、智者理国、道德妙语、军事谋略等六章。该书的最大的特点是:包罗了墨家哲学、逻辑学、自然科学、政治思想和军事思想等所有内容;文笔清新、朴素、流畅,一如《墨子》文风,没有时下学术著作常有的文字艰涩的毛病。该书最为精彩的部分是"舌战方术",这与作者受过严格、系统的逻辑学训练不无关系。

20世纪后半期,港台的墨子研究取得了不少成果,蔡仁厚、严灵峰、李渔叔、王冬珍等学人均有墨学著作出版,限于资料,在此只介绍王冬珍的《墨学新探》(世界书局,1981年11月第2版)。《墨学新探》分墨子言行、墨子学说、墨辩旨归三个部分,"墨子言行"由"生平事迹"、"著作考辨"、"思想渊源"、"墨学之传授"、"墨学之盛衰"、"儒家精神之所在"等六章组成,"墨子学说"由"政治思想"、"经济方略"、"教育理念"、"兼爱社会"、"天鬼观念"、"非攻主义"、"非命蕴奥"等七章组成,"墨辩旨归"由"墨辩作者考"、"知识论"、"道德观"、"辩术"、"同异论"、"坚白论"、"自然科学"、"对当时各家之辩驳"等八章组成。

该书的最大和特点是章、节多,分类细,用现代人的眼光考察、梳理了墨子和墨家学说的方方面面及各个环节。

后　记

　　20 年前,我听说安徽人民出版社策划出版中国古代著名哲学家的"外传·百问"系列,很冒失地给该社领导丁怀超老师写信,希望得到写作《墨子外传·墨子百问》的机会。丁老师很快回信,答应了我的请求。是由该社编辑杜宇民先生交给我的。一晃 20 年过去了,安徽人民出版社又决定将该书修订重新出版,这让我不禁感慨。感谢丁老师的提携!

　　春秋战国时期,诸子蜂起,百家争鸣,儒、道、墨、法竞高争长。从道器的角度来说,儒、道、法试图为统治提供经营天下之术,并对其作形而上的证明,同属"道"文化范畴,唯有墨家重视自然科学,投身生产实践,热衷于生产工具的变革与发明,属"器"文化。从学术影响的对象或范围来说,儒家主要影响了统治阶级和绝大多数以齐家、治国、平天下为己任的知识分子,道家主要影响了隐逸者和官场上的失落者,法家主要影响了统治者,只有墨家面向下层民众。

　　如果墨学在汉代没有衰竭,而像儒家那样绵延不绝,那么,中国的传统政治、传统文化、传统科技、传统思维方式,乃至中国的近代化将会是另一番模样。此外,墨学产生且风行于战国乱世,与儒学同为"显学",在多灾多难的近代又得以复兴,被有志之士当作拯救民族危亡的"良方",视作接引"西学"的工具,其救世之急的独特价值值得得后人深思。

在传统文化研究日趋深入,普及优秀传统文化迫在眉睫的今天,向广大读者介绍墨家的创始人和最重要的代表人物——墨子,应是十分必要的。本书尝试以百问的形式介绍墨子其人其书其学,及墨学的意义、影响和价值,意在尽可能利用前人和时贤的研究成果,用通俗的语言全面表述墨子、墨家学派的方方面面,为读者勾勒出墨子和墨家的大致轮廓,帮助读者由此出发,进入墨学研究的大门,以求在心灵以及思想上与墨子进行沟通。

当然,本书的写作,由于受字数限制,某些问题未能作较深入的探讨;又受条目形式限制,连贯的思想只能分而述之。基于此,我在设置条目时,尽量能够顾及墨学的方方面面,并且注意条目之间的逻辑联系。

在该书初版的"后记"中我曾写到:"我还要感谢我的老师孙以楷先生。这么多年来,孙老师始终爱护和关心着我,特别是在我最艰难的时刻,给了我巨大的帮助。"孙老师是我读硕时的导师,明年是他逝世十周年,谨以此书纪念他、怀念他。我要对着天堂里的孙老师说:"作为弟子,我一直很努力,我一定不会让您老人家失望。"

该书由我与史向前兄合作而成,向前兄负责《墨子外传》部分,我负责《墨子百问》部分。此次修订,我们对各自负责的部分分别作了补充、完善,力求减少不必要的错误。

陆建华

2016 年 11 月 5 日夜